Strad

Aldo Cazzullo

IL POSTO DEGLI UOMINI

Dante in Purgatorio, dove andremo tutti

MONDADORI

Dello stesso autore
in edizione Mondadori

I ragazzi di via Po
*I ragazzi che volevano fare
la rivoluzione*
Il caso Sofri
I grandi vecchi
Outlet Italia
L'Italia de noantri
Viva l'Italia!
La mia anima è ovunque tu sia
L'Italia s'è ridesta
Basta piangere!
La guerra dei nostri nonni
Le donne erediteranno la terra
L'intervista

Giuro che non avrò più fame
A riveder le stelle

con Edgardo Sogno
Testamento di un anticomunista

con Vittorio Messori
Il mistero di Torino

con Angelo Scola
La vita buona

con Francesco e Rossana
Maletto Cazzullo
Metti via quel cellulare

con Fabrizio Roncone
Peccati immortali

L'editore ringrazia Rossana Maletto Cazzullo per il contributo
creativo dato alla realizzazione dell'immagine di copertina

librimondadori.it

Il posto degli uomini
di Aldo Cazzullo
Collezione Strade blu

ISBN 978-88-04-74233-3

© 2021 Mondadori Libri S.p.A., Milano
I edizione agosto 2021

Indice

Uno
5 «Dolce color d'oriental zaffiro...»
Perché il Purgatorio è il posto degli uomini

Due
12 «Libertà va cercando, ch'è sì cara»
Dove Dante rivede le stelle, si rinfresca il viso con la rugiada e mette un pagano suicida a guardia del Purgatorio

Tre
20 «Amor che ne la mente mi ragiona»
Dove Dante anticipa Interstellar, ritrova un amico musicista però abbraccia l'aria, e conclude che poesia e filosofia non danno la felicità

Quattro
27 «Biondo era e bello e di gentile aspetto»
Dove Virgilio rimpiange Napoli, Dante ispira Beppe Fenoglio e trova il figlio dell'imperatore, le cui ossa «le bagna la pioggia e move il vento» ma la cui anima è salva nonostante orribili peccati

Cinque
36 «Ricorditi di me, che son la Pia»
Dove Dante scherza con il vicino di casa pigro, ritrova il condottiero suo nemico, racconta l'ira dell'angelo dell'Inferno e rende giustizia a una donna assassinata

Sei
52 «Ahi serva Italia, di dolore ostello»
   Dove Dante grida il suo amore e la sua indignazione per l'Italia, infiamma Mazzini e Garibaldi, e profetizza i Dpcm

Sette
68 «Era già l'ora che volge il disio»
   Dove Dante medita nostalgico sul declino dell'Europa, vede le ombre dei sovrani, fa cambiare idea a Beatrice d'Este e assiste alla rivincita sul serpente

Otto
84 «Noi siam vermi nati a formar l'angelica farfalla»
   Dove Dante sogna un'aquila, vola con santa Lucia, riceve sette segni sulla fronte, vede l'Arca di Indiana Jones e immagina figure che si muovono come al cinema

Nove
98 «E ora ha Giotto il grido»
   Dove Dante fa ridere le carte, incorona il suo amico Giotto più grande pittore del tempo, e medita sulla gloria che va e viene come «un fiato di vento»

Dieci
112 «Già lo 'ncarco di là giù mi pesa»
   Dove Dante racconta la storia della collana maledetta e già si vede in Purgatorio; evoca così la vicenda delle sue ossa contese, perdute e ritrovate

Undici
137 «Le donne e ' cavalier, li affanni e li agi/ che ne 'nvogliava amore e cortesia»
   Dove Dante viene clamorosamente copiato da Ariosto, ispira Foscolo e Shakespeare, e trasforma gli aretini in botoli ringhiosi, i fiorentini in lupi e i pisani in volpi (per tacere dei romagnoli)

Dodici
147 «Lo mondo è ben così tutto diserto d'ogne virtute»

Dove Dante moltiplica l'Amore, indaga il mistero del Male ed esalta coloro che, da santo Stefano a Giovanni Bachelet, pregano per i propri assassini

Tredici
161 «Né creator né creatura mai fu sanza amore»

Dove Dante chiede a Virgilio la verità sull'amore e scopre che tutti i poeti, da Saffo a Cavalcanti a Guinizzelli, si erano sbagliati

Quattordici
177 «Vidi che lì non s'acquetava il core»

Dove Dante resiste alla sirena, trova tra gli avari il Papa che regnò solo un mese e il re che fondò la maledetta casata di Francia, e viene sorpreso dal terremoto

Quindici
199 «Per te poeta fui, per te cristiano»

Dove Dante ispira l'Antologia di Spoon River, Virgilio cammina con la lampada dietro la schiena e Stazio si converte alla vera fede

Sedici
211 «Di qua dal dolce stil novo»

Dove Dante critica i cacciatori, ispira i film horror e Abatantuono, rimprovera le donne che girano con le «poppe» di fuori, ma si riconcilia con una vedova che aveva offeso

Diciassette
226 «Fu miglior fabbro del parlar materno»

Dove Dante spiega com'è fatta l'anima, anticipa la stampante 3D, assicura che nell'Aldilà saremo migliori, e incontra i poeti dell'amore che purificano la passione nel fuoco

Diciotto
239 «Bella donna, che a' raggi d'amore ti scaldi»
   Dove Dante si getta nel fuoco per Beatrice, sta per perdere Virgilio, sogna una donna che raccoglie fiori e guarda il corteo dell'Apocalisse

Diciannove
253 «Conosco i segni de l'antica fiamma»
   Dove Dante davanti a Beatrice trema come Catullo, piange come Tancredi e ispira Jane Eyre

Venti
267 «Puro e disposto a salire a le stelle»
   Dove Dante vede l'aquila, la volpe, il drago attaccare la Chiesa e una prostituta baciare un gigante, profetizza il riscatto dell'umanità, supera la sindrome di Fantozzi e si prepara a volare con Beatrice

Il posto degli uomini

Gli uomini non sanno perché conferiscono gloria a un'opera d'arte. Tutt'altro che intenditori, credono di scoprirvi mille pregi per giustificare tanto consenso; ma il vero motivo del loro plauso è qualcosa di imponderabile: è simpatia.

THOMAS MANN

La tua eterna estate non dovrà svanire
né perdere la bellezza che possiedi,
né la morte potrà vantarsi di averti nella sua ombra
poiché tu crescerai nel tempo in versi eterni.
Finché uomini respireranno e occhi vedranno
vivranno questi miei versi, e a te vita daranno.

WILLIAM SHAKESPEARE

Uno
«Dolce color d'oriental zaffiro...»
Perché il Purgatorio è il posto degli uomini

Siamo tutti d'accordo: i nostri nemici finiranno all'Inferno; le nostre mamme sono, o andranno – il più tardi possibile –, in Paradiso; ma a noi un po' di Purgatorio non lo leva nessuno. Dante stesso pensava di finire da morto in Purgatorio, tra i superbi.

Il Purgatorio è il luogo del «quasi», dell'attesa della felicità; che è in sé una forma di felicità. È un mondo di nostalgia ma anche di sollievo, di rimpianto ma pure di consolazione. È una terra di frontiera tra l'uomo e Dio. Ha il fascino di una città di confine.

Eppure – per quanto sembri incredibile – il luogo in cui finiremo quasi tutti, il posto degli uomini, appunto il Purgatorio, prima di Dante quasi non esisteva. Dante lo inventò; e questo muoversi nel vuoto e nel nulla esaltò al massimo grado la sua arte e la sua fantasia.

Certo, i Padri della Chiesa si erano chiesti dove sarebbe andata la maggioranza degli esseri umani; che non è cattiva, bensì egoista. I cattivi esistono, e tra loro anche i sadici, che godono del male ingiusto arrecato ad altri; e finiranno all'Inferno. Poi ci sono i santi, i buoni, i giusti, destinati al Paradiso; ma, a giudicare da quel che vediamo qui sulla Terra, sono anche loro una minoranza. In mezzo c'è l'umanità. Ci sono le donne e gli uomini in balìa della quotidianità e della storia, legati ai propri cari e intimoriti dai propri avversari, attenti ai propri interessi ma capaci anche di altruismo; soprattutto se li fa sentire migliori. Ecco perché, sorridendo ma non troppo, pensiamo che il Purgatorio ci attenda.

Le menti della cristianità, nella loro saggezza, avevano sempre sostenuto che ci doveva pur essere una via di mezzo tra le pene eterne e la beatitudine celestiale. Eppure l'esistenza del Purgatorio venne stabilita dalla Chiesa soltanto nel 1274, quando Dante aveva nove anni. Quindi il Purgatorio c'era già, sia pure da pochissimo; ma nessuno sapeva com'era fatto, e neanche dove fosse.

Collocare Inferno e Paradiso era facile: uno sottoterra, l'altro in cielo. Ma il Purgatorio? Dove pensare i nostri cari defunti? Dove pensare noi stessi dopo la morte?

Quasi tutti credevano che pure il Purgatorio si trovasse sotto la superficie terrestre, e lo si raggiungesse attraverso una grotta o un pozzo, forse proprio il pozzo di san Patrizio. Anche secondo Tommaso d'Aquino il Purgatorio doveva essere da qualche parte vicino all'Inferno, ed era una sorta di Inferno un po' meno crudele.

Dante cambia tutto. Il Purgatorio non è un abisso; è una montagna, che si innalza sino al cielo della Luna, il primo cielo del Paradiso. Sorge dall'oceano australe, agli antipodi di Gerusalemme, e in cima ha il giardino dell'Eden, simbolo dell'innocenza; dove le anime torneranno, dopo essersi purificate nell'ascesa. E il Purgatorio non è un Inferno alleggerito; è il contrario dell'Inferno.

Non ci sono le tenebre; splende il sole. Non ci sono diavoli torturatori; volano gli angeli. Non si scende; si sale. Non si sentono lamenti, gemiti, bestemmie, ma canti, salmi, melodie. La musica scandisce le tappe del viaggio. Gli spiriti chiamano il poeta «frate»: fratello. Il tono medio non è la disperazione, ma la speranza.

Insomma: il Purgatorio è un bel posto. Il nostro posto, e pure quello di Dante: convinto di dover espiare il peccato di superbia. E per dare l'idea che sia davvero un bel posto, lo paragona di continuo a quello che proprio lui ha definito il Bel Paese: l'Italia. Il paesaggio è lo stesso che il poeta ama. Le pareti della montagna sono scoscese come quelle della Liguria, come la Pietra di Bismantova, come la rocca di San Leo. La luce che attraversa il fumo dell'ira è la stessa che dissolve la nebbia sull'Appennino. Gli uccellini che cantano all'aurora nel bosco dell'Eden sono gli stessi che cinguettano nella pineta di Classe, vicino a Ravenna...

La grande piramide del Purgatorio ha sette gradoni – o cornici, o gironi – dove le anime sono punite secondo i sette peccati capitali: dal basso verso l'alto, superbia, invidia, ira, accidia, avarizia, gola, lussuria. Purgatorio e Inferno sono nati insieme: quando Lucifero – il capo degli angeli ribelli – è caduto, per evitarlo il terreno si è ritratto, generando la voragine dell'Inferno, e accumulandosi sul capo opposto della Terra, a formare appunto la montagna del Purgatorio. Però qui non c'è più traccia della rabbia e del malanimo con cui si muovevano e parlavano molti dei dannati che Dante ha incontrato all'Inferno.

Con Filippo Argenti, il nemico che in vita l'aveva schiaffeggiato; con Vanni Fucci, il ladro sacrilego che rubava le reliquie; con Bocca degli Abati, il traditore che a Montaperti aveva mozzato la mano del portastendardo di Firenze, Dante ha scambiato parole dure. Altri dannati l'hanno maledetto, compreso un suo cugino; altri ancora si sono insultati e picchiati davanti a lui. In Purgatorio prevale la dolcezza. Le anime tra loro si trattano con rispetto e misericordia.

Quante volte abbiamo pensato che la peggior pena sia il degrado dei rapporti umani? Che il bello di essere uomini, e in particolare di essere italiani, sia nel calore e nella gentilezza, valori che soprattutto in questi tempi temiamo di avere perduto? Ecco, il Purgatorio è il mondo dell'amicizia, della mitezza, della cortesia. Dove ci si sorride.

Certo, tra le anime ci sono anche mascalzoni. Prepotenti, tiranni, condottieri che hanno sparso sangue altrui. «Orribil furon li peccati miei» dice ad esempio re Manfredi («biondo era e bello e di gentile aspetto...»). Ma sono pentiti.

«Pentito» è una parola che oggi suona male. Per noi ha una connotazione negativa. Nel gergo non solo della malavita ma pure degli stadi, è sinonimo di «infame»: uno che ha parlato, che ha tradito. Anche nel linguaggio corrente, il pentito è un personaggio ambiguo, che ha approfittato di una legislazione generosa per non pagare le proprie colpe, rivelando quelle altrui. Ma per un cristiano, e quindi per Dante, il pentimento è un valore. A cui corrisponde il perdono. E se all'Inferno i dannati chiedevano al poeta di essere ricordati, perché la fama era l'unico modo per non morire del tutto, in Purgatorio le anime chiedono che si preghi per loro, affinché possano conquistare la vita eterna. I morti non sono morti per sempre, restano in rapporto con i vivi; e noi possiamo fare molto per le persone care che ci hanno lasciati.

Il Purgatorio è il mondo dei colori: l'Inferno è il buio, il Paradiso è luminoso; il Purgatorio è sempre cangiante.

All'Inferno (come in Paradiso) il tempo non esiste. In Purgatorio sì. Il sole è lo stesso che illumina la Terra. Si avvicendano l'alba, il mezzogiorno, il tramonto. Ma il tempo – a differenza che sulla Terra – non avvicina alla morte, bensì alla salvezza.

A questo punto, cari lettori, credo di sapere quale pensiero vi attraversi la mente. Lo stesso che coltivavo io riprendendo in mano, dopo tanti anni, il Purgatorio di Dante. Cieli azzurrini, «soave vento», pecorelle «timidette», colombi «queti», capre mansuete, anime pacificate... Dove sono le storie maledette dell'Inferno? Dove Paolo e Francesca, Ulisse, il conte Ugolino? Non è che il Purgatorio rischia di rivelarsi noioso?

Vi assicuro che è vero il contrario. Il Purgatorio è meraviglioso. Non a caso molti appassionati di Dante sono convinti che sia la cantica più bella. Mentre l'Inferno si fa sempre più cupo man mano che si scende, il Purgatorio cambia di continuo. È imprevedibile, come una giornata di temporali e arcobaleni: in bilico fra la tragedia e il lieto fine, a volte annunciato da sogni premonitori. Dante usa tutti i registri, il drammatico e il comico, il lirismo e l'ironia. Ci sorprende e ci avvince. Perché i personaggi che incontra sono pur sempre peccatori, e tra loro ci sono gli uomini più potenti del tempo, oltre agli artisti più grandi, e a figure femminili indimenticabili. E perché Dante di continuo paragona l'atmosfera ultraterrena di pace e dolcezza a quella di guerra e dolore che ha lasciato sulla Terra, e che ritroverà al suo ritorno.

È nel Purgatorio la celebre invettiva civile, che infiammerà generazioni di nostri antenati: «Ahi, serva Italia, di dolore ostello,/ nave sanza nocchiere in gran tempesta,/ non donna di provincie, ma bordello!».

Sono versi di un'attualità straordinaria. Citati, in ogni secolo, da italiani che, ogni volta, trovavano nel loro presente conferme a quella che pareva quasi una maledizione scagliata da Dante sui compatrioti. Eppure le sue parole amare mascherano un profondo amore, e una grande speranza. I versi del Purgatorio sono percorsi dall'attesa di un rinnovamento, per l'Italia e per la Chiesa. Una profezia che sarà svelata soltanto in cima alla montagna, nel giardino dell'Eden, il luogo dell'innocenza perduta e riconquistata. Là dove il poeta ritroverà la donna che tanto ha amato, pronta a condurlo in Paradiso, sin davanti al volto di Dio: Beatrice, colei che rende beati. Allora, davanti a Beatrice (vestita di bianco rosso e verde; ma questa è ovviamente una coincidenza), Dante scoppierà in un pianto purificatore, che lo libererà dall'affanno e dall'angoscia per tutto quello che ha visto e vissuto.

L'ascesa alla montagna del Purgatorio è il cammino dell'uomo che cerca la libertà: libertà dalla sofferenza, dal peccato, dalla malattia, dalla paura della morte. E libertà dall'ignoranza: perché Dante si interroga sul mistero del male, e scopre che l'unico antidoto, il solo rimedio, è l'amore. L'amore, e la cura per le persone amate, è la forza che muove il mondo: se male indirizzata, porta alla dannazione; se volta al bene, ci vale la salvezza.

Ma la Divina Commedia, come tutti i grandi libri, ci parla pure del nostro tempo, del nostro presente. Il Purgatorio è il posto degli uomini anche perché, come tutti noi abbiamo amaramente sperimentato negli ultimi due anni, il Purgatorio può essere anche qui, sulla Terra.

La pandemia è stata il nostro Purgatorio da vivi. Ha misurato la nostra forza morale e la nostra capacità di resistenza. Ha messo ognuno di fronte alla prova della vita. L'importante adesso non è dimenticarla, ma superarla; consapevoli che deve rappresentare non il punto basso, ma il punto alto del nostro ciclo. Per milioni di italiani – anche se non per tutti – è stato così. E quindi pure per noi è arrivato il momento di asciugarci le lacrime, consapevoli che il peggio è alle spalle e il meglio davanti agli occhi, e di sentirci come si sente Dante in cima alla montagna del Purgatorio: «Puro e disposto a salire a le stelle».

Due

«Libertà va cercando, ch'è sì cara»

*Dove Dante rivede le stelle, si rinfresca il viso con la rugiada
e mette un pagano suicida a guardia del Purgatorio*

«Per correr miglior acque alza le vele / omai la navicella del mio ingegno...» Correre e alzare sono le parole-chiave. Dante lascia dietro di sé il «mar sì crudele» dell'Inferno, per entrare in un mondo nuovo e del tutto sconosciuto: il Purgatorio. Solo un altro uomo l'ha preceduto: Ulisse, arrivato in vista dell'immensa montagna dopo cinque mesi di navigazione; ma una tempesta l'ha sorpreso. La «navicella» di Dante procede invece sicura, perché il suo viaggio è voluto da Dio.

Man mano che il poeta scendeva nell'abisso, fino ai peccatori supremi, fin davanti a Lucifero, il linguaggio della Divina Commedia si è fatto sempre più duro, aspro, tagliente. Ma ora la poesia deve risorgere, e Dante si affida alle Muse. In particolare a Calliope: la Musa dell'epica, che con la dolcezza del suo canto sconfisse e umiliò le figlie di Pierio, re di Tessaglia. Le mortali avevano osato sfidarla, e come punizione per tanta temerarietà furono trasformate in gazze; così sentirono la propria voce melodiosa mutare in un verso sgraziato.

Dante è esausto sia per lo sforzo fisico – si è arrampicato lungo il corpo di Lucifero e ha percorso un cunicolo che l'ha portato dall'altra parte del mondo –, sia per l'angoscia della terribile esperienza infernale. È turbato dal dolore che ha visto, impaurito dall'oscurità che ha attraversato. Ma ora finalmente gli appare un cielo colore dello zaffiro, azzurro intenso.

Il sole non è ancora sorto. Venere, la stella del mattino, il pianeta che induce all'amore, «faceva tutto rider l'oriente», rischiara l'aria; e Venere è anche detta Lucifero, perché porta la luce. Se all'Inferno Lucifero era il diavolo, il più bello degli angeli divenuto orribile come punizione per essersi ribellato a Dio, nel Purgatorio Lucifero è una stella.

Dante volge lo sguardo verso l'alto. Non vede l'Orsa Maggiore, né gli altri astri cui è abituato. Il Purgatorio sorge infatti agli antipodi delle terre emerse. Il poeta nota in particolare quattro stelle misteriose, che rappresentano le virtù cardinali: prudenza, giustizia, fortezza, temperanza. Nessun uomo le ha mai viste, se non Adamo ed Eva, quando erano nel Paradiso terrestre. Qualche astronomo le ha identificate con la Croce del Sud, già nota ai navigatori e segnata sulle antiche carte.

Fin qui, si delinea uno scenario da primo giorno dell'umanità. Tipo l'isola deserta (almeno all'apparenza) di Robinson Crusoe; o il deserto in cui Stanley Kubrick ambienta «l'alba dell'uomo», l'inizio della sua Odissea nello spazio. Ma ecco, all'improvviso, un personaggio apparire sulla scena a guardia del Purgatorio.

È un vecchio solitario, dai capelli e dalla barba bianchi. Però non ha gli occhi infuocati come Caronte; anzi, le quattro stelle simbolo delle quattro virtù illuminano il suo volto, che a Dante appare splendente come il sole.

A differenza di Caronte, il vecchio non grida, non

picchia le anime con il remo, non minaccia; si limita a chiedere a Virgilio e a Dante perché sono qui. Li ha visti sbucare dal cunicolo che arriva dall'Inferno, e teme che siano due dannati in fuga dalla loro pena eterna.

Virgilio lo tranquillizza. Spiega al vecchio che una donna, Beatrice, è scesa dal Cielo per affidargli l'anima inquieta di Dante. E pronuncia versi tra i più celebri della Commedia: «Or ti piaccia gradir la sua venuta:/ libertà va cercando, ch'è sì cara,/ come sa chi per lei vita rifiuta».

Dante cerca la libertà. Ma da cosa? Dal peccato, dal timore, dalla superbia intellettuale, dalla rabbia per l'ingiusto esilio. Da tutto ciò che lo allontana da Dio e dall'amore. Libertà di voler fare ciò che si deve fare, di seguire il bene a cui si è destinati. Libertà come necessità diventata coscienza. E lui, il vecchio, lo sa: perché per la libertà, ricorda Virgilio, non gli fu «amara in Utica la morte».

Ecco svelata l'identità del guardiano del Purgatorio: è Catone. Non Catone il censore, quello che concludeva ogni discorso ribadendo che occorreva distruggere Cartagine; Catone l'Uticense, l'ultimo difensore della Repubblica romana. Sconfitto dalle truppe di Cesare, preferì il suicidio alla resa; e si diede la morte nel suo estremo rifugio di Utica, nel Nord Africa.

Resta però un mistero il motivo per cui a vegliare sulla soglia del Purgatorio sia un pagano – senza fede non dovrebbe esserci salvezza –, un avversario di Cesare – il precursore dell'Impero, che per Dante è la più alta forma di governo –, per giunta morto suicida; e all'Inferno il poeta ha relegato i suicidi in una selva orrenda («uomini fummo, e or siam fatti sterpi...»). Allora, perché Catone è il custode del secondo regno?

Certo, Dante salva altri pagani, ad esempio Traiano, che troverà in Paradiso. Inoltre, non soltanto nella tradizione stoica il suicidio è considerato una prova di forza d'animo, come Seneca dimostrò con il proprio esempio; anche sant'Agostino e san Tommaso riconoscono casi straordinari di suicidio ispirato da Dio stesso, come testimonianza di coraggio e dignità. E oggi la Chiesa celebra funerali religiosi per coloro che si sono tolti la vita in seguito a un raptus improvviso e irresistibile, e non scientemente (per questo, con una decisione molto criticata, furono negate invece le esequie a Piergiorgio Welby, che aveva scelto di porre fine alle proprie sofferenze). Infine, l'ostilità di Catone a Cesare è meno importante rispetto alla sua estrema rivendicazione di libertà.

Catone l'Uticense è appunto il martire della libertà. Il simbolo della virtù morale; non a caso le quattro stelle misteriose adornano di luce il suo volto. Già Virgilio nell'Eneide non mise Catone nel Tartaro, tra i suicidi, ma nei Campi Elisi. Lucano ne aveva fatto un eroe: proprio dal suo poema sulla guerra civile, la Pharsalia, Dante trae la descrizione fisica di Catone, con la barba e i capelli bianchi, anche se nella realtà era morto a 49 anni.

A guardia del Purgatorio non poteva esserci un santo; i santi sono in Paradiso. Qui ci sono le anime esuli, che rivendicano una patria, che cercano la libertà. Catone rappresenta il culmine della forza morale raggiunto dall'uomo prima della venuta di Cristo, ma non è ancora salvo; lo sarà soltanto nell'ultimo giorno, quando finirà la Storia, Gesù tornerà a giudicare i vivi e i morti, e il Purgatorio non avrà più ragione di esistere. Soltanto allora Catone riavrà «la vesta ch'al gran dì sarà sì chiara», il corpo che aveva lasciato a Utica, dopo essersi stracciato le bende con cui gli amici avevano fasciato le sue ferite; e – come scrisse Seneca – la sua anima «nobile e sprezzante di ogni potere non la esalò, se la strappò via».

Ai mostri infernali che volevano sbarrargli il cammino, Virgilio diceva, solenne: «Vuolsi così colà dove si puote/ ciò che si vuole, e più non dimandare». In Rete è diventato virale un «meme», una vignetta digitale, che diceva, in sostanza: non c'è un modo più alto e letterario di dire a qualcuno di farsi gli affari propri. Nel Purgatorio, invece, Virgilio cerca di accattivarsi la benevolenza degli spiriti che incontra. A Catone spiega di venire dal Limbo, dove – accanto agli spiriti magni dell'umanità – ci sono gli «occhi casti di Marzia», della sua sposa. Se Catone lascerà passare lui e Dante, al ritorno nel Limbo Virgilio ringrazierà Marzia per quel che il marito ha fatto per amor suo.

Come spesso accade, qui Dante condensa in pochissimi versi una storia complessa, su cui si sono interrogate generazioni di scrittori e di filosofi.

Catone aveva ripudiato per indegnità morale la prima moglie, aveva sposato Marzia ancora giovanissima, e aveva avuto da lei due figli. Il migliore amico di Catone, il retore Ortensio Ortalo, la cui moglie era sterile, gli chiese la mano della figlia Porzia; che però aveva già un marito. Allora Ortensio supplicò Catone di cedergli direttamente la sua sposa, appunto Marzia; e Catone acconsentì.

A noi, alla sensibilità moderna, questa vicenda appare orribile; ma agli antichi Romani parve un esempio di virtù e generosità. Secondo la morale del tempo, il matrimonio non era il coronamento di una storia d'amore, bensì un dovere nei confronti della famiglia, della classe sociale, della Repubblica. Sostiene Plutarco che, «quando uomini di valore hanno comuni discendenti, la loro virtù si accresce e si comunica a questi, e lo Stato si amalgama per via delle parentele». Secondo Lucano, Marzia «fu concessa per popolare con la sua fecondità un'altra casa, e per riunire due famiglie con il sangue materno».

Ovviamente la scelta di Catone è stata commentata con severità nelle epoche successive. Sant'Agostino vi contrappose il matrimonio cristiano, che è invece indissolubile. Una studiosa nostra contemporanea, Eva Cantarella, ha fatto notare che i Romani avevano così inventato la maternità surrogata.

Ma la storia non è ancora finita. Il nuovo marito di Marzia, dopo aver avuto il sospirato figlio, morì; e lei si presentò a Catone, vestita a lutto, pregandolo di riprenderla come sposa. Lui volentieri rispose di sì. Marzia sapeva che tornare dal primo marito significava condividere i rischi della guerra civile contro Cesare e la probabile sconfitta; ma voleva essere ricordata per sempre come la moglie di Catone, affinché tutti sapessero, anche dopo la sua morte, che non era stata ripudiata, bensì affidata a un altro uomo.

Nel racconto di Dante, però, neppure l'evocazione della sposa può piegare l'animo del guardiano del Purgatorio. «Marzia piacque tanto a li occhi miei/ mentre ch'i fu' di là» dice Catone; ha molto amato Marzia in vita (e per Dante l'amore si trasmette attraverso gli occhi), tanto da esaudire ogni suo desiderio; ma ora che l'Acheronte la allontana, ora che lei vive nel Limbo, non può più avere influenza su di lui. Però, se davvero è una «donna del ciel» – Beatrice – a muovere i passi di Virgilio e di Dante, allora basterà pregarlo nel suo nome.

Prima di lasciarli passare, Catone raccomanda a Virgilio di sottoporre Dante a due riti simbolici: cingergli il capo con un giunco; e lavargli il viso dal «sucidume», dalla fuliggine infernale. Perché non può presentarsi davanti al primo angelo, che custodisce il vero e proprio ingresso del Purgatorio, con l'occhio ancora sopraffatto dalla nebbia (Dante scrive «occhio sorpriso», con un sicilianismo che non deve sorprendere: per quanto profondamente fiorentino, conosceva e amava la poesia della scuola siciliana).

Catone indica anche dove trovare i giunchi: sulla riva dell'isola, dove non possono crescere né le piante frondose, che sarebbero spogliate dalle onde, né quelle rigide, che ne sarebbero spezzate. Il Dante prigioniero dell'orgoglio intellettuale e dell'indignazione per l'esilio era una pianta che si spezza ma non si piega; ma qui, sulla via della libertà e dell'amore, Dante deve diventare umile come un giunco, che si piega ma non si spezza.

Quindi Catone sparisce, come un'apparizione che si dilegua, come un personaggio che non proviene dalla storia o dalla vita, ma dal mito.

Dante e Virgilio restano soli. «L'alba vinceva l'ora mattutina», e alle prime luci del sole appare «il tremolar de la marina»: un mare mai solcato da uomo che fosse poi capace di ritornare; l'unico che si era spinto fin qui, Ulisse, vi aveva fatto naufragio. I due poeti sono come pellegrini che ritrovano la giusta strada, come esuli che intraprendono il cammino per tornare in patria.

Quando Virgilio nota un angolo inumidito dalla brezza del mare, dove la rugiada resiste al sole, pone «soavemente» entrambe le mani sull'«erbetta». Dante avvicina le sue «guance lagrimose»; e Virgilio, come farebbe un padre con il figlioletto, gli deterge con la rugiada il viso, che riacquista così il suo colore naturale, prima velato dai fumi dell'Inferno.

Infine Virgilio coglie un giunco, per cingere Dante con un simbolo di umiltà; e per prodigio la pianta recisa subito rinasce. È una scena ripresa dall'Eneide, dove Enea, prima di scendere nell'Ade, su consiglio della Sibilla Cumana coglie un ramo d'oro, come offerta per Proserpina, la regina dei morti («Il ramo d'oro» è il titolo di uno dei saggi più celebri della storia, pubblicato nel 1915 da James Frazer e dedicato proprio ai riti misterici dell'antichità). Anche il viaggio di Dante nell'oltretomba può proseguire; e noi saliamo con lui, verso la montagna del Purgatorio.

Tre

«Amor che ne la mente mi ragiona»

Dove Dante anticipa Interstellar, ritrova un amico musicista però abbraccia l'aria, e conclude che poesia e filosofia non danno la felicità

È un viaggio inventato, non falso. Frutto della fantasia, non della menzogna. Attento com'è al realismo, Dante nella Divina Commedia ci fa sapere spesso a che punto della giornata siamo. Ad esempio adesso sono le sei del mattino.

Dante però non direbbe mai «sono le sei», e neppure «è mattino». Il tempo che scorre è un fatto cosmico, che riguarda l'intero universo, di cui ognuno di noi fa parte; e il destino di ognuno di noi è inscritto nel grande divenire della storia umana. Così il poeta ci dice che a Gerusalemme – il centro delle terre abitate, lo spartiacque della storia, il teatro della crocefissione di Gesù che ha reso possibile la salvezza – sta per tramontare; sul Gange, il punto più orientale del mondo allora conosciuto, è notte; mentre qui, ai piedi della montagna del Purgatorio, è l'alba.

Il cielo si fa prima bianco, poi vermiglio, infine dorato.

Dante e Virgilio non sanno bene dove andare. Nessuno dei due è mai stato nel Purgatorio. Virgilio conosceva l'Inferno; ma qui non si raccapezza, sa solo che alla fine dovrà affidare l'allievo a Beatrice; e ora pare un viandante che, incerto sul cammino, con il cuore già vorrebbe andare, e con il corpo ancora indugia. Ma ecco apparire all'orizzonte, sul mare, una luce che si fa sempre più luminosa; come il pianeta Marte quando, «sorpreso dal mattino», sembra ancora più rosso per i vapori che all'alba si levano dalle acque.

La luce misteriosa si avvicina rapida, più di un uccello in volo (la cosa più veloce che esistesse allora al mondo). Dante nota «un non sapeva che bianco», qualcosa di bianco di cui non distingue la forma; poi capisce che sono ali: il nocchiere è un angelo di Dio. Il suo vascello «snelletto e leggero» è molto diverso dalla nave di Ulisse: all'angelo non servono né vele né remi, come quelli che avevano dato «ali al folle volo» dell'eroe; all'angelo bastano le ali, quelle vere. È partito dalla foce del Tevere, lungo la stessa rotta di Ulisse (che era salpato da Gaeta), e là deve tornare; prima però fa scendere sulla riva «più di cento spirti», benedicendoli con un segno di croce, mentre Dante si inginocchia e china il capo.

Le anime intonano a una sola voce un salmo: «In exitu Israel de Aegypto», che ricorda il momento in cui gli Ebrei, liberati dalla schiavitù in Egitto, si avviarono nel deserto verso la Terra Promessa. E a noi viene spontaneo pensare a un altro coro: quello che cantano gli Ebrei nel Nabucco di Verdi.

Anche Dante è esule, due volte: da Firenze, la sua patria; e dal Cielo, il luogo della salvezza e della pace. Così, quando gli spiriti chiedono ai due poeti indicazioni sulla strada da prendere, Virgilio risponde: «Noi siam peregrin come voi siete», siamo pellegrini come voi. «Dianzi venimmo, innanzi a voi un poco,/ per altra via, che fu sì aspra e forte,/ che lo salire omai ne parrà

21

gioco»: siamo appena arrivati, attraverso un cammino spaventoso. L'Inferno è definito aspro e forte; proprio come la selva in cui il poeta si era perduto all'inizio del viaggio, «nel mezzo del cammin di nostra vita».

Le anime si accorgono con stupore che Dante è vivo, ha un corpo che respira. Una di loro si fa avanti e lo abbraccia, «con sì grande affetto» che al poeta viene spontaneo ricambiare: ma per tre volte tenta di stringerla, e per tre volte si ritrova le braccia sul petto. Lo spirito sorride e si ritrae, il poeta fa per seguirlo, ma lui gli dice di fermarsi. Soltanto allora, sentendo la sua voce, Dante lo riconosce.

È un compatriota, un amico: Casella, musico toscano. Oggi diremmo compositore, o cantautore. Di lui non sappiamo quasi nulla, se non quello che ci fa intuire Dante: è un artista fiorentino (qualcuno dice pistoiese), vicino ai poeti stilnovisti, di cui ha messo in musica i versi.

L'anima di Casella pronuncia parole dolcissime: «Così com'io t'amai/ nel mortal corpo, così t'amo sciolta»; con la stessa intensità con cui t'amai quando ero viva, così ti amo ora che da quel corpo mortale sono liberata. La morte non ha mutato gli affetti terreni, perché neppure la morte può uccidere i sentimenti. Torna in mente il monologo dell'amore in «Interstellar», il geniale film dei fratelli Nolan, che affidano all'attrice Anne Hathaway questa affermazione: «L'amore non è una cosa che abbiamo inventato noi. È visibile, è potente. Deve significare qualcosa...». Il comandante dell'astronave, interpretato da Matthew McConaughey, la interrompe: «Certo, l'amore ha un significato: utilità sociale, legami tra le persone, cura dei figli...». Ma lei insiste: «Amiamo persone che sono morte. Dov'è l'utilità in questo? Forse l'amore significa qualcosa di più, qualcosa che non abbiamo ancora compreso. Forse è un indizio, un segno di una dimensione superiore di cui non siamo consapevoli... L'amore è l'unica cosa percepibile che trascenda le dimensioni dello spazio e del tempo». Ovviamente per esprimere un concetto analogo a Dante non serve un monologo; bastano due endecasillabi.

I due amici, i due artisti, i due toscani si chiedono notizie dei rispettivi viaggi. Io, dice Dante, sono qui per poter un giorno tornare in Purgatorio – e non giù all'Inferno – dopo la mia morte; insomma, viaggio per salvarmi l'anima. Però lui, Casella, è morto da tempo: come mai è arrivato alla montagna soltanto ora?

Casella spiega che più volte ha tentato di salire sul vascello dell'angelo, alla foce del Tevere, ma ogni volta è stato respinto; è la volontà divina a stabilire chi deve imbarcarsi; ma da tre mesi a questa parte non è più stato rifiutato a nessuno il passaggio. Infatti è cominciato il Giubileo, e l'indulgenza per i defunti ha consentito loro di partire subito per il Purgatorio. (Questo passo sembra dar ragione a chi sostiene che il viaggio ultraterreno di Dante avvenga nel 1300. Una minoranza, in base alla posizione degli astri descritta nella Divina Commedia, lo sposta invece al 1301. Ovviamente, nessuno possiede la verità, rimasta nella mente del poeta.)

A questo punto, Dante fa la cosa più ovvia, quella che chiunque di noi farebbe con un amico musicista: gli chiede di cantare. Se la legge dell'oltretomba non lo impedisce, «ti piaccia consolare alquanto l'anima mia», affannata dalla discesa infernale, con «l'amoroso canto che mi solea quetar tutte mie voglie». Come Davide con Saul, così la musica di Casella, e in particolare il canto della lirica d'amore, aveva il potere di calmare tutte le ansie, appagare tutti i desideri dell'amico. E Casella conferma la generosità del proprio affetto, intonando proprio versi di Dante.

È un passaggio stupendo, uno dei più belli dell'intera opera: «"Amor che ne la mente mi ragiona" / cominciò elli allor sì dolcemente, / che la dolcezza ancor dentro mi suona». Casella inizia cioè a intonare la canzone che apre il terzo trattato del Convivio di Dante:

> «Amor che ne la mente mi ragiona
> de la mia donna disïosamente,
> move cose di lei meco sovente,
> che lo 'ntelletto sovr'esse disvia.
> Lo suo parlar sì dolcemente sona,
> che l'anima ch'ascolta e che lo sente
> dice: "Oh me lassa! ch'io non son possente
> di dir quel ch'odo de la donna mia!"».

Il significato è più o meno questo: l'amore, che parla con fervore della mia donna nella mia mente, mi dice di lei cose tali che il mio intelletto si smarrisce. Le sue parole suonano tanto dolci che l'anima in ascolto dice: «Povera me, che non sono capace di ripetere quel che sento dire della donna mia!».

Il testo continua per altri ottantadue versi, e come si è intuito non risulta facile. Anche perché non è sicuro che l'amata di cui parla Dante sia davvero una donna. La «donna gentile» con cui il poeta si consola per la morte di Beatrice è la filosofia. Almeno così scrive nel Convivio: lo studio dei classici, e la ricerca della saggezza, sono l'antidoto al dolore per l'irrimediabile lontananza dell'amore della sua vita. Lo chiarisce Dante stesso: «Dico e affermo che la donna di cu'io innamorai appresso lo primo amore», dopo Beatrice, «fu la bellissima e onestissima figlia de lo imperadore de lo universo, a la quale Pittagora pose nome Filosofia». Anche se poi le parole di Dante nel Convivio sono così ardenti, da far pensare che la «donna gentile» sia (anche) una donna in carne e ossa.

La dolcezza del canto di Casella è tale che Dante se ne sente ancora pervaso; come Francesca da Rimini, che nell'Inferno è ancora avvinta dall'amore per Paolo. Anche Virgilio e tutte le altre anime appena arrivate nel Purgatorio sono rapite dalla melodia, al punto da abbandonare ogni altro pensiero. Ma all'improvviso compare di nuovo «il veglio onesto», Catone, e rimprovera gli spiriti: «Qual negligenza, quale stare è questo?/ Correte al monte a spogliarvi lo scoglio/ ch'esser non lascia a voi Dio manifesto». Le anime non possono indugiare; l'arte, le rime, la musica, la filosofia sono legate ai momenti più alti della vita, abitano la parte più nobile dell'essere umano; ma ora è il momento di lasciarsele alle spalle, per salire la montagna, e liberarsi della scorza, dell'impurità che ancora impedisce di vedere Dio.

Così come il romanzo cavalleresco di Lancillotto e Ginevra fu «galeotto», responsabile della condanna eterna di Paolo e Francesca, allo stesso modo la poesia non dà la salvezza; e l'amore per la filosofia è il più sublime, e quindi il più pericoloso, tra gli incanti terreni. Qui, all'inizio del Purgatorio, siamo al confine tra i due mondi, quello umano e quello divino; ma è verso Dio che si deve andare.

E se nell'Inferno Dante aveva paragonato Paolo e Francesca a «colombe dal disio chiamate», ora le anime che fuggono verso la montagna sono accostate ai colombi spaventati che abbandonano «la pastura», e volano via da un pericolo improvviso. Pure Dante e Virgilio si affrettano, senza sapere dove stanno andando, né cosa li attende.

Quattro

«Biondo era e bello e di gentile aspetto»

Dove Virgilio rimpiange Napoli, Dante ispira Beppe Fenoglio
e trova il figlio dell'imperatore, le cui ossa «le bagna la pioggia
e move il vento» ma la cui anima è salva
nonostante orribili peccati

Mentre gli spiriti si disperdono, Dante si stringe a Virgilio, che gli pare «da sé stesso rimorso», ferito nel proprio animo, indipendentemente dal rimprovero di Catone. «O dignitosa coscienza e netta, / come t'è picciol fallo amaro morso!»

Qui, sul «picciol fallo», noi studenti ci scambiavamo sorrisi d'intesa, abbandonandoci a doppi sensi e giochi di parole, suscitando la giusta indignazione dell'insegnante. Diciamoci la verità: a scuola Dante è stato spesso un'occasione perduta. Un po' ce lo siamo persi, un po' l'abbiamo patito, come tutte le cose che vengono imposte. Però proprio incapaci di intendere e di volere non eravamo, e quindi ne avevamo intuito la grandezza. Ognuno di noi ha la propria memoria della Divina Commedia; ognuno custodisce diversi ricordi, personaggi, versi, magari a seconda di quando doveva essere interrogato. Ma l'aura di nobiltà e insieme di realismo, l'idea che Dante fosse all'origine non soltanto della nostra lingua ma pure della nostra identità, sono cose che ci portiamo dentro; e ogni occasione è propizia per riscoprire questo poeta immenso, e tornare a leggerlo, stavolta senza costrizioni, senza insegnanti severi, e senza risatine sciocche.

Tanto più che Dante sta per fare uno degli incontri più importanti e celebri dell'intero viaggio.

Ora Virgilio, che aveva accelerato il passo, abbandona la fretta – segno del suo turbamento – e riprende l'andatura normale, la più adatta alla dignità umana: perché procedere con affanno e arrivare trafelati, con il fiato grosso, toglie autorevolezza a chiunque. Anche Dante è sollevato, e la sua mente, che «prima era ristretta», tutta presa da un solo pensiero, adesso può spaziare. L'animo gli si allarga. Il poeta alza il viso, guarda la montagna e il cielo, in un gesto così umano e così prezioso anche per noi; perché non bisognerebbe mai lasciar passare una giornata senza guardare il cielo, liberandoci anche solo per un attimo delle preoccupazioni che ci limitano, e finiscono per renderci estranei a noi stessi.

La luce del sole, ancora rosso al mattino presto, è interrotta dal corpo di Dante, perché trova in lui un ostacolo ai suoi raggi. Ma il poeta nota davanti a sé una sola ombra, e d'istinto si volta, impaurito all'idea che la sua guida l'abbia abbandonato. Virgilio lo tranquillizza: è sempre con lui; all'Inferno Dante non se n'è accorto, perché laggiù il sole non c'era; ma adesso non deve stupirsi se vede soltanto la propria ombra, e non quella del maestro. «Vespero è già colà dov'è sepolto/ lo corpo dentro al quale io facea ombra;/ Napoli l'ha, e da Brandizio è tolto»; è l'ora del vespro a Napoli, già scende la sera là dov'è sepolto il mio corpo.

Qui Dante quasi parafrasa il celebre epitaffio di Virgilio, dettato – secondo una tradizione probabilmente inventata, come molte tradizioni – da lui stesso, prima di spirare: «Mantua me genuit, Calabri rapuere, tenet nunc Parthenope; cecini pascua rura duces»; Mantova mi generò, la Calabria mi rapì, ora mi tiene Partenope; cantai i pascoli, i campi, i condottieri.

In effetti Virgilio nacque a Mantova e morì a «Brandizio», cioè a Brindisi; e all'epoca il Salento si chiamava Calabria. Fu l'imperatore Augusto a farne trasportare il corpo a Napoli. Oggi la tomba di Virgilio è in un parco molto bello che guarda il mare di Mergellina. Vicino a lui è sepolto un altro grande poeta, che amava Dante: Giacomo Leopardi.

Se a Gerusalemme il sole è già tramontato, a Napoli, dove il tempo è indietro di tre ore, è il momento del vespro. C'è qualcosa di malinconico, nel discorso di Virgilio. Ora il suo corpo – spiega – è fatto della stessa sostanza di cui sono fatti i cieli, che lasciano passare la luce. Resta un dubbio: com'è possibile che i corpi eterei dei trapassati soffrano, patiscano i tormenti, sentano il caldo e il gelo? È un segreto della potenza divina, che non è dato svelare. «Matto è chi spera che nostra ragione/ possa trascorrer la infinita via/ che tiene una sustanza in tre persone»; è un folle chi pensa che la ragione umana possa spiegare tutto, possa percorrere la via infinita che Dio segue nel proprio operare, compreso il mistero della Trinità.

Ci sono cose che non si possono sapere, almeno finché si è in vita; ed è giusto così.

Dante qui ribadisce che la filosofia da sola, senza la fede, non spiega il mondo. Gli uomini devono accontentarsi del *quia*, del «che»: di una cosa possono sapere che esiste, non perché esiste. Altrimenti, «se potuto aveste veder tutto/ mestier non era parturir Maria»; se l'uomo avesse potuto capire ogni cosa, non sarebbe stato necessario che Gesù si incarnasse nel ventre di una donna, e si sacrificasse non soltanto per salvarci, ma anche per darci modo – dopo la morte – di penetrare gli arcani dell'universo.

Ricorda Virgilio, con amarezza, che non sono riuscite a raggiungere la verità neppure le più grandi menti della storia: uomini di tale intelletto che, se la conoscenza assoluta fosse possibile per l'uomo, avrebbero senz'altro visto appagato il proprio desiderio; desiderio che invece è dato loro come eterna pena. «"Io dico d'Aristotile e di Plato/ e di molt'altri"; e qui chinò la fronte/ e più non disse, e rimase turbato.» Virgilio cita Aristotele e Platone, che rappresentavano all'epoca il punto più alto cui l'intelligenza umana fosse mai arrivata; ed evoca «molti altri» tra cui, a giudicare dal suo turbamento, c'è lui stesso. Lui che rimpiange il proprio corpo, sepolto nella meravigliosa Napoli, il quale a differenza di quello di Catone non sarà salvato, non vedrà Dio – e con Dio la verità – nell'ultimo giorno.

Per dare un'idea di quanto sia impervia la salita, Dante la paragona alla costa della Liguria, dove le balze dell'Appennino precipitano nel mare. Ma, al confronto della montagna del Purgatorio, il dirupo più deserto e scosceso che si trova tra Lerici e Turbia è una scala «agevole e aperta».

Lerici è il borgo che chiude il golfo dei Poeti: di fronte c'è Portovenere, con la sua chiesetta a strisce bianche e nere a picco sul mare; accanto c'è Tellaro, dove ha passato i suoi ultimi anni uno scrittore e regista che dovrebbe essere ricordato più spesso, Mario Soldati. A San Terenzo, una frazione di Lerici, erano andati a vivere Mary Shelley, l'autrice di Frankenstein, e suo marito Percy, il poeta, annegato nelle acque di fronte a Viareggio mentre tornava a casa in nave. Al lato opposto di quel sottile arco tra montagna e mare che chiamiamo Liguria, sorge l'altro borgo citato da Dante, Turbia. Oggi è in Francia, e si chiama La Turbie: è un pezzo di Italia che ci manca, ceduto insieme con Nizza dopo la seconda guerra di indipendenza, come prezzo per il sangue sparso a Magenta e a Solferino dall'armata di Napoleone III.

Virgilio è incerto sul cammino da seguire, e pensa di chiedere indicazioni a un gruppo di anime che si sta avvicinando lentamente. Ma quando le prime vedono che Dante è vivo, si arrestano e indietreggiano spaventate; come fanno le pecorelle «timidette», «semplici e quete», mentre escono dal recinto; e se una si ferma, le altre le si addossano, senza sapere il perché.

Uno spirito però si fa avanti, e sfida Dante a riconoscerlo. «Io mi volsi ver' lui e guardail fiso:/ biondo era e bello e di gentile aspetto,/ ma l'un de' cigli un colpo aveva diviso». Il poeta lo fissa, e non può non notare il colpo di spada che gli ha spaccato un sopracciglio. D'improvviso l'ombra è diventata un corpo, che mostra a Dante un'altra ferita, al petto. «Poi sorridendo disse: "Io son Manfredi,/ nepote di Costanza imperadrice"...»

Manfredi era il figlio naturale di Federico II e di Bianca Lanza, nobildonna italiana che l'imperatore aveva sposato in punto di morte. A diciotto anni Manfredi si ritrovò a governare il Regno di Sicilia, che comprendeva tutto il Sud, in nome del fratello Corrado IV; morto anche il fratello, si fece incoronare re a Palermo, con il sogno di unificare l'intera penisola. Ma Papa Clemente IV, ovviamente contrario, chiamò i francesi di Carlo d'Angiò per cacciare quello che riteneva un usurpatore.

Scoppiò così la grande guerra per il Mezzogiorno d'Italia, che segnò la generazione precedente a quella di Dante, e riecheggia più volte nella Divina Commedia. Manfredi incaricò il signore di Cremona, Buoso da Duera, di fermare i francesi, ma quello si lasciò corrompere e li fece passare; infatti Dante lo mette all'Inferno, fra i traditori conficcati nel ghiaccio. Anche i baroni pugliesi, schierati lungo il Liri, il fiume che separava lo Stato della Chiesa dal Regno di Sicilia, tradirono il re svevo e cedettero il passo agli Angioini. La battaglia si accese a Benevento, dove Manfredi fu sconfitto e ucciso.

Era il 1266: lui aveva trentaquattro anni, e Dante uno solo. Per questo non può averlo mai incontrato; ma ovviamente lo conosce, perché Manfredi in Italia lo conoscevano tutti. Ed è significativo che sia proprio lui il primo spirito che si incontra tra i salvati; perché è l'ultimo che si poteva credere di trovare. Non a caso, subito Manfredi chiede di avvertire sua figlia Costanza che lui è salvo.

Il racconto è breve e drammatico. Dopo aver ricevuto i due colpi mortali, «io mi rendei,/ piangendo, a quei che volontier perdona./ Orribil furon li peccati miei;/ ma la bontà infinita ha sì gran braccia,/ che prende ciò che si rivolge a lei».

Manfredi era nemico del Papa, e gli veniva attribuita ogni sorta di nefandezze, compreso l'assassinio del padre e del fratello. Era stato scomunicato, destinato a bruciare «cum diabolo in igne eterno», con il diavolo nel fuoco inestinguibile. Però, appena prima di morire, si è arreso e si è affidato piangendo a Dio; che l'ha accolto nel suo abbraccio, come nel Vangelo il padre perdona il figliol prodigo.

Il coraggio intellettuale di Dante si conferma straordinario. Manfredi è un uomo condannato dalla Chiesa alla damnatio memoriae. I soldati francesi gli avevano dato degna sepoltura sul campo di battaglia presso Benevento, ponendo ognuno un sasso sopra il suo corpo; ma – come lo stesso Manfredi racconta – il vescovo di Cosenza, mandato dal Papa alla sua caccia, aveva disseppellito «a lume spento» le sue ossa, e le aveva disperse oltre il fiume Liri (che Dante chiama Verde), perché nulla di lui restasse nel regno che aveva usurpato; «or le bagna la pioggia e move il vento» scrive Dante in un verso stupendo, che da settecento anni fa venire i brividi a chi lo legge. E forse Beppe Fenoglio l'aveva in mente, quando scrisse l'attacco della Malora: «Pioveva su tutte le Langhe. Lassù, a San Benedetto, mio padre si pigliava la sua prima acqua sottoterra». Quasi la stessa immagine: un corpo esposto alle intemperie. Quasi la stessa idea: un uomo sconfitto – sia egli un re o un contadino povero –, che da vivo ha patito crudeltà e ingiustizie, e continua a patirle anche da morto.

Quindi Manfredi non ha una tomba, è stato maledetto dal Papa per l'eternità, tutti sulla Terra lo credono dannato, dovrebbe essere all'Inferno per la legge della Chiesa; e invece è salvo. Perché non è il Papa a stabilire il destino degli uomini, bensì la misericordia divina.

Manfredi non è un uomo buono. Certo, il poeta lo rispetta. Apprezza il suo disegno politico di creare un potere laico italiano contro il potere temporale dei Papi, sa che ha protetto i poeti della scuola siciliana, e ne riconosce il valore: i colpi al viso e al petto sono le ferite dei coraggiosi, non a caso Farinata degli Uberti si ergeva dal sepolcro «col petto e con la fronte». Ma non sono né i meriti politici e culturali, né gli orribili peccati, né le condanne del Pontefice a decidere la sua sorte; tutto si gioca nel cuore dell'uomo, nel suo rapporto diretto con Dio. E non è mai troppo tardi per pentirsi e riconciliarsi con il Padre.

Chi muore fuori dalla comunione con la Chiesa, però, deve restare ai piedi della montagna del Purgatorio trenta volte il tempo in cui è rimasto scomunicato in vita; solo le preghiere dei buoni possono abbreviare l'attesa. Per questo Manfredi chiede per la seconda volta a Dante di riferire alla figlia Costanza sia «come m'hai visto», sia la legge del Purgatorio: «Ché qui per quei di là molto s'avanza», qui si può andare molto avanti grazie a coloro che sono rimasti sulla Terra.

È la dottrina dei suffragi, all'epoca contestata da catari e valdesi, e ribadita dalla Chiesa con il secondo Concilio di Lione, lo stesso che ha stabilito l'esistenza del Purgatorio. Dante affronta una questione cruciale, che poco più di due secoli dopo provocherà lo scisma di Lutero. Ribadendo che le anime del Purgatorio possono essere aiutate con la preghiera, il poeta condanna la pratica dei prelati simoniaci, che le indulgenze le vendevano per denaro.

Alla fine, la misericordia fa parte del mistero divino; lo stesso che, come Virgilio ha da poco ricordato, non può essere compreso dalla ragione umana. Così, nello stesso canto, un uomo giusto come il poeta dell'Eneide appare triste, «turbato», e un peccatore come Manfredi sorride, felice di essere salvo; anche se le sue ossa giacciono insepolte e disperse, oltre il confine del Regno di Napoli, la città dove il corpo di Virgilio riposa in una tomba onorata, mentre i suoi versi vivranno per sempre nella memoria di chi ama la poesia.

Cinque

«Ricorditi di me, che son la Pia»

Dove Dante scherza con il vicino di casa pigro, ritrova
il condottiero suo nemico, racconta l'ira dell'angelo dell'Inferno
e rende giustizia a una donna assassinata

L'incontro con Manfredi è stato così intenso che Dante non si è accorto dello scorrere del tempo. Il sole è salito di cinquanta gradi; sono passate più di tre ore dall'alba, quindi – poiché siamo nei giorni attorno all'equinozio di primavera, quando il sole sorge alle sei del mattino e tramonta alle sei del pomeriggio – sono circa le nove e venti. Ma siccome Dante non può star tranquillo un attimo, ne approfitta per confutare Platone e dare ragione ad Aristotele.

Quando l'anima è tutta concentrata su una cosa – ad esempio il dialogo con Manfredi –, non si accorge più delle altre. Quindi Platone si sbagliava, quando sosteneva che abbiamo tre anime: una che vive, una che sente, una che ragiona; l'anima vegetativa nel fegato, quella sensitiva nel cuore, quella intellettiva nel cervello. L'anima, come aveva intuito Aristotele, è una sola, anche se esercita varie funzioni: ad esempio desiderare, arrabbiarsi, capire. L'anima di Dante era talmente presa dal racconto del re tradito, ucciso e salvato, che si è dimenticata del resto; da ciò si deduce che il poeta, e ognuno di noi, ha un'anima, e quella soltanto.

Nel frattempo gli spiriti che accompagnano Manfredi hanno risposto alla richiesta d'aiuto di Virgilio, e gli hanno indicato un piccolo sentiero attraverso cui si può salire: più stretto del varco nella vigna che il contadino chiude con una «forcatella» di spine, quando l'uva sta maturando, per evitare che qualcuno la rubi. Così nel giro di tre versi Dante ci ha portato dalla disputa tra Platone e Aristotele alle usanze dei viticoltori della sua Toscana.

Per dare un'idea di quanto sia ripida la salita, il poeta la paragona a quattro luoghi italiani particolarmente scoscesi. La strada che dall'Appennino ligure scende a Noli. Il Cacume, una cima che domina Frosinone e la Ciociaria. La Pietra di Bismantova, la nostra piccola Ayers Rock, una montagna dell'Appennino reggiano alta più di mille metri, che precipita nel vuoto: sacra fin dall'antichità, il suo nome misterioso deriva forse da parole celtiche come *vis*, vischio, *men*, luna, e *tua*, raccolta notturna, e indicherebbe quindi la raccolta del vischio nelle notti di luna piena. Ma per prima Dante cita la rocca di San Leo; che ai suoi tempi era una fortezza naturale su cui i Montefeltro avevano costruito un castello, e che nel Settecento è passata alla storia come prigione del conte Alessandro di Cagliostro.

Si chiamava in realtà Giuseppe Balsamo, era nato a Palermo nel 1743 e fin da ragazzo era sempre stato abituato a cavarsela. Tipico esempio del cialtrone di talento, viveva di espedienti, grazie alla fama di guaritore e alchimista che si era costruito. Si fece massone, girò le corti d'Europa, fu a Londra e a San Pietroburgo, incontrò i grandi del suo tempo, conobbe Goethe e Schiller. Era a Versailles quando scoppiò la Rivoluzione francese, non abbastanza presto per sottrarlo alle grinfie dell'Inquisizione. Condannato a morte, fu graziato dal Papa, che però lo fece rinchiudere a vita nella fortezza di San Leo, da cui nessun prigioniero era mai fuggito. Neppure Cagliostro, con tutte le sue magie, ci riuscì. Per maggior sicurezza, lo sigillarono in una cella senza porte, calandolo attraverso una botola. Sopravvisse fino al 26 agosto 1795; e ancora adesso a San Leo si celebra un festival che porta il suo nome.

Se sui pendii dell'Appennino si sale a piedi, qui ci vorrebbero le ali, scrive Dante: le ali della velocità e le penne del desiderio. La fatica fisica sarà ardua: il poeta ci informa che la pendenza supera i 45 gradi, e bisogna aggrapparsi alla roccia con le mani; ma lo sforzo è anche spirituale. Incoraggiato dal «dolce padre» Virgilio, che lo chiama «figliuol mio», Dante riesce a issarsi su un ripiano, dove può sedersi a contemplare il panorama, con quella soddisfazione che si prova nel guardare a ritroso il cammino compiuto. La montagna è talmente alta che non si vede la cima; ma da lì si può rimirare la spiaggia, il mare, e il sole che continua a sollevarsi all'orizzonte. Dante è colpito da un dettaglio: nel nostro emisfero, quando si guarda verso oriente, si vede il sole salire a destra; mentre qui il poeta, con grande stupore, lo vede salire alla propria sinistra.

Virgilio ha la spiegazione: Gerusalemme e la montagna del Purgatorio sono sullo stesso asse, hanno lo stesso orizzonte, ma una è agli antipodi dell'altra, in due diversi emisferi; per cui il sole in un emisfero va da un lato, e nell'altro procede dal lato opposto. Dante, per far capire di aver capito, aggiunge che i due emisferi sono divisi dall'equatore, «che sempre riman tra 'l sole e 'l verno», dove c'è sempre un'unica stagione, a metà tra estate e inverno.

È uno scenario grandioso. L'Eden – che è in cima alla montagna del Purgatorio – è il luogo dove è cominciata la Storia, con il serpente tentatore, la cacciata di Adamo ed Eva sulla Terra, l'inizio del genere umano; mentre, dalla parte opposta del mondo, Gerusalemme è il luogo dove la Storia ha conosciuto il suo tornante decisivo, con la morte e la resurrezione di Gesù. Il poeta disegna un assetto cosmico, che è insieme una mappa astrale e un sunto delle vicende umane: dal peccato originale alla redenzione, dalla schiavitù del male alla libertà.

Dante è preso dal duplice sforzo di salire, e di sapere. Così chiede a Virgilio: come faremo a capire di essere arrivati in vetta alla montagna, dato che la cima non si vede? Il maestro lo rassicura: più si sale, meno si farà fatica; e quando si procederà leggeri, quando la via sarà piacevole come navigare seguendo la corrente, allora vorrà dire che saremo quasi arrivati.

A quel punto, come a rompere l'idillio, si sente una voce dispettosa che dice: «Forse che di sedere in pria avrai distretta!»; forse, prima di arrivare lassù, avrai bisogno di sederti per riposare. Insomma, è qualcuno che sta prendendo in giro Dante e il suo zelo di far presto e di conoscere tutto.

Incuriosito, il poeta nota alcune anime che indugiano all'ombra di un grande masso, nell'atteggiamento fiacco di chi si adagia non per necessità, ma per pigrizia; «E un di lor, che mi sembiava lasso,/ sedeva e abbracciava le ginocchia,/ tenendo 'l viso giù tra esse basso». Dante lo indica a Virgilio: non pare il fratello della pigrizia? Quello allora solleva un poco il viso, fino alla coscia, e dice: «Or va tu su, che se' valente!», sali dunque tu, che sei tanto bravo!

Si intreccia così una tenzone di parole, una schermaglia che però non ha nulla del livore e dell'asprezza con cui i dannati si aggredivano all'Inferno, o lo stesso Dante affrontava chi, come Filippo Argenti, gli aveva fatto del male. Qui il tono si fa lieve: è il medesimo con cui nelle vie di Firenze ci si canzona bonariamente da secoli, l'uno rinfacciando all'altro i suoi difetti; ed è bello pensare che pure Dante fosse un fiorentino tra i tanti, che la sua mente dedita alla filosofia e alla poesia fosse pure capace di scherzare, e sorridere di se stessa. Infatti ora il poeta – cosa inconsueta nella Commedia – sorride, anche perché ha riconosciuto l'anima pigra: è un suo vicino di casa, Duccio di Bonavia, detto Belacqua, artigiano, costruttore di liuti e chitarre, definito nelle cronache del tempo «il più pigro uomo che fosse mai». In vita, Dante lo prendeva in giro appunto per la pigrizia, e lui prendeva in giro Dante per lo zelo, l'ambizione, l'ansia di conoscenza. Pure nell'Aldilà i due amici riprendono la loro conversazione consueta; cioè si canzonano come facevano nella vita di tutti i giorni, che ora a entrambi è negata; perché Dante da Firenze è stato cacciato, e l'altro è morto.

Belacqua ha ascoltato il dialogo tra Virgilio e Dante, e ha sentito che l'amico non è cambiato, è sempre posseduto dalla smania di perfezione. Il poeta gli dice, in sostanza: Belacqua, adesso che ti vedo qui, non temo più per la tua sorte; ma perché te ne stai seduto? Attendi una scorta che ti accompagni in cima? O sei sempre il solito pigro?

Belacqua spiega che lui e i suoi compagni si sono pentiti all'ultimo momento, per negligenza o indolenza, e ora prima di salire la montagna debbono attendere tanto tempo quanto durò la loro vita terrena. Se provassero a farlo prima, l'angelo che sorveglia più avanti la vera porta del Purgatorio li fermerebbe; quindi a che serve muoversi? Né soccorrono le preghiere di chi è rimasto sulla Terra, tranne quelle di coloro che vivono in grazia di Dio; le altre non sono ascoltate in Cielo.

Il colloquio viene chiuso da Virgilio: è quasi mezzogiorno, e dall'altra parte del mare la notte copre già col piede, con il suo velo d'ombra, il Marocco, l'estremo lembo del mondo abitato. Di nuovo il racconto assume il tono solenne e universale che è proprio della Divina Commedia. Ma per un attimo abbiamo visto il volto vero e quotidiano di Dante; e abbiamo scoperto la sua autoironia, che stempera quell'orgoglio intellettuale che può essere scambiato per presunzione. Insomma Dante, sempre raffigurato serio e sdegnoso, con il naso aquilino e l'alloro in testa, in realtà sapeva scherzare, anche su di sé.

Era però un tipo permaloso, e ce lo confessa subito. Quando si rende conto che qualcuno dal gruppo dei pigri lo indica con il dito, bisbigliando il proprio stupore per la presenza di un vivo nel regno dei morti, Dante ci resta male. Ma Virgilio lo rimprovera: perché rallenta il passo? Cosa gli importa di quel che gli dicono dietro? «Vien dietro a me, e lascia dir le genti:/ sta come torre ferma, che non crolla/ già mai la cima per soffiar di venti.» È un'espressione – «sta come torre ferma» – citata molte volte, attraverso i secoli; e ogni volta che la mettiamo in pratica, restando coerenti con le nostre idee senza badare alle maldicenze altrui, allora ci comportiamo in modo degno del nostro padre Dante. Che, rosso di vergogna per il rimprovero del maestro, riprende il cammino.

Il fascino del Purgatorio è nell'essere una terra di mezzo. Le anime qui sono salve, ma portano ancora il segno del dolore patito, del male fatto. E il diavolo, ricacciato nell'Inferno, torna talora a manifestarsi; e continua a dare prova del suo potere, del tutto inteso al male, ma destinato a essere sconfitto. Lo dimostra il racconto, terribile e grandioso, dei tre spiriti che Dante sta per incontrare.

Una schiera di anime avanza intonando il Miserere. Per noi il Miserere è una bellissima canzone di Zucchero, interpretata anche da Pavarotti; oppure è un'espressione scherzosa, per dire basta preghiere, basta lamentele: «Non ricominciamo adesso coi miserere» dice ad esempio un personaggio di Ignazio Silone, per zittire una donna che si sta lagnando. Ma per Dante il Miserere è il più nobile dei salmi, scritto da re Davide per implorare il perdono del Signore, quando comprende la gravità del proprio peccato: aver mandato a morire in guerra il condottiero Uria, per portargli via la moglie, la bella Betsabea.

«Miserere di me» sono le prime parole che il Dante personaggio pronuncia nella Divina Commedia, all'inizio del viaggio infernale, per chiedere l'aiuto di Virgilio. «Miserere del mio non degno affanno» scrive Petrarca, in versi bellissimi e disincantati: è il Venerdì Santo del 1338, giorno fatale, e il poeta è giunto alla conclusione che l'amore non corrisposto per

Laura sia un inganno del demonio per rubargli l'anima: «Or volge, Signor mio, l'undecimo anno/ ch'i' fui sommesso al dispietato giogo/ che sopra i più soggetti è più feroce; miserere del mio non degno affanno...»; sono undici anni che Petrarca si è innamorato di Laura, incontrata in chiesa ad Avignone il Venerdì Santo del 1327, e ora prega Dio di liberarlo dal giogo amoroso, che è più duro per chi più ama: «Redùci i pensier' vaghi a miglior luogo;/ ramenta lor come oggi fusti in croce».

Qui, sulla soglia del Purgatorio, le anime cantano il Miserere perché sperano che il Signore le ammetta a espiare le pene, per poi salire in Paradiso. Quando vedono che Dante è vivo, due tra loro vanno a domandare spiegazioni: Virgilio conferma che Dante tornerà davvero sulla Terra, e quindi potrà essere loro utile.

I due messaggeri – più veloci di stelle cadenti nelle notti d'agosto, o di lampi al tramonto – avvertono i loro compagni; e la schiera degli spiriti arriva di corsa, invitando Dante a vedere se riconosce qualcuno di loro.

«Noi fummo tutti già per forza morti,
   peccatori infino a l'ultima ora;
   quivi lume del ciel ne fece accorti,
sì che, pentendo e perdonando, fora
   di vita uscimmo a Dio pacificati,
   che del disio di sé veder n'accora.»

Sono coloro che morirono di morte violenta. Soltanto all'ultimo momento della vita, per grazia divina, si pentirono dei loro peccati, perdonando i carnefici; per questo morirono in pace con quel Dio che ora li consuma dal desiderio di vederlo. Fecero insomma come il buon ladrone sulla croce, salvato da una parola gentile rivolta a Gesù, con l'ultimo soffio vitale.

È un coro di grande potenza, un'invocazione collettiva, cui un'anima sensibile come Dante non può che rispondere a tono: non ha riconosciuto un volto a lui familiare, ma è pronto ad ascoltare le loro storie e a riferirle ai parenti rimasti in vita; lo giura su quella pace che va cercando «di mondo in mondo», attraverso i regni dell'Aldilà.

Alla sua offerta rispondono tre persone. Ognuna narra la propria storia, ma in realtà porta il tassello di un unico grande racconto, incentrato su tre momenti: la morte, il pentimento, la pace.

Il primo spirito a parlare è Iacopo del Cassero, di un'importante famiglia guelfa di Fano. Anche se il suo volto non gli dice nulla, il poeta potrebbe averlo visto a Campaldino, dove i guelfi di Firenze e i loro alleati sconfissero i ghibellini di Arezzo: Iacopo e Dante combatterono nello stesso schieramento, quello vittorioso. Poi l'altro andò incontro a una brillante carriera: fu podestà di Bologna, che difese dalle mire degli Estensi; quindi venne chiamato, sempre come podestà, a Milano. Avrebbe potuto risalire il Po, passando da Ferrara; ma per evitare il territorio dei suoi nemici, Iacopo raggiunse via mare Venezia, per poi cominciare la traversata della pianura padana. I sicari di Azzo VIII d'Este, però, lo attendevano sulla via di Padova. Dante disprezza gli Estensi, e in particolare Azzo, che nell'Inferno addita come l'assassino del padre; e anche stavolta non perde occasione di denunciarne la spietatezza. Ma forse Iacopo fu vittima anche del tradimento dei padovani, che Dante chiama Antenori, perché Padova secondo la tradizione era stata fondata da Antenore: il troiano risparmiato dai Greci per averli aiutati, forse proprio aprendo il ventre del cavallo per far uscire i guerrieri nascosti lì dentro. Del resto, Dante definisce Antenora il luogo ghiacciato in fondo all'Inferno dove sono puniti i traditori della patria.

Fu a Oriago, tra Venezia e Padova, vicino al luogo dove oggi sorge la splendida villa palladiana della Malcontenta, che Iacopo cadde. Braccato dagli assassini, cercò scampo nella palude, ma rimase intrappolato tra le canne e il fango; secondo le antiche cronache, uno sgherro degli Estensi gli mozzò una gamba con la roncola: «e lì vid'io/ de le mie vene farsi in terra laco» dice a Dante; vidi intorno a me farsi come un lago del sangue uscito dalle mie vene. Un verso di straordinaria potenza: dentro c'è l'attimo della fine, c'è lo sbigottimento dell'uomo che vede la vita sfuggirgli, che sente la morte arrivare, eppure fa in tempo a pentirsi.

(Nel mio lavoro mi è accaduto di vedere cadaveri, però non ho mai visto morire nessuno. Ma ricorderò per sempre quando, da ragazzo, in un viaggio a Celebes, un'isola dell'Indonesia, con un gruppo di amici partecipammo a un funerale rituale della tribù dei Toraja. Sono cerimonie che durano settimane, aperte agli stranieri, purché portino doni. Noi offrimmo un maiale, legato con le zampe a un palo che portavamo sulle spalle; il poverino gridò tutto il tempo, presago della sua fine. Invece una mucca si fece condurre al sacrificio senza accorgersi di nulla; e quando le tagliarono la gola con un machete, guardò sgomenta il proprio sangue schizzare e formare in terra un piccolo lago – proprio come nel verso del Purgatorio –, incredula sino all'ultimo di quel che le stava accadendo.)

Ma la parte più drammatica dell'incontro di Dante con i «morti per forza» deve ancora arrivare. Sta per prendere la parola il secondo spirito.

«Io fui di Montefeltro, io son Bonconte» inizia. Già la presentazione è fulminea e dice tutto: il titolo nobiliare è morto con lui; il nome – che indica l'individuo, la persona – resta per l'eternità.

Bonconte da Montefeltro era figlio di un grande condottiero ghibellino, Guido, che gli aveva insegnato l'arte della guerra. Anche Bonconte combatté a Campaldino, ma sotto le insegne di Arezzo, quindi dalla parte opposta a quella di Dante. Sul campo di battaglia trovò la morte; e sua moglie Giovanna e gli altri parenti si sono dimenticati di lui, per questo ora va a testa bassa, mortificato.

Campaldino fu per Dante la prova della vita. Feditore, cioè cavaliere di prima fila, partecipò a una battaglia cruciale per l'egemonia di Firenze in Toscana. Lo scontro fu sanguinoso: oltre 1700 morti solo tra i ghibellini, gettati nelle fosse comuni. Altri mille furono condotti prigionieri in città; quelli che non vennero riscattati morirono in carcere e furono seppelliti Oltrarno, fuori le mura, in un luogo che ancora oggi si chiama Canto degli Aretini.

Il corpo di Bonconte da Montefeltro, però, non fu mai trovato. Per questo Dante gli chiede «qual forza o qual ventura», quale violenza altrui o quale caso fortuito, l'abbia portato lontano da Campaldino, tanto che «non si seppe mai tua sepultura».

Bonconte rivela di essere fuggito a piedi, ferito alla

gola, lasciando una traccia di sangue, fino al punto in cui il fiume Archiano sfocia nell'Arno. E siccome Dante sa che i suoi lettori potrebbero non conoscere l'Archiano, precisa che nasce dall'Appennino sopra l'eremo di Camaldoli; un altro tra i molti luoghi fondativi dell'identità italiana citati nella Divina Commedia. Ora il racconto di Bonconte tocca il suo apice drammatico: «Quivi perdei la vista e la parola;/ nel nome di Maria fini', e quivi/ caddi, e rimase la mia carne sola». Quando sente i sensi spegnersi, quando avverte la vita sfuggirgli, Bonconte mette le braccia in croce, si affida a Maria; e il nome della Vergine è la sua ultima parola.

Quel pentimento cambia il suo destino. Perché l'angelo di Dio prende in custodia lo spirito di Bonconte per condurlo in Purgatorio, mentre l'angelo «d'inferno» resta scornato. «Una lagrimetta», grida nel suo cinismo, è sufficiente per fargli perdere un'anima; ma per sfogare la rabbia, il diavolo farà scempio del corpo.

E qui Dante chiama a raccolta le forze del cosmo, per raccontare come, al tramonto di quella cruenta giornata, si sia scatenato un pauroso temporale. Immaginiamo la scena: la piana di Campaldino è cosparsa di cadaveri; i superstiti, sia i vincitori sia i vinti, sono stanchi e svuotati. Allora il demonio congiunge la sua cattiva volontà «che pur mal chiede», che sempre cerca il male, con l'intelligenza: muove il vento, che trascina i vapori verso l'alto, dove si condensano per diventare acqua; la valle dell'Arno si copre di nebbia, il cielo si fa cupo; la pioggia comincia a cadere, la terra non riesce a trattenerla, i fossati si riempiono d'acqua e sfociano nei torrenti, che si rovesciano nel «fiume real», appunto l'Arno (all'epoca erano chiamati «fiumi reali» quelli che finivano in mare).

La corrente afferra il cadavere gelato di Bonconte, scioglie la croce che le sue braccia avevano formato sul petto, lo trascina nell'Arno, lo rivolta lungo le rive e sul fondo del greto; infine lo ricopre di detriti, facendogli così da sepoltura. Ora il corpo è disperso da qualche parte, tra l'Arno e il mare; e il corpo per i trapassati è importante, perché lo recupereranno nell'ultimo giorno; ma l'anima è già salva. E a rendere ancora più affascinante la storia è il pensiero che il figlio ha avuto una sorte opposta a quella del genitore.

Dante ha incontrato Guido da Montefeltro, il padre di Bonconte, nell'Inferno, tra i consiglieri fraudolenti. Pentitosi di una vita passata a tessere inganni e spargere sangue, Guido si era fatto frate; ma Bonifacio VIII era andato a trovarlo in convento. Il Papa voleva da lui un piano malefico, un sotterfugio, una trappola per sconfiggere i suoi nemici, i Colonna, asserragliati a Palestrina. Guido esitava a rispondere, nel timore di finire dannato; però il Pontefice gli aveva assicurato l'assoluzione. Alla morte di Guido, san Francesco era venuto a prendere la sua anima; ma quella volta aveva vinto il diavolo, perché «assolver non si può chi non si pente». Per questo il padre è dannato all'Inferno, e il figlio salvo in Purgatorio.

Una «lagrimetta» ha potuto più dell'assoluzione del Papa.

Il racconto dei «morti per forza» non sarebbe completo senza una voce di donna, la creatura che per Dante è espressione del divino che è nell'essere umano. Iacopo ha restituito l'orrore della morte; Bonconte ha infuso nel lettore la speranza del pentimento; infine parla una testimone del perdono e della pace.

> «Deh, quando tu sarai tornato al mondo
> e riposato de la lunga via»,
> seguitò 'l terzo spirito al secondo,
> «ricorditi di me, che son la Pia;
> Siena mi fé, disfecemi Maremma:
> salsi colui che 'nnanellata pria
> disposando m'avea con la sua gemma.»

Uno dei personaggi più famosi della Divina Commedia appare in scena appena per due terzine, che da sole comunicano il senso di una profonda ingiustizia e di un'altrettanto profonda dolcezza. La storia di Pia è la più breve di tutto il poema, ma anche tra le più affascinanti.

Nella realtà, di Pia non si sa quasi nulla. Come è accaduto ad altri personaggi di Dante, la sua biografia è stata ricostruita proprio partendo dai versi della Divina Commedia. Si crede che appartenesse alla famiglia senese dei Tolomei, che il suo vero nome fosse Sapia, e che sia andata in sposa verso la fine del Duecento a un feudatario della Maremma, Nello Pannocchieschi, signore del castello della Pietra. Il marito l'avrebbe prima rinchiusa in una torre e poi scaraventata giù, forse per gelosia, probabilmente per essere libero di sposare una donna più ricca, Margherita Aldobrandeschi, contessa di Pitigliano; da cui avrà un figlio che farà un'orrenda fine, gettato in un pozzo all'età di tredici anni dai sicari di una famiglia rivale. Oggi il castello della Pietra è in rovina. C'è ancora, lì vicino, un burrone chiamato «salto della contessa»; ma il nome trae origine dal racconto del Purgatorio.

Quel che davvero ci resta di Pia sono i versi che le dedica Dante, anzi le parole che le presta. La prima è il classico «deh» toscano, che ha il tono di una preghiera, di un'invocazione, di una richiesta di ascolto. Pia è l'unica anima di tutti i tre regni dell'oltretomba a preoccuparsi per il ritorno di Dante, e per il suo riposo: quando ti sarai ripreso dal lungo viaggio, gli dice, «ricorditi di me». «Siena mi fé, disfecemi Maremma»: pare quasi un'iscrizione funebre, nella sua essenzialità; ma potrebbe essere l'attacco della formidabile cronaca di un delitto. Pia de' Tolomei lamenta di essere stata tradita e uccisa dall'uomo che l'aveva sposata e le aveva infilato l'anello, come pegno di amore eterno. Ma non c'è odio nelle sue parole. La vergogna è tutta del traditore, dell'assassino.

I sei versi di Dante hanno ispirato tragedie, libri, quadri, pure tre film (dettaglio non scontato: il cinema, soprattutto in tempi recenti, esita ad affrontare un tema evocativo ma impegnativo come la Divina Commedia). Dante Gabriel Rossetti, il pittore preraffaellita inglese figlio di un esule del Risorgimento italiano, ha ritratto Pia de' Tolomei come un'eroina romantica, bellissima con i capelli sciolti e la veste lunga sino ai piedi. Le sono stati dedicati romanzi e feuilleton. Di lei hanno scritto Marguerite Yourcenar e Carolina Invernizio. Approfittando dell'assenza di notizie sul suo personaggio storico, le hanno inventato diverse biografie. Qualcuno le ha attribuito amanti, altri l'hanno fatta morire di fame come il conte Ugolino. Donizetti l'ha trasformata nell'eroina di un'opera. Ma la voce più fresca che l'ha cantata è quella di una sua concittadina senese (ma con una nonna maremmana): Gianna Nannini.

Nella sua opera rock, la «dolente Pia», «innocente e prigioniera», è una donna ancora innamorata dell'uomo che non l'ha meritata e le ha fatto del male. La sua è la dolce malinconia di una sposa che non ha avuto la vita che sognava, e rimpiange l'amore perduto, il matrimonio spezzato.

Sei

«Ahi serva Italia, di dolore ostello»

Dove Dante grida il suo amore e la sua indignazione per l'Italia, infiamma Mazzini e Garibaldi, e profetizza i Dpcm

Della vita di Dante sappiamo ovviamente più che di quella di Pia de' Tolomei; ma non moltissimo di più. Quel poco spesso ce lo racconta lui, attraverso il filtro della poesia. La sua vera autobiografia è la Divina Commedia.

Dentro il suo capolavoro c'è tutto: Virgilio, il poeta prediletto; Beatrice, la donna amata; la Vergine e santa Lucia, le donne cui è devoto; Brunetto Latini, il maestro. Dante si specchia in molti dei suoi personaggi. Pier delle Vigne, accusato ingiustamente di aver tradito l'imperatore Federico II, si suicida; e Dante forse ha pensato al suicidio durante l'ingiusto esilio. Il conte Ugolino vede morire di fame i quattro «figliuoli» (in realtà due erano nipoti); e Dante ha visto i suoi quattro figli patire la fame e le umiliazioni della vita raminga. Francesca raffigura la tentazione dell'amore passionale, e anche di quello letterario. In Ulisse Dante ritrova la propria sete di conoscenza, destinata a restare inappagata senza la fede.

Nel Purgatorio ha appena incontrato il suo vicino di casa e il condottiero dell'esercito nemico con cui si era scontrato a Campaldino. Ora sta per specchiarsi in un collega, un poeta la cui fama è arrivata fino a noi soltanto grazie a lui. E da questo incontro nasce l'invettiva più lunga e più celebre di tutta la Divina Commedia. Parole dolenti sull'Italia, che hanno ispirato generazioni di compatrioti secoli dopo; e che suonano – purtroppo – vive e vere ancora oggi.

Proprio perché vuole volare alto, Dante comincia il sesto canto – che qui, come è stato nell'Inferno e come sarà nel Paradiso, viene dedicato alla politica e alla patria – con una scena di vita quotidiana, che ha la vivacità della commedia dell'arte.

Per raffigurare le anime che si affollano attorno a lui, il poeta evoca «il gioco della zara», una variazione del gioco dei dadi, molto popolare nell'Italia del Medioevo. I concorrenti gettavano tre dadi a turno, e dovevano dichiarare il punto che sarebbe uscito, un po' come nella nostra morra. «Zara» deriva dall'arabo *zahr*, che significa appunto dado, da cui la parola «azzardo».

Alla fine della partita, il perdente rimane solo, a rigiocarla nella propria mente; mentre il vincitore è attorniato da persone che vorrebbero spillargli qualche moneta: uno lo supera, l'altro lo afferra da dietro, l'altro ancora gli si affianca pregandolo di ricordarsi di lui; così il fortunato deve sacrificare una parte della vincita pur di liberarsi della folla. Allo stesso modo, Dante si ritrova a promettere preghiere un po' a tutte le anime, in modo da abbreviarne l'attesa, prima di essere ammesse nel Purgatorio vero e proprio.

I «morti per forza» vengono presentati uno dopo l'altro. Sono tanti, ma hanno una cosa in comune: sono stati uccisi nelle faide che insanguinavano l'Italia del tempo, guelfi contro ghibellini, città contro città, famiglia contro famiglia, fratello contro fratello. L'elenco dura appena dodici versi, in cui però sono raccontate più storie che in un'intera serie tv. Il ritmo ci incalza. Dante ci sfida a tenere il suo passo vorticoso, a reggere il moto continuo del suo animo, a calarci nella vertigine della sua mente. Non possiamo sottrarci.

Nella schiera c'è colui «ch'annegò correndo in caccia»: è Guccio dei Tarlati di Pietramala, capo dei ghibellini di Arezzo, morto annegato nell'Arno con il suo cavallo, secondo alcuni mentre inseguiva i guelfi, secondo altri mentre fuggiva dalla rotta di Campaldino; la formula di Dante consente di non scegliere tra le due versioni.

C'è Federigo Novello, che protende le mani supplichevoli verso il poeta: è stato ucciso pure lui dai guelfi, mentre accorreva in soccorso proprio alla famiglia dei Tarlati di Pietramala.

C'è Gano degli Scornigiani, pisano fatto assassinare dal conte Ugolino – quello che appena il giorno prima Dante ha visto in fondo all'Inferno rodere il cranio del suo nemico –, nella lotta per il predominio sulla città; però il padre di Gano, Marzucco, che si era fatto frate francescano e viveva a Firenze a Santa Croce (dove Dante l'aveva forse incontrato), rinunciò alla vendetta, seguì il funerale del figlio senza ira, e invitò tutti al perdono e alla pace.

Esempio nobile, ma isolato. Perché subito dopo Dante incontra il conte Orso, figlio di un altro personaggio descritto in fondo all'Inferno: Napoleone degli Alberti, imprigionato nel ghiaccio accanto al fratello Alessandro, perché morti uno per mano dell'altro. Ne era nata una faida infinita: il figlio di Alessandro, Alberto, uccise Orso, e fu ucciso a sua volta da un nipote… Una catena di sangue che imprigiona un'intera famiglia.

In effetti, reggere il ritmo di Dante non è facile. Però è ancora più difficile tradirlo, omettere un nome, censurare una storia.

Finora i personaggi sono tutti toscani. Ma ecco infine un gentiluomo francese, Pierre de la Brosse, ciambellano di Filippo III, accusato di tradimento dalla seconda moglie del re, Maria di Brabante, e impiccato. Dante invita la regina a fare penitenza per non finire dannata, perché l'unica colpa di Pierre fu rivelare il delitto di cui lei si era macchiata: aveva avvelenato il primogenito del re, per far salire sul trono di Francia il proprio figlio… Una vicenda di intrighi di corte, come quelli che avevano condotto al suicidio Pier delle Vigne.

Prima di tutti, però, Dante ha incontrato, tra coloro che hanno avuto una fine violenta, un magistrato onesto, Benincasa da Laterina: aveva fatto condannare a morte il fratello e lo zio di Ghino di Tacco, che lo uccise con le proprie mani, a Roma, nella sala delle udienze.

Ecco finalmente una figura familiare, un nome che suona. Ghino di Tacco era un aristocratico senese che, cacciato dalla città per le sue nefandezze e forse anche per ragioni politiche, si rifugiò nella rocca di Radicofani, che domina la Cassia dall'alto; e approfittava della posizione per taglieggiare i viaggiatori. Boccaccio, sempre attento a tutto quel che scrive Dante, ne fece il protagonista di una delle sue novelle, trasformandolo però in un ladro gentiluomo: Ghino cattura «l'abate di Clignì» – Cluny, in Borgogna, all'epoca la più grande abbazia della cristianità –, che stava andando alle terme di San Casciano, ancora adesso tra le più belle d'Italia, per curare un terribile mal di stomaco. Ghino mette l'abate a dieta, tipo Chenot, passandogli solo un po' di pane, fave e vino – una vernaccia di Corniglia –; così il religioso guarisce, e come segno di riconoscenza induce il Papa, il famigerato Bonifacio VIII, a perdonare Ghino di Tacco e a farlo cavaliere degli Ospedalieri di San Giovanni di Gerusalemme.

Secoli dopo, Ghino è tornato nella discussione pubblica italiana grazie a Eugenio Scalfari. Il fondatore di Repubblica accostò a Ghino di Tacco un politico che detestava: Bettino Craxi. Come il signorotto di Radicofani prosperava grazie al controllo di una strada da cui tutti prima o poi dovevano passare, allo stesso modo il segretario del Psi approfittava della propria situazione di vantaggio: chiunque, democristiano o comunista, per formare un governo nazionale o una giunta locale doveva allearsi con lui. Anziché offendersi, Craxi ne fu compiaciuto, e cominciò a siglare G.d.T. i suoi corsivi sull'Avanti!, il quotidiano dei socialisti. Nel 1993, l'anno di Tangentopoli, Giorgio Forattini intitolò una sua raccolta di vignette «Benito di Tacco», con in copertina Craxi vestito da bandito.

Ghino di Tacco, quello vero, fu ucciso nel 1303, forse mentre tentava di sedare una rissa tra soldati e contadini.

Bettino Craxi è morto nel 2000 ad Hammamet, esule per i suoi sostenitori, latitante per i suoi avversari; ed è sepolto sotto le mura della medina, nel piccolo cimitero cattolico, accanto a un bambino che «visse tra due crepuscoli». Come carro funebre ebbe un furgone. Non si trovava una bara abbastanza grande per lui. La fossa fu scavata nottetempo nella sabbia; nella concitazione del funerale un fotografo ci cadde dentro, lo tirarono fuori i colleghi a braccia.

Quando riesce a liberarsi dalla ressa, Dante espone a Virgilio un dubbio. Ricorda di aver letto nell'Eneide che nessuna preghiera può cambiare la volontà degli dei: lo dice la Sibilla a Palinuro, che vorrebbe entrare nel regno dei morti nonostante il suo corpo giaccia insepolto, e si sente rispondere che qualsiasi orazione è inutile. Perché allora nel Purgatorio le anime chiedono preghiere? Sbagliano loro? O sbaglia Dante a interpretare quel che Virgilio ha scritto? Ovviamente, per cortesia e per reverenza, Dante non considera la possibilità che a sbagliare sia stato Virgilio. Che risponde comunque un po' piccato: la sua «scrittura è piana», chiaramente comprensibile.

Al suo tempo, prima della venuta di Cristo, la preghiera non poteva raggiungere Dio, perché l'umanità era in disgrazia presso di Lui; ma ora, dopo la crocefissione e il sacrificio di Gesù, il fuoco dell'amore umano può mutare non la sentenza divina – la «cima di giudicio» –, bensì l'entità della pena. Quindi più si prega sulla Terra, prima le anime dei «morti per forza» possono entrare in Purgatorio e cominciare a salire verso il Paradiso. Ma è inutile che Dante tenti di penetrare sin da ora questo mistero; a fargli comprendere tutto sarà Beatrice, qui nominata per la prima volta nel

57

poema; «tu la vedrai di sopra, in su la vetta/ di questo monte, ridere e felice».

Di fronte alla prospettiva di rivedere la donna amata, Dante accelera il passo, convinto di poter arrivare in cima prima del tramonto. Ma Virgilio replica che la strada è ancora lunga, e indica un'anima che sta «sola soletta», e mostrerà loro il percorso più breve.

Dante non dice subito il suo nome, ma per dare l'idea della sua dignità la paragona a un leone «quando si posa». L'anima è definita altera e disdegnosa, «nel mover de li occhi onesta e tarda», nobile e lenta nello spostare lo sguardo, e infine «romita», appartata. È una descrizione che si addice bene a Dante stesso; e in effetti il personaggio che sta per entrare in scena è un poeta civile, autore di invettive in cui attaccò tutti i signori d'Europa, considerati inetti e vili: una critica del potere che Dante intende fare propria. È Sordello da Goito, il più importante trovatore italiano, che visse ramingo di corte in corte; fu anche a Firenze, ma ne venne bandito; riparò in Provenza, e morì a Napoli. Oggi le sue opere sono note solo agli studiosi di poesia medievale, ma la sua figura ha attraversato i secoli – lo citano Oscar Wilde, Samuel Beckett, Ezra Pound… – proprio grazie a Dante.

Virgilio gli chiede informazioni sulla strada, ma Sordello risponde con un'altra domanda: vuole conoscere la sua origine, la sua storia. Virgilio dice una sola parola – Mantova –, e subito l'altro gli si fa incontro, esclamando: «Io son Sordello de la tua terra!». E mentre i due si abbracciano, Dante si lancia nell'invettiva, con un'amarezza e uno sdegno pari alla propria forza morale.

Ahi serva Italia, di dolore ostello,
nave sanza nocchiere in gran tempesta,
non donna di provincie, ma bordello!

L'Italia non è più signora delle nazioni, come ai tempi di Roma; è percorsa da eserciti stranieri, contesa come una prostituta, sballottata come un'imbarcazione in balìa delle onde. Nel Purgatorio è bastato a Sordello udire «lo dolce suon de la sua terra» per far festa al concittadino; ma in Italia i vivi non fanno altro che combattersi, anche coloro che abitano dentro la stessa cerchia di mura, all'interno dello stesso fossato.

Dante si rivolge direttamente all'Italia. La invita a cercare sia lungo le sue coste, sia nell'entroterra, per vedere «s'alcuna parte in te di pace gode». Dopo averla accostata a una fragile nave, Dante paragona la patria a un cavallo selvaggio: a cosa è servito che ti riaggiustasse il freno Giustiniano – il legislatore, l'imperatore cui si deve il codice di diritto civile – se la sella è vuota, se non c'è nessuno che conduce, che guida, che comanda?

Dante addita i colpevoli. In primo luogo gli uomini di Chiesa, che dovrebbero dedicarsi alle cose di Dio, e lasciare il potere temporale all'imperatore, come dice Gesù nel Vangelo: «Date a Cesare quel che è di Cesare, a Dio quel che è di Dio» ordina ai farisei che gli domandano se è giusto pagare i tributi; «il mio regno non è di questo mondo» risponde a Pilato che gli chiede se davvero è il re dei Giudei; «non possederete né oro né argento» comanda agli apostoli.

Poi Dante attacca l'imperatore, «Alberto tedesco»: è Alberto I d'Austria, che in Italia – il giardino dell'Impero – non mise mai piede; il poeta invoca su di lui e sul suo sangue il «giusto giudicio da le stelle», quasi una maledizione. In effetti l'imperatore perderà il primogenito, ucciso da una malattia improvvisa a ventisei anni, poi verrà assassinato da un nipote, il primo maggio 1308; ma, quando Dante scrisse l'invettiva, tutto questo era già accaduto; la sua è una profezia scritta dopo i fatti. In ogni caso definisce l'imperatore «crudel» e «uom sanza cura», e con amara ironia lo invita a venire in Italia a vedere quanto la gente si ama.

Dante cita in particolare la faida tra Monaldi e Filippeschi, due famiglie che si contendevano Orvieto; e quella tra Montecchi e Cappelletti, le due casate – una di Verona, l'altra di Cremona – attorno a cui si erano radunati i ghibellini e i guelfi che per decenni si sono combattuti nell'Italia del Nord.

Impossibile non pensare al più celebre amore nella storia della letteratura: quello tra Giulietta Capuleti e Romeo Montecchi. A differenza del suo compatriota Chaucer, Shakespeare non conosceva bene Dante; gli esperti sostengono che possedesse al più qualche nozione dell'Inferno; ma se le sue fonti sono senz'altro novelle rinascimentali, è difficile credere che non si sia ispirato, magari indirettamente, a questo passo del Purgatorio. In un'altra opera, «Misura per misura», che fin dal titolo evoca il contrappasso dantesco, Shakespeare traduce – «top of judgement» – l'espressione «cima di giudicio» che abbiamo trovato pochi versi fa, in questo stesso canto.

Del resto, è normale che i grandi scrittori di ogni tempo si parlino, si citino, si influenzino, a prescindere dalla conoscenza diretta che possono avere l'uno delle parole dell'altro. Liberi i lettori di giudicare e scegliere.

Thomas Stearns Eliot, ad esempio, sosteneva che Dante fosse più grande di Shakespeare, «perché mi sembra che illustri un atteggiamento più sano nei confronti del mistero della vita»; Shakespeare non aveva l'ambizione dantesca di penetrare la verità, convinto com'era che la verità fosse troppo soggettiva e sfuggente.

Ma l'invettiva non è finita. Dante chiede all'imperatore Alberto di venire a vedere «Roma che piagne / vedova e sola, e dì e notte chiama: / "Cesare mio, perché non m'accompagne?"». La città eterna è abbandonata dall'imperatore (e sta per essere abbandonata pure dal Papa, che nel 1309 si rifugia ad Avignone). Poi il poeta si rivolge direttamente a Gesù, che definisce «sommo Giove»; un po' perché fuori dal Paradiso Dante chiama malvolentieri il Signore con il suo nome, un po' perché interpreta il mondo antico come prefigurazione di quello cristiano: tu «che fosti in terra per noi crucifisso, / son li giusti occhi tuoi rivolti altrove?». Dio all'apparenza non si cura dell'Italia. Ma forse, nell'abisso per noi insondabile del suo pensiero, prepara per lei qualche bene che oggi proprio non si intravede.

In effetti, se Dio desidera il meglio per noi, qual è la causa delle ingiustizie del mondo? Dante si pone qui per la prima volta il problema del male (su cui tornerà), il mistero dell'iniquità; e lo fa parlando della patria. Non c'è contrasto in lui tra l'attaccamento all'Italia e il legame con la sua Firenze; anzi, la sofferenza per le divisioni e per il malgoverno le accomuna; perché «le città d'Italia tutte piene son di tiranni».

Ora l'ironia di Dante diventa quasi sarcasmo: Firenze può rallegrarsi che la decadenza non la riguardi... Altrove molti hanno la giustizia nel cuore, ma esitano a esprimerla se non dopo aver riflettuto; invece i fiorentini hanno la giustizia «in sommo de la bocca». Molti rifiutano per prudenza le cariche pubbliche; ma i fiorentini si fanno avanti anche senza essere chiamati, gridando «i' mi sobbarco!», con leggerezza pari all'ambizione, con l'aria di chi si sacrifica. Atene e Sparta, le prime a scrivere le leggi, offrirono un piccolo saggio del vivere civile di fronte a te, Firenze, «che fai tanto sottili/ provvedimenti, ch'a mezzo novembre/ non giugne quel che tu d'ottobre fili».

Dante allude al cambio repentino di governo nell'autunno del 1301: i priori si insediarono il 15 ottobre, e dovettero dimettersi il 7 novembre, quando i Bianchi furono sconfitti e cacciati dai Neri. Ma a noi italiani appena usciti dalla pandemia vengono in mente altre leggi che cambiano di continuo: provvedimenti che Dante definisce ironicamente «sottili», perché si vorrebbero sofisticati e sono soltanto fragili; i famigerati Dpcm (decreto della presidenza del consiglio dei ministri), che in questi mesi durissimi hanno forse salvato vite, ma certo creato confusione. A Firenze, riprende Dante, tutto cambia senza sosta: governanti, norme, moneta, uffici, usanze; però nulla cambia davvero.

Ancora oggi noi italiani non abbiamo un rapporto maturo con il potere. Di leggi se ne fanno anche troppe; ma non vengono applicate. Le riforme si susseguono; però non incidono sulla realtà. Fatichiamo a concepire che una persona possa fare qualcosa nell'interesse di qualcuno che non sia se stesso, o un suo familiare. Lo Stato è percepito come «altro» rispetto a noi: il poliziotto è uno sbirro, l'agente del fisco un esattore tipo sceriffo di Nottingham; e il Palazzo di Giustizia nel linguaggio popolare diventa il Palazzaccio. Italiani sono sempre gli altri.

I leader non vengono sostenuti e criticati, ma blanditi e abbattuti. È accaduto un po' a tutti i capi che hanno governato l'Italia nel Novecento, sia pure in circostanze tra loro non paragonabili: Mussolini prima incensato e poi appeso a testa in giù, Enrico Mattei – all'epoca l'uomo più potente d'Italia – morto nel suo aereo esploso in volo, Aldo Moro ritrovato nel bagagliaio della Renault rossa, Bettino Craxi (come si è visto) sepolto sotto le mura della medina di Hammamet, Giulio Andreotti sotto processo per mafia...

Possiamo essere crudeli, anche se ci raccontiamo di essere brava gente. Siamo un popolo tragico, convinto di essere melodrammatico. La situazione non è solo grave, ma anche seria. Ci innamoriamo dell'«uomo forte», salvo poi stancarcene presto; e se l'irriverenza e la critica verso il potere sono una virtù, la piaggeria e la ferocia diventano vizi.

Già ai tempi di Dante ci si innamorava facilmente di capi che poi deludevano. E si insisteva nel cercare strade nuove che portavano sempre negli stessi posti. Così Firenze pare una donna «inferma/ che non può trovar posa in su le piume,/ ma con dar volta suo dolore scherma»; una malata che cerca invano sollievo alla sofferenza cambiando posizione di continuo nel letto.

Il lamento sulla «serva Italia» sarà letto con senso di colpa e di riscatto in ogni epoca; ma in particolare diventerà il testo sacro del nostro Risorgimento, quando nascerà davvero l'idea moderna della nazione italiana.

Alla fine di un secolo, il Settecento, che non aveva amato Dante – più famoso che letto, diceva Voltaire; e forse non aveva torto –, i più grandi poeti del tempo lo riscoprono e se ne innamorano.

Vittorio Alfieri nel 1783 va a Ravenna per visitare il sepolcro del poeta; «e un giorno intero vi passai fantasticando, pregando e piangendo». Prontamente anche Vincenzo Monti si porta sulla tomba di Dante, dove tiene un'orazione in cui indica il defunto come il padre della patria, se stesso come erede, e la Divina Commedia come il libro degli italiani. Giacomo Leopardi scrive l'ode «Sopra il monumento di Dante che si preparava in Firenze»: non quello in piazza Santa Croce (che secondo i fiorentini guardò sdegnato «l'immane hasino» dell'alluvione del 1966), ma il cenotafio dentro la chiesa.

Ognuno ha riletto Dante alla luce delle proprie passioni. Ugo Foscolo ne fa un ghibellino che combatte «la frode guelfa e la papale avarizia». I neoguelfi lo rivendicano come uno dei loro: per Cesare Balbo è «l'Italiano più italiano che sia stato mai»; per Terenzio Mamiani «Dante sembra aver profetato all'Italia la presente unità politica» e «il dover ritornare la Chiesa cattolica a maggiore sincerità e uso di vita spirituale». Pure i massoni lo arruolano: David Levi, il rifondatore del Grande Oriente Italiano, definisce la Divina Commedia «l'evangelo massonico della nuova Italia».

A ventidue anni, Giuseppe Mazzini scrive un articolo di fuoco, intitolato «Dell'amor patrio di Dante»: «In tutti i suoi scritti traluce sempre sotto forme diverse l'amore immenso ch'ei portava alla patria ... Egli mirò a congiungere in un sol corpo l'Italia piena di divisioni, e sottrarla al servaggio». Poi l'invocazione: «O Italiani! Studiate Dante... non vi fidate ai grammatici, e agli interpreti: essi sono come la gente che dissecca cadaveri; voi vedete le ossa, i muscoli, le vene che formavano il corpo; ma dov'è la scintilla che l'animò?». Per Mazzini, la Divina Commedia andava letta e interpretata di persona da ogni patriota, come la Bibbia secondo Lutero.

Dante ispira tutti i grandi del nostro Risorgimento. Silvio Pellico scrive una tragedia, «Francesca da Rimini», in cui immagina Paolo pronto a impugnare le armi non tanto per la donna amata, quanto per la patria: «Per te, per te, che cittadini hai prodi,/ Italia mia, combatterò...». Ai cospiratori rinchiusi nel tetro carcere dello Spielberg gli austriaci proibiscono di leggere la Divina Commedia. Madame de Staël, la madrina del romanticismo europeo, impazzisce per Dante, «l'Omero dei tempi moderni, poeta sacro dei nostri misteri religiosi, eroe del pensiero». Con la sua consueta ironia, Giuseppe Giusti, il poeta, avvisa che si sta esagerando: «Se andiamo avanti altri dieci anni di questo passo a scrivere e a riscrivere di Dante per sapere quanti peli ebbe nella barba, Dante finirà per istuccare come un piatto il più scelto dato in tavola un mese di seguito».

Ma non c'è verso di frenare gli entusiasmi. Dante è ormai considerato il profeta della nazione. La sua vita in esilio diventa figura della sofferenza degli italiani, privati di una patria. (È una vicenda intellettuale ben raccontata nel bel saggio di Fulvio Conti, «Il Sommo italiano», pubblicato da Carocci.)

Quando poi l'Italia unita nasce davvero, Dante è inevitabilmente un punto di riferimento. La lingua nazionale diventa quella della Divina Commedia. L'idea della patria viene cercata nelle sue pagine. E Giosuè Carducci annota: «Ahi serva Italia! Cotesto emistichio faceva rizzare i capelli ai nostri padri, e le mani cercavano la carabina e incontravano le catene dei tiranni. Grazie all'Alfieri, al Foscolo, al Mazzini...».

Certo Dante non aveva la concezione dell'Italia che gli attribuirono i nostri padri del Risorgimento, i quali per la sua invettiva si commossero e a essa si ispirarono. Per il poeta l'Italia non era uno Stato ma un patrimonio di valori e di bellezza, un ideale che doveva conciliare la classicità e la cristianità, la Roma dei Cesari e la Roma dei Papi. E da quell'incontro non nascerà uno Stato unitario; nascerà la grande avventura culturale dell'umanesimo e del Rinascimento, di cui Dante – uomo del Medioevo – può essere considerato il precursore.

La sua visione politica è ovviamente lontana dalla sensibilità moderna, e impossibile da catalogare con le categorie del nostro tempo. Tuttavia non dobbiamo essere troppo timidi nel vedere in Dante l'inizio di una idea dell'Italia che, attraverso cambiamenti ed evoluzioni, arriva sino a noi.

Come scrive la studiosa che anche in questo libro mi ha fatto un po' da Virgilio, Anna Maria Chiavacci Leonardi, la teoria dell'Impero «come garante della pace fra le nazioni, in cui Dante credette, era tramontata già nel suo stesso tempo»; mentre era viva l'idea del vincolo che unisce coloro che sono nati nello stesso luogo, e la deplorazione per le lotte fratricide. E ancora:

«Non si può dire, come si è detto, che per Dante l'Italia era solo un'entità geografica e linguistica. Traspare chiaramente da questo testo l'idea dell'Italia come nazione – nave senza guida, abbandonata e misera, serva dei vari signori, cavallo non ben guidato, tutte immagini che solo ad una nazione potevano riferirsi».

L'Italia per Dante è una persona, sia pure poco virtuosa; «non donna di provincie, ma bordello». Anche Petrarca la identificherà con una donna, una madre; e infatti come una donna ancora oggi l'Italia è raffigurata.

Petrarca sosteneva di non aver mai letto Dante, per evitare la tentazione di imitarlo; ma l'idea di Italia la trova in lui. Per Petrarca, l'Italia è una madre amorosa, è la terra dove ognuno di noi (a cominciare dai potenti, che spesso se ne dimenticano) è nato e cresciuto, dove sono sepolti i nostri genitori. È la patria: la terra dei padri.

> Non è questo 'l terren ch'i' toccai pria?
> Non è questo il mio nido
> ove nudrito fui sí dolcemente?
> Non è questa la patria in ch'io mi fido,
> madre benigna et pia,
> che copre l'un et l'altro mio parente?

E la canzone petrarchesca all'«Italia mia» si conclude con un'invocazione, ripetuta tre volte: pace, pace, pace.

Sette

«Era già l'ora che volge il disio»

Dove Dante medita nostalgico sul declino dell'Europa, vede
le ombre dei sovrani, fa cambiare idea a Beatrice d'Este
e assiste alla rivincita sul serpente

Mentre Dante si lanciava nell'invettiva contro la «serva Italia», i due mantovani si festeggiavano a vicenda, scambiandosi gesti di affetto «tre o quattro volte». Alla fine dei convenevoli, Sordello chiede al compatriota sue notizie; e Virgilio si presenta. Per la prima volta pronuncia il proprio nome, dopo averlo taciuto per tutto l'Inferno. Ricorda che fu Ottaviano Augusto a dare sepoltura al suo corpo. Purtroppo Virgilio è vissuto prima della venuta di Gesù, e quindi prima che agli uomini si aprissero le porte del Cielo; per la mancanza della fede, e non per altri peccati, gli è preclusa la salvezza.

Sordello, già felice per aver trovato un concittadino, è entusiasta di avere davanti l'autore dell'Eneide. Gli si getta ai piedi, gli abbraccia le ginocchia, lo chiama «gloria d'i Latin», gloria degli italiani; perché gli italiani per Dante sono un unico popolo, dai tempi dell'antica Roma ai suoi. Ma come mai – domanda Sordello – Virgilio è qui? E se viene dall'Inferno, quale girone gli è dato in sorte?

Virgilio risponde di aver attraversato «tutt'i cerchi

del dolente regno». Ha perduto la possibilità di contemplare Dio non per aver fatto qualcosa, ma per non averla fatta: appunto perché non ha praticato la religione cristiana. Per questo il luogo dove risiede, il Limbo, non è «tristo di martìri», doloroso per i tormenti, ma per le tenebre che lo avvolgono; e «i lamenti non suonan come guai», come gemiti, «ma son sospiri».

Un po' tutti, quando abbiamo appreso i rudimenti della dottrina cattolica, ci siamo immalinconiti al pensiero del Limbo, in particolare dei bambini morti prima del battesimo. Ma nessuno come Dante ha reso stupendamente la malinconia del luogo, prestando a Virgilio parole dolcissime, come a ricompensarlo per le tante volte in cui lui si è ispirato all'Eneide:

«Quivi sto io coi pargoli innocenti
dai denti morsi de la morte avante
che fosser da l'umana colpa essenti...».

Accanto ai grandi poeti e filosofi dell'antichità, ci sono i neonati ghermiti dalla morte, quasi azzannati dai suoi «denti», prima che l'acqua del battesimo li liberasse dal peccato originale.

Qui Dante affronta una questione che lo tormenta: senza fede non c'è salvezza; ma se qualcuno non ha fatto in tempo a conoscere Gesù, dov'è la sua colpa? Nel Paradiso tornerà a chiederselo; e si darà una risposta meno severa, prevedendo che nel giorno del Giudizio ci saranno molti infedeli più vicini a Cristo di tanti cristiani, che non hanno meritato tale nome. Ancora adesso i cattolici dibattono se possa esserci salvezza al di fuori della Chiesa. Gli ultimi Papi hanno pregato per la pace insieme con i capi delle altre religioni ad Assisi, sulla tomba di Francesco, santo amatissimo da

Dante. In particolare Bergoglio, il Papa che da Francesco ha preso non a caso il nome, ha aperto alla possibilità che con i credenti di altre religioni, e anche con i non credenti, ci si possa ritrovare in Cielo.

Virgilio ha fretta di scalare la montagna, e chiede a Sordello dove sia la porta del Purgatorio. Ma le anime in attesa non lo sanno di preciso. Sono libere di muoversi; però non possono procedere in salita dopo il tramonto del sole. Virgilio domanda se non hanno la forza per farlo, o se qualcuno lo impedisce. Al che Sordello traccia con il dito una linea nella polvere, dicendo: «Vedi? Sola questa riga / non varcheresti dopo 'l sol partito»; basta un piccolo segnale per scoraggiare dopo il tramonto qualsiasi movimento, «mentre che l'orizzonte il dì tien chiuso», finché il sole è dietro l'orizzonte. Nel Purgatorio – ce lo siamo già detti – la libertà è fare ciò che si deve fare; quindi le anime non provano desideri contrari alle regole, ma le osservano spontaneamente.

Così Sordello propone ai due poeti di passare la notte in una valletta lì vicino, dove risiedono spiriti che sarà interessante conoscere. Un «sentiero schembo», obliquo, conduce in un avvallamento nel fianco del monte. È un posto stupendo, il più bello visto finora da Dante nel suo viaggio ultraterreno.

Tutti i colori che usano i pittori – l'oro, l'argento, il carminio, il bianco puro della lacca, il verde smeraldo – sarebbero vinti dai colori dell'erba e dei fiori di questa valle. Qui la natura non ha soltanto dipinto; ha mescolato mille profumi per crearne uno solo, «incognito e indistinto», che Dante sente per la prima volta. Sull'erba siedono anime che cantano il «Salve Regina», l'antica preghiera a Maria, che si recita a compieta, al calar della notte. Un canto d'esilio.

> Salve, Regina
> madre di misericordia,
> vita, dolcezza e speranza nostra, salve.
> A te ricorriamo,
> esuli figli di Eva;
> a te sospiriamo, gementi e piangenti
> in questa valle di lacrime.
> Orsù dunque, avvocata nostra,
> rivolgi a noi gli occhi tuoi misericordiosi.
> E mostraci, dopo questo esilio, Gesù,
> il frutto benedetto del tuo seno.
> O clemente, o pia,
> o dolce Vergine Maria!

L'atmosfera è di malinconia, un po' come nel Limbo che Virgilio ha appena evocato; qui però si aggiunge la speranza.

Gli spiriti che intonano la preghiera sono stati i sovrani d'Europa: gli stessi che Sordello ha criticato nelle sue opere. Ma a Dante sta a cuore soprattutto denunciare il malgoverno dei loro discendenti, di coloro che sono al potere sulla Terra.

Qui, in Purgatorio, espiano le proprie colpe i principi della generazione precedente a quella di Dante. Fecero della corona un uso negligente, dedicandosi all'interesse personale più che a quello del popolo; ma adesso l'hanno lasciata a figli e nipoti ancora peggiori di loro.

Sordello spiega che è meglio non scendere nella valletta: da quassù sarà più facile distinguere i volti e conoscere le azioni di queste ombre illustri. Più in alto sta colui che ebbe il trono più importante, l'imperatore: Rodolfo I d'Asburgo. Non si unisce al coro del «Salve Regina», e mostra un viso corrucciato, per il rammarico di aver mancato la propria missione: avrebbe potuto sanare le piaghe che hanno ucciso l'Italia; ma non l'ha fatto, così che ormai sarà troppo tardi per altri tentare di rianimarla.

Rodolfo d'Asburgo è il padre di Alberto, l'imperatore citato nell'invettiva contro la «serva Italia». Dopo Alberto salirà sul trono Enrico (o Arrigo) VII, che a differenza dei predecessori verrà nella penisola per riprenderne il controllo, ma fallirà; assedierà Firenze, invano; e in Toscana morirà, a Buonconvento, nell'agosto 1313, forse avvelenato da un frate. In quell'anno probabilmente Dante aveva già finito di scrivere il Purgatorio: è possibile quindi che il suo pessimismo sulle fortune dell'Impero sia profetico; anche se non è escluso che possa aver ritoccato i propri versi dopo lo scacco e la morte di Enrico.

Accanto a Rodolfo sta un altro sovrano, che sembra volerlo confortare: è Ottocaro, re della terra da cui nascono le acque che la Moldava porta nell'Elba, e l'Elba porta nel mare. Dante descrive così la Boemia, la cui capitale, Praga, è in effetti attraversata dalla Moldava. Da notare che in vita Ottocaro mosse guerra a Rodolfo, per sottrargli la corona imperiale, e ne fu sconfitto e ucciso; adesso però i due sovrani si sono riconciliati, e vivono in pace uno a fianco dell'altro. Ma sulla Boemia – scrive Dante – regna ora un uomo abietto, il figlio di Ottocaro, Vincislao, «cui lussuria e ozio pasce».

C'è qui anche il re di Francia, che il poeta indica come

il principe dal naso piccolo: è Filippo III l'Ardito, che «morì fuggendo e disfiorando il giglio». Filippo attaccò gli Aragonesi, che dopo la rivolta dei Vespri gli avevano sottratto la Sicilia, ma fu sconfitto; il suo esercito venne decimato dalla dissenteria, e anche il re ne morì, disonorando il giglio di Francia. Ora si batte il petto, ma non per le proprie colpe, bensì per quelle del figlio, Filippo il Bello, definito «mal di Francia», per «la vita sua viziata e lorda». Dante non ama la dinastia francese, alleata del Papa e causa della rovina di Firenze. Dà un giudizio migliore del re d'Aragona, Pietro III; ma i suoi eredi non lo valgono. E questo è vero anche per Carlo I d'Angiò, che gli sta accanto: già la Puglia «si dole» di suo figlio, Carlo II, signore del Mezzogiorno d'Italia.

Come sempre Dante prende un ritmo incalzante, presentando le varie dinastie d'Europa, accomunate dalla decadenza. L'eccezione che conferma la regola è Enrico III d'Inghilterra, re modesto che però ha un erede più valoroso, Edoardo. Ma ecco, nel punto più basso della valle, Guglielmo, marchese del Monferrato. I suoi sudditi di Alessandria insorsero contro di lui, lo fecero prigioniero e lo rinchiusero in una gabbia di ferro, dove morì; per vendicarlo, suo figlio Giovanni scatenò una guerra spietata, facendo piangere tutti i propri territori.

Dante insiste su questo punto: le dinastie declinano e si indeboliscono. Quasi mai la virtù si trasmette con il sangue; così vuole il Signore, perché è lui a infonderla negli uomini. La nobiltà d'animo è un dono di Dio, non un privilegio di nascita.

Come non pensare alle dinastie del nostro tempo, sia quelle reali, sia quelle industriali? Spesso le seconde generazioni si riposano, o dissipano quello che i padri hanno prodotto; oppure lo vendono al miglior offerente.

In politica il potere non si trasmette più – con qualche eccezione – di padre in figlio. Ma anche oggi abbiamo molti esempi di degenerazione. Dove sono i leader di un tempo? Cosa penseranno, non dico un Churchill, un Adenauer, un De Gaulle, un De Gasperi, ma anche una Thatcher, un Kohl, un Mitterrand, un Ciampi, dei politici venuti dopo di loro?

Anche se i nomi non ci dicono molto, il lamento di Dante sui principi europei è più che mai di attualità. Pure oggi, come ai suoi tempi, l'Europa è malata. Pure oggi c'è una potenza dominante: non si chiama più Impero, ma è sempre la Germania; e come allora spesso esercita la propria egemonia senza generosità e senza lungimiranza, disinteressandosi delle sorti degli altri Paesi, a cominciare dall'Italia.

Il gioco delle assonanze e delle evocazioni è sempre suggestivo, ma talvolta ingannevole. Ricordiamo però che Papa Francesco ha definito Dante poeta e profeta. Il suo sguardo non può essere arrivato tanto lontano da giungere fino ai nostri tempi; ma di sicuro ha saputo scrutare sin negli abissi dell'animo umano. E ha intuito che il potere, con rare eccezioni, non è quasi mai volto al bene comune. Il mondo invecchia, il tempo incrudelisce; spesso siamo costretti a rimpiangere quel che i nostri padri hanno vissuto. E questa atmosfera malinconica ispira a Dante versi tra i più celebri della sua opera.

> Era già l'ora che volge il disio
> ai navicanti e 'ntenerisce il core
> lo dì c'han detto ai dolci amici addio;
> e che lo novo peregrin d'amore
> punge, se ode squilla di lontano
> che paia il giorno pianger che si more...

Per secoli in queste parole meravigliose si sono riconosciuti esuli lontani dalla patria e dalle persone care, o anche solo viaggiatori colti dal rimpianto per quel che hanno lasciato.

Il sole tramonta, finisce la prima giornata di Dante nel Purgatorio. È l'ora che suscita nostalgia nell'animo dei naviganti, che intenerisce il cuore al ricordo del giorno in cui hanno detto addio ai dolci amici. Ed è l'ora che punge l'animo di chi è partito da poco, e sente la campana che sembra piangere il giorno che muore...

Pure Dante è esule. Due volte. Con il corpo, e con l'anima. Da Firenze, e dal Cielo. Nelle terzine con cui inizia questo canto c'è il ricordo dei tanti tramonti visti lontano dalla sua città, coltivando la speranza del ritorno che man mano si faceva illusione. E anche i sovrani riuniti nella valle incantata sono esuli: ormai lontani dai loro regni, e non ancora ammessi alla presenza di Dio. Uno di loro giunge e leva le mani, nel gesto universale della preghiera, che oggi è diventato un emoticon.

L'anima intona «Te lucis ante», l'inno con cui al morire del giorno si chiede a Dio di proteggerci dalle tentazioni della notte:

> «Prima della fine della luce
> noi ti invochiamo, o creatore del mondo
> perché per la tua clemenza
> sii nostro presidio e difesa...».

La dolcezza del canto, cui si uniscono tutte le altre anime, con gli occhi rivolti verso il cielo orientale, è tale che Dante si dimentica di se stesso. Ma ecco che a scuoterlo viene un'apparizione, quasi una rappresentazione sacra, che segna uno scarto improvviso nel racconto.

Il poeta per un attimo si rivolge al lettore. Lo invita ad aguzzare gli occhi: se presterà una particolare attenzione a quel che sta per leggere, non gli sarà difficile comprendere l'allegoria, cogliere il significato nascosto dei versi.

Il coro si interrompe; i principi ora guardano verso l'alto, pallidi e umili, in attesa. E dal cielo scendono due angeli con le spade fiammeggianti, vestiti di un verde lucente: il colore delle foglie appena spuntate, il colore della speranza. Dante non riesce a sostenere lo splendore del loro volto, non scorge i loro occhi; intuisce soltanto il biondo dei capelli. Sordello spiega che sono stati mandati da Maria, a proteggere la valle dal serpente che sta per arrivare (del resto, come profetizza la Bibbia, sarà una donna a schiacciare il capo del serpente); e propone a Dante, «tutto gelato» di paura, di scendere a parlare con le anime dei sovrani.

Fatti tre passi, il poeta nota uno spirito dal volto familiare, che lo guarda fisso. Il cielo si va scurendo, ma non abbastanza da impedire a Dante di riconoscere il suo amico: «Giudice Nin gentil, quanto mi piacque / quando ti vidi non esser tra ' rei!». È Nino Visconti, signore del giudicato di Gallura in Sardegna, detto per questo il giudice di Gallura. Il suo vero nome era Ugolino: come suo nonno materno, il conte Ugolino della Gherardesca; proprio lui, quello dell'Inferno. I rapporti in famiglia non erano idilliaci: Nino Visconti stava con i guelfi, e il nonno lo fece mandare in esilio; ma dopo la sua orribile morte, fu il nipote a denunciare presso il Papa il colpevole, l'arcivescovo Ruggieri. Dante conobbe Nino Visconti a Firenze, e combatté al suo fianco a Campaldino, contro i ghibellini. Alla fine le due fazioni che si contendevano Pisa siglarono la pace, a Fucecchio, il paese dove sei secoli dopo sarebbe nato Indro Montanelli; ma Visconti preferì non rientrare in città, e si ritirò nei propri possedimenti sardi, dove morì a poco più di trent'anni, dopo una vita intensissima.

Il poeta quasi si sorprende nel vederlo tra i salvati. Uno stupore che potrebbe anche sembrare una scortesia, subito dissipata però dalla gioia con cui Dante saluta l'amico, e gli dà notizie del proprio viaggio. Non è arrivato alla montagna del Purgatorio sulla barca degli angeli attraverso «le lontane acque», ma per «i luoghi tristi» dell'Inferno; è «in prima vita», il suo corpo è ancora vivo, ed è qui per conquistarsi la seconda vita, per salvarsi l'anima. Cioè Dante un po' si vergogna per il proprio privilegio, e come facciamo spesso anche noi dice prima – come per giustificarsi – la cosa negativa, rimarcando il terribile viaggio che ha compiuto, e poi la cosa positiva, quella davvero importante: a lui, e solo a lui, è dato vedere il mondo dei morti, per poi ritornare a quello dei vivi. Così Nino chiede a Dante:

«Quando sarai di là da le larghe onde,
dì a Giovanna mia che per me chiami
là dove a li 'nnocenti si risponde.
Non credo che la sua madre più m'ami...».

Sono versi splendidi e amari, che esprimono il dolore per un amore finito. Nino Visconti affida al poeta una missione, per quando avrà attraversato l'oceano che separa il Purgatorio dal mondo abitato: dire a Giovanna, sua figlia, di pregare per lui; perché la madre di Giovanna, la donna che era stata sua moglie, ora non lo ama più.

Nino Visconti aveva sposato Beatrice d'Este. Quando lui morì, lei tornò a Ferrara e nel 1300 si unì in matrimonio a Galeazzo Visconti, signore di Milano, esponente di un altro ramo della famiglia. Ma due anni dopo Galeazzo fu cacciato dalla città, e Beatrice conobbe le durezze dell'esilio; per poi tornare a Milano nel 1329, quando il figlio Azzo la riconquistò. Commenta Nino che sarebbe meglio per lei avere sulla tomba «il gallo di Gallura», stemma della sua famiglia, anziché «la vipera» dei milanesi; che sarebbe poi il celeberrimo biscione, simbolo di Milano e ora pure di Mediaset («torna a casa in tutta fretta c'è un biscione che ti aspetta» fu il primo slogan delle tv di Berlusconi).

Nino Visconti è più amareggiato che arrabbiato. Lo «zelo», lo sdegno, gli avvampa il cuore, ma «misuratamente». Più che rimproverare la moglie, ne ha compassione. Deve averla molto amata; ma ormai il fuoco è spento. La sua è la malinconia con cui, molto tempo dopo, si ricordano gli amori perduti; e, come canta Roberto Vecchioni, «col passare degli anni non ti importa nemmeno/ chi le bacia gli occhi, chi le tocca il seno».

Però ci sia lecito per una volta dissentire da Dante, o almeno da Nino Visconti, quando dice che nella donna il «foco d'amor» si spegne facilmente, se non è alimentato dalla vista o dal tatto, insomma dai sensi.

Questo non è vero. Tutti conosciamo donne ancora innamorate di uomini che non ci sono più da anni, a volte da decenni. Non sono vedove; sono mogli. E comunque alla fine Beatrice d'Este vorrà sulla propria tomba sia il biscione, sia il gallo; forse perché aveva letto il passo del Purgatorio che la riguarda; ma forse anche per riguardo al suo primo marito, a quel «foco» mai spento del tutto. Quindi possiamo concludere che, quando Nino afferma di non credere che Beatrice d'Este lo ami ancora, probabilmente si sbaglia.

Dante non commenta il triste racconto dell'amico. Confortarlo sarebbe umiliarlo. Così rivolge in alto gli occhi, che definisce «ghiotti» (a nessuno verrebbe in mente di definire i propri occhi «ghiotti», per dire curiosi, avidi, bramosi). Dante sta guardando un cielo che nessun uomo ha mai visto; per questo è particolarmente attratto dalle stelle. Ne nota tre, in direzione del Polo, che hanno preso il posto delle quattro che aveva visto al mattino. Se le altre simboleggiavano le virtù cardinali, queste rappresentano le virtù teologali: fede, speranza, carità.

I commentatori e gli astronomi discutono da secoli se Dante abbia voluto indicare tre stelle soltanto simboliche, o tre stelle reali. Qualcuno le ha identificate con gli astri delle costellazioni australi della Nave e dell'Eridano, che in primavera risplendono la sera verso nord, appunto in direzione del Polo. Dante ne avrebbe scoperto l'esistenza leggendo il «Libro delle costellazioni» di Alfragano, come in Occidente chiamavano il grande astronomo arabo Abū l-'Abbās Aḥmad ibn Kathīr al-Farghānī, vissuto quattro secoli prima di lui: uno dei volumi più importanti della storia medievale, consultato anche da Cristoforo Colombo. Tuttavia, se il poeta avesse voluto dare un nome a quelle stelle, l'avrebbe fatto. È più interessante il loro significato allegorico. Al mattino sono visibili gli astri che simboleggiano le virtù eterne dell'uomo, quelle morali, praticate già nel mondo antico. Ma quando si avvicina la sera, con il suo mistero, con la paura primordiale di non riveder spuntare il sole il giorno dopo, allora si accendono le stelle che raffigurano le virtù cristiane, che promettono la salvezza, che segnalano la presenza divina. Infatti sta per manifestarsi un'apparizione prodigiosa.

«Vedi là 'l nostro avversaro» dice Sordello: guarda il nostro nemico; «una biscia,/ forse qual diede ad Eva il cibo amaro». È il serpente, il demonio, che indusse Eva, la nostra progenitrice, a cogliere il frutto dell'albero della conoscenza del bene e del male, chiudendo così l'età dell'innocenza, e dando inizio alla storia dell'uomo.

Il serpente striscia tra i fiori e l'erba, oscillando la testa, leccando lubricamente il proprio stesso corpo, nell'atteggiamento ambiguo e osceno del seduttore. Ma i due angeli, che Dante chiama «astor celestiali» – l'astore è un uccello che caccia i rettili –, fendendo l'aria con le loro «verdi ali» si scagliano contro il diavolo, e lo mettono in fuga.

Nel Purgatorio si ripete l'antica scena della tentazione; ma l'esito è opposto. Stavolta il demonio è sconfitto. Adamo ed Eva furono cacciati dall'Eden da un angelo con una spada fiammeggiante; qui gli angeli sono due – forse a rappresentare il Papato e l'Impero –, e a essere cacciato è il serpente. Dopo il sacrificio di Gesù, il male è vinto dalla grazia divina; e le anime del Purgatorio sono testimoni non di una tentazione, bensì di una purificazione. Un rito che si ripete ogni sera.

Dante, che lo vede per la prima volta, ha gli occhi fissi sulla scena celeste; ma per tutto il tempo un'altra anima non distoglie lo sguardo da lui. Poi si presenta: è Corrado Malaspina, e vorrebbe notizie della terra di cui fu signore: la «Val di Magra», cioè la Lunigiana.

Il Magra è il fiume che separa la Liguria dalla Toscana. A nord c'è il golfo dei Poeti; a sud c'è Sarzana, la città degli anarchici che resistette ai fascisti, e poi le Alpi Apuane, bianche di marmo. Sulle rive del Magra aveva il suo chiosco di crêpe Leonardo Marino, il pentito che fece condannare Adriano Sofri come mandante dell'assassinio del commissario Calabresi: per me è il ricordo dell'intervista più drammatica della mia vita, di notte, davanti all'acqua scura, dopo che con Sofri avevo passato un'intera giornata in carcere, a Pisa. Mi pareva quasi di giocare un doppio gioco, nell'ascoltare prima l'accusato, poi l'accusatore; in realtà stavo solo facendo il mio lavoro, nel tentativo di ricostruire una tragedia italiana. Una vicenda di rivoluzioni mancate e amicizie tradite, di cui Alberto Moravia scrisse che – per penetrarne e restituirne la complessità politica e umana, per capirla e raccontarla – ci sarebbe voluto Shakespeare. O forse Dante.

Dalla Lunigiana, terra di confine e di antiche civiltà, parte un arco che costeggiando il Mediterraneo arriva sino a Valencia, attraverso la Liguria, la Provenza, il Rossiglione, la Catalogna. È una patria culturale che non è mai diventata uno Stato, ma ha dato al mondo una lingua – la langue d'oc, nelle sue varianti – e una letteratura: quella provenzale. È la terra dell'ulivo e del mare, della lavanda e dell'eredità latina, delle acciughe e dei catari perseguitati, dei profumi e della poesia d'amore.

Alla corte dei signori della Lunigiana, i trovatori furono accolti sempre con cortesia. Per questo cantarono le lodi dei Malaspina, e per questo Dante ora può rispondere a Corrado di non essere mai stato nelle sue terre, ma di conoscerne la fama, che risuona per tutta l'Europa; e suscita sempre una certa impressione leggere questo nome di cui ora discutiamo tutti i giorni – Europa – in un libro di oltre sette secoli fa.

La famiglia onorata dei Malaspina ha sempre il «pregio della borsa e de la spada», è generosa con i forestieri e valorosa in guerra. «Uso e natura», le buone abitudini e la buona inclinazione naturale, fanno sì che la casata proceda per la dritta via, nonostante il «capo reo», il malvagio Papa Bonifacio VIII, conduca il mondo sul cammino del male.

Viene da chiedersi come mai allora Corrado sia in Purgatorio, e non in Paradiso. La spiegazione la dà lui stesso: «A' miei portai l'amor che qui raffina», che qui si purifica. Corrado fu un buon principe, dedito ai suoi cari e ai suoi sudditi; ma non fu altrettanto solerte verso Dio. Non è un caso che proprio nella valletta dei potenti si ripeta ogni sera il miracolo della cacciata del serpente; perché l'autorità civile è sorta per proteggere gli uomini, resi fragili dal peccato originale; e se il mondo è lacerato dall'odio e dalla guerra, è perché i sovrani – anche quelli amanti delle arti – non hanno fatto sino in fondo il proprio dovere.

Corrado non indugia ad ascoltare gli elogi di Dante, anzi lo interrompe bruscamente, per ricordargli il futuro terribile che lo attende: prima che il sole torni per sette volte nel segno dell'Ariete, cioè prima che passino sette anni, questa cortese opinione ti sarà inchiodata in testa con argomenti ben più forti dei discorsi altrui. Dante proverà di persona che i Malaspina sono davvero ospitali. Perché, se nella finzione letteraria non è mai stato nella Lunigiana – il viaggio ultraterreno avviene nel 1300 –, nella realtà, quando scrive il Purgatorio, Dante è già stato bandito da Firenze, è già costretto a errare di corte in corte, ed è stato accolto proprio in Lunigiana.

In un documento del 6 ottobre 1306 il suo nome compare come procuratore dei marchesi Franceschino, Moroello e Corradino Malaspina nelle trattative di pace con il vescovo di Luni. E noi possiamo indovinare quanto si annoiasse una mente meravigliosa come quella di Dante nel doversi occupare, per sopravvivere, delle beghe locali di una terra che l'aveva ospitato con liberalità, ma che non era la sua.

L'umanità è esule dal Cielo, fin dai tempi della tentazione del serpente e del peccato originale; e Dante sarà presto esule dalla sua città, cacciato dalla propria casa. Così la prima giornata nel Purgatorio, vissuta in bilico tra la speranza e la nostalgia, si chiude con una nota malinconica, e con il presagio di nuove, terribili prove.

Otto

«Noi siam vermi nati a formar l'angelica farfalla»

Dove Dante sogna un'aquila, vola con santa Lucia, riceve sette segni sulla fronte, vede l'Arca di Indiana Jones e immagina figure che si muovono come al cinema

In Italia sono quasi le sei del mattino; nel Purgatorio sono le nove di sera. Ma Dante ha un modo più poetico per comunicarci l'ora, e la differenza di fuso.

In Italia l'Aurora già si tinge di bianco, affacciandosi al balcone dell'oriente, dopo aver passato la notte nelle braccia dell'amato; e la sua fronte riluce degli astri della costellazione dello Scorpione. La dea dell'Aurora è definita «la concubina di Titone antico», perché si era innamorata di un uomo: Titone, fratello di Priamo. Per poterlo avere sempre al suo fianco, aveva implorato Zeus di renderlo immortale; si era però dimenticata di chiedere per lui l'eterna giovinezza. Così Titone invecchiò senza poter morire; e vive ancora in un frammento del lirico greco Mimnermo, giunto miracolosamente fino a noi attraverso i millenni: «Zeus diede a Titone un male inestinguibile/ la vecchiaia, che più gelida è ancora/ della morte amara».

Intanto nel Purgatorio la notte ha compiuto i suoi primi due passi, e sta per ultimare il terzo: quindi sono passate tre ore dal tramonto. Dante è esausto. Meno di un giorno prima era ancora all'Inferno, e si arrampicava lungo il pelo di Lucifero; poi ha incontrato Catone, il musico Casella, Manfredi, Bonconte, il suo vicino di casa Belacqua, Pia de' Tolomei, Sordello, ora i principi... «Vinto dal sonno» si stende sull'erba, e dorme a lungo.

Nel Medioevo si credeva che i sogni del mattino, quando la mente è più lontana dalle impressioni del giorno precedente, fossero veritieri, forse anche profetici. Proprio nell'ora che precede la luce, quando la rondine comincia a far sentire il suo verso, Dante sogna. Vede un'aquila dalle penne d'oro avvicinarsi con le ali aperte, ruotare nel cielo, scendere in picchiata, terribile come folgore; e si sente afferrato e ghermito, come era accaduto a Ganimede, il bellissimo giovane portato sull'Olimpo dall'aquila di Zeus per fare da coppiere agli dei.

Dante sogna di volare «infino al foco», fino alla sfera del fuoco, oltre l'atmosfera. Gli pare di ardere; e «lo 'ncendio imaginato» lo sveglia. In realtà, il calore che sente è il sole, già alto nel cielo; mentre lontano appare il mare, che dalla valletta dei principi non si vedeva.

Il poeta, sconcertato, paragona il proprio risveglio improvviso a quello di Achille, che la madre Teti aveva fatto trasportare mentre dormiva sull'isola di Sciro. Teti sapeva che, se fosse andato a Troia, il figlio sarebbe morto; sperava così di sottrarlo al suo destino; ma non poté impedire a Ulisse di ritrovare Achille, e di portarlo via, verso la guerra, la gloria, la fine.

Dante ha ripreso coscienza in un posto nuovo, più alto di quello in cui si era addormentato. Per fortuna al suo fianco è rimasto Virgilio, che lo tranquillizza: «Semo a buon punto», gli dice con un'espressione che noi usiamo ancora oggi. Dante è giunto davanti alla porta del Purgatorio. All'alba, mentre lui ancora dormiva, è arrivata una donna, santa Lucia, e l'ha portato fin quassù. Prima di andarsene, con gli «occhi suoi belli» ha indicato a Virgilio l'entrata.

Dante ha sognato un'aquila, l'animale sacro a Zeus, il re degli dei antichi, e simbolo dell'Impero; ma in realtà è stata Lucia a prenderlo tra le braccia, e a condurlo sulla strada giusta. È la seconda volta che la santa interviene in suo soccorso. Già all'inizio del poema, Lucia era andata da Beatrice per pregarla di scendere dal Paradiso ad aiutare Dante, smarrito nella selva oscura. Lui del resto era molto devoto a santa Lucia, protettrice della vista, che l'aveva guarito da una malattia agli occhi (a noi appassionati della Divina Commedia torna in mente che l'aquila, com'è noto, ha una vista prodigiosa; ma gli studiosi non autorizzano questo accostamento).

Ora Dante torna a rivolgersi direttamente al lettore. Siamo arrivati a una svolta del suo viaggio: davanti a noi c'è la porta del Purgatorio; che in realtà è una fenditura nella roccia, preceduta da tre gradini di colore diverso, e custodita da un angelo. L'argomento del poema si sta innalzando; quindi anche lo stile, e l'arte. Stiamo per lasciare il mondo umano, per entrare in quello della salvezza.

L'angelo impugna una spada che riflette i raggi del sole, e abbaglia Dante, il quale non riesce a fissarlo in volto. «Che volete voi?» chiede, e aggiunge: badate che non dobbiate pentirvi di essere entrati. Virgilio spiega che una «donna del ciel», Lucia, gli ha ordinato di presentarsi davanti alla porta. A quel punto l'angelo, «il cortese portinaio», dice dolcemente ai due poeti di avvicinarsi.

Il primo gradino è di marmo bianco, così «pulito e terso» che Dante vi si specchia. Il secondo è scurissimo, di pietra ruvida e riarsa, «crepata per lo lungo e per traverso». Il terzo pare porfido, «fiammeggiante come sangue che fuor di vena spiccia». I tre gradini simboleggiano le tre fasi della confessione. Il marmo chiaro è l'esame di coscienza, la consapevolezza dei propri peccati. La pietra scura è il pentimento, la contrizione del cuore. Il porfido rappresenta la fermezza dei buoni propositi di non peccare più, ed è rosso come la carità, che rimedia alla colpa. Sopra il terzo gradino poggia i piedi l'angelo, seduto sulla soglia, che a Dante appare «pietra di diamante».

Il poeta ci aveva avvisati: qui si vola alto.

Dante si getta ai suoi piedi, si batte il petto per tre volte, implora misericordia. E l'angelo con la punta della spada gli incide sette P sulla fronte, invitandolo a lavare «queste piaghe» salendo la montagna. Ogni P simboleggia uno dei sette peccati capitali – superbia, invidia, ira, accidia, avarizia, gola, lussuria –, che saranno via via cancellati al passaggio delle sette cornici del Purgatorio.

Nella Bibbia i segni impressi sulla fronte hanno un significato di protezione. Quando Caino ammazza il fratello Abele, Dio lo condanna a vagare nomade sulla Terra. Ma l'assassino teme di essere alla mercé di chiunque voglia ucciderlo. Allora Dio pone sul suo volto un segno – non si è mai capito quale: chi dice un corno, chi un tatuaggio, chi una cicatrice, chi la lebbra... –, in modo che nessuno possa fargli del male («Nessuno tocchi Caino» è il nome di un'associazione che si batte contro la pena di morte). Nel libro di Ezechiele si racconta che venga impressa un «tau», una T greca, sulla fronte dei giusti, che saranno risparmiati dalla punizione divina. E nell'Apocalisse è descritta una scena ancora più terribile: un angelo, che porta il sigillo del Dio vivente, grida a gran voce ai quattro angeli a cui è stato concesso il potere di devastare la terra e il mare: «Non devastate né la terra, né il mare, né le piante, finché non abbiamo impresso il sigillo del nostro Dio sulla fronte dei suoi servi». Insomma Dante si rifà a precedenti illustri.

La veste dell'angelo che veglia sull'ingresso del Purgatorio non è bianca, ma grigio cenere: il colore della penitenza. In mano tiene due chiavi, una d'oro e l'altra d'argento. La prima, più preziosa, rappresenta il potere di dare l'assoluzione; ma la seconda richiede molta arte e molto ingegno, per capire se il peccatore è davvero pentito. È stato Pietro a consegnare le chiavi all'angelo, dicendogli che, se gli accadrà di sbagliare, sarà meglio farlo nell'aprire la porta piuttosto che nel chiuderla. È preferibile perdonare chi non lo merita che respingere chi si è pentito davvero; purché il penitente si inginocchi, e dia prova di umiltà.

L'angelo concede a Dante e a Virgilio il permesso di entrare, ma li ammonisce: chi si guarda indietro, chi si dimostra ancora legato alle cose terrene, dovrà tornare fuori. Si sente l'eco del mito di Orfeo: con la dolcezza del suo canto aveva convinto Ade a lasciarlo entrare negli Inferi, per riportare alla vita la propria sposa, Euridice, a patto di non girarsi mai indietro a controllare che lei lo stesse seguendo. Nella Bibbia accade qualcosa del genere alla moglie di Lot: può allontanarsi da Sodoma prima che sia distrutta dal fuoco dell'ira celeste, ma non dovrà voltarsi. Ovviamente né Orfeo, né la moglie di Lot resistono alla tentazione; il primo perderà la donna amata, la seconda diventerà una statua di sale.

Ammaestrato dal precedente mitologico e da quello biblico, Dante si guarda bene dal girarsi. La porta cigola più forte di quella del tempio di Saturno, sulla rupe Tarpea, dov'era custodito il tesoro di Roma, di cui Cesare volle impadronirsi. Segno che non è una porta che si apre facilmente.

Il primo suono che si ascolta, varcata la soglia, è un canto: il «Te Deum», l'inno di ringraziamento al Signore, che nei secoli ha scandito le grandi vittorie della cristianità. Qui lo intonano le anime per salutare coloro che entrano nel regno della salvezza. Il poeta paragona quel coro indistinto al «cantar con organi», «ch'or sì or no s'intendon le parole». È un verso bellissimo, anche se non chiaro. Forse vuol dire che il canto viene a volte sovrastato dalla musica; o forse Dante sta ascoltando un canto polifonico, in cui le voci degli uni a volte rendono incomprensibili quelle degli altri. In ogni caso, l'atmosfera è di dolcezza, di sacralità – pare di essere entrati in una cattedrale gotica –, e insieme di curiosità. Perché il poeta, e noi con lui, ancora non sa cosa l'attende, una volta entrato nel Purgatorio.

Dante sente il tonfo della porta che si chiude, ma si impone di obbedire all'angelo, e di non voltarsi. La porta non s'apre molto spesso perché il «mal amor» conduce le persone sulla via sbagliata, convincendole di essere su quella giusta. È sempre l'amore che muove gli uomini e il mondo; e più avanti Virgilio spiegherà a Dante, con versi indimenticabili, questa legge che regola la nostra vita, e determina anche il nostro futuro dopo la morte.

I due poeti salgono attraverso una roccia incavata, che si inclina ora a destra ora a sinistra, come un'onda che va e viene dalla spiaggia. Il realismo della descrizione è tale che, quando eravamo studenti, questa continua salita – che sarà il filo conduttore del Purgatorio – ci faceva pensare a una tappa di montagna del Giro d'Italia, o alla scalata di una cima alpina; ma non osavamo dirlo all'insegnante, che l'avrebbe considerata una profanazione. Però Virgilio si muove davvero come un ciclista, o come un capocordata. Infatti spiega a Dante che «qui si conviene usare un poco d'arte», qui serve una tecnica: a ogni curva occorre tenere il lato esterno, quello di minor pendenza.

Dopo aver scarpinato per più di un'ora, i poeti escono su un pianoro deserto, stretto e lungo. Dante, che a differenza di Virgilio ha ancora un corpo, è stanco; ed entrambi sono incerti sul cammino da seguire. La loro attenzione è attratta da una parete di marmo candido, sorprendentemente adorna di sculture di una bellezza e di una precisione tali che non solo Policleto, il grande scultore greco, ma la natura stessa al confronto ne uscirebbe vinta. E forse l'umanista Pietro Bembo aveva in mente questo passo della Divina Commedia, quando dettò l'epitaffio che ancora oggi si legge a Roma sulla tomba di Raffaello, al Pantheon: «Ille hic est Raphael, timuit quo sospite vinci rerum magna parens, et moriente mori»; qui giace quel Raffaello da cui, mentre era in vita, la natura – definita la grande madre delle cose – temette di essere vinta e, quando morì, temette di morire con lui.

L'autore delle sculture del Purgatorio è Dio stesso. Possiamo immaginarle come gli altorilievi dei pulpiti gotici di Nicola e Giovanni Pisano, pieni di figure, di una finezza e di un realismo sconosciuti all'arte romanica; ma anche come la versione statuaria di certi affreschi di Giotto, con le torri e i palazzi delle città sullo sfondo. Queste figure però hanno il dono della parola; almeno così sembra a Dante.

La prima scena raffigura l'Annunciazione. Chiunque giurerebbe che l'angelo qui scolpito stia dicendo davvero «Ave!», per salutare la Madonna, e che lei risponda: «Ecce ancilla Dei», sono la serva del Signore. Il poeta fa vivere i personaggi, li fa parlare, come in una scena teatrale, quasi cinematografica, in cui si sentono le voci, si percepiscono i movimenti, pare quasi di sentire i profumi.

Dante aveva visto sicuramente molte Annunciazioni nelle chiese di Firenze. Una in particolare doveva averlo colpito. È un affresco custodito ancora oggi nella Santissima Annunziata: la basilica che sorge alle spalle del Duomo, accanto allo Spedale degli Innocenti, dove le mamme che non potevano crescere i neonati li affidavano alla ruota degli esposti; dopo aver appeso loro al collo un sigillo o un anello spezzato, di cui trattenevano una metà, nella speranza un giorno di ritrovare il proprio figlio. In quella chiesa, fra' Bartolomeo venne incaricato di affrescare la figura della Vergine, ma non riusciva a completarne il volto. Cadde in uno stato di torpore; quando tornò in sé, il viso della Madonna era stato finito da un angelo (questo almeno sostiene una leggenda cui è bello credere). E, come in un fumetto, l'Annunziata pronuncia la frase citata da Dante: «Ecce ancilla Dei».

L'episodio del Vangelo rappresenta un tornante della storia: l'angelo scende dal cielo per dare la notizia che il figlio di Dio si incarnerà nel grembo di una donna, in modo da stringere con l'umanità la «lagrimata pace», la pace attesa da molto tempo, fin dalla cacciata di Adamo ed Eva dal Paradiso terrestre. Dal canto suo, Maria «ad aprir l'alto amor volse la chiave», girò la chiave per aprire la porta dell'amore di Dio, fino ad allora vietato agli uomini. Dicendo di sì, accettando il piano del Cielo, la Vergine non si abbassa; si innalza.

La donna dona la vita in tutti i modi in cui la vita può essere donata: concependo un figlio, dandolo alla luce, nutrendolo, prendendosi cura di lui; e la cura non umilia, esalta. Così Maria, come si vedrà nel Paradiso, grazie alla mancanza di superbia sarà posta più in alto di qualsiasi altra creatura.

Dietro l'immagine della Vergine, Dante nota un'altra scena scolpita. Raffigura il carro trainato da buoi che trasporta l'Arca dell'Alleanza, la cassaforte sacra «per che si teme officio non commesso», per cui da allora tutti temono di compiere un incarico che non sia stato affidato a loro. In un solo verso, il poeta riassume una tragedia.

L'Arca conteneva le leggi che il Signore aveva consegnato a Mosè sul monte Sinai, ed era il segno della presenza di Dio tra il popolo ebraico. Condotta in battaglia, fu conquistata dai Filistei; ma, a causa del furto sacrilego, tra di loro scoppiò un'epidemia. Per placarla, i Filistei – gli antenati dei Palestinesi: la guerra dura da tremila anni – la restituirono agli Ebrei, che la conservavano nella città di Kiriath Ye'arim. Quando Davide decise di fare di Gerusalemme la capitale del suo regno, ordinò che l'Arca vi fosse trasportata su un carro di buoi. Lungo il viaggio, il carro barcollò. Un uomo che lo seguiva, Oza, cercò di sostenere l'Arca, nel timore che cadesse; ma poiché solo i sacerdoti potevano toccarla, fu fulminato all'istante. Dante cita l'episodio anche nell'Epistola ai cardinali italiani, per difendersi dall'accusa di ingerenza nelle questioni ecclesiastiche: lui non tocca l'Arca, che sarebbe la Chiesa; critica i buoi, cioè i cardinali e i vescovi che spesso la conducono male.

A noi, l'Arca dell'Alleanza fa venire in mente un grande film di Steven Spielberg, in cui Harrison Ford - Indiana Jones evita che il suo misterioso potere di distruzione finisca nelle mani dei nazisti. Nella realtà, nessuno ha idea di dove sia finita davvero. L'Arca è oggetto di una caccia al tesoro attraverso i millenni. Per custodirla il figlio di Davide, Salomone, fece costruire il tempio a Gerusalemme; che però venne violato e saccheggiato da Egizi, Babilonesi, Romani. Nella sagrestia della chiesa di San Giovanni in Laterano a Roma, una lapide informa che «sotto questo altare c'è l'Arca del Patto», oltre alla verga di Mosè, a un vaso pieno di manna e al leggendario candelabro a sette bracci; che in effetti nel foro romano è scolpito nell'arco di Tito, che espugnò Gerusalemme e distrusse il tempio. Ma Hailé Selassié, l'ultimo imperatore d'Etiopia, era convinto di essere il custode dell'Arca: Salomone ne aveva donato una copia al figlio avuto dalla regina di Saba, Menelik, che l'aveva astutamente scambiata con l'originale per portarlo in patria.

Dante è grande anche perché riassume in poche sillabe un mondo; e a seguire tutte le direzioni che ci indica finiremmo con il perderci, per quanto sia dolcissimo naufragare nel suo mare. Torniamo all'altorilievo scolpito da Dio e posto nella prima cornice del Purgatorio, a quest'opera d'arte talmente espressiva che il poeta la definisce «visibile parlare».

Davanti all'Arca dell'Alleanza è raffigurata una folla di devoti, divisi in sette cori; e a Dante pare di sentire le loro voci, o meglio alla vista sembra evidente che stanno davvero cantando, anche se all'udito non arriva nulla; allo stesso modo, agli occhi sembra di percepire il fumo degli incensi, che il naso non può sentire. Davanti all'Arca c'è Davide, che sta danzando con il bordo della veste sollevato. Secondo la Bibbia, «il re ballava davanti al Signore saltando con tutte le sue forze, e aveva stretta alla cintura la veste sacerdotale». Davide insomma non esita a umiliarsi di fronte a Dio, in preda alla frenesia della devozione e all'entusiasmo della fede; mentre dalla finestra lo osserva la moglie Micol, «dispettosa e trista», sprezzante e corrucciata. E infatti, sempre secondo la Bibbia, quando Davide tornò a casa, Micol lo rimproverò: «Oh, come fu glorioso oggi il re d'Israele, scoprendosi dinanzi alle serve dei servi, nudo come un buffone!». La regina non aveva capito che abbassarsi a volte significa elevarsi.

Poco più avanti, Dante vede un'altra storia. Il protagonista è Traiano, «il cui valore/ mosse Gregorio a la sua gran vittoria»: commosso dalla vicenda raffigurata in questa scultura, Papa Gregorio Magno tanto pianse e pregò che convinse Dio a salvare l'anima di Traiano, fino a quel momento dannata come quella di tutti i pagani; non a caso Dante lo ritroverà in Paradiso, proprio accanto a re Davide.

L'imperatore sta partendo per la guerra, e in effetti l'altorilievo è fitto di cavalieri e di bandiere con l'aquila, che sembrano muoversi al vento (e qui forse torna nella mente di Dante il ricordo di quando vide l'esercito imperiale, con cui Enrico VII era sceso in Italia). Una «vedovella» in lacrime afferra il piede di Traiano, per trattenerlo, e chiede giustizia per il figlio assassinato. A Dante pare di sentire l'imperatore rispondere: «Or aspetta tanto ch'i' torni», attendi il mio ritorno. Ma la vedova, incalzata dal dolore, domanda: «Se tu non torni?». Traiano assicura che in tal caso sarà il suo successore a provvedere. E lei: a che ti gioverà il bene fatto da un altro, se tu trascuri di fare il tuo? Al che Traiano decide di far attendere i suoi soldati, pronti a partire, per dare giustizia alla vedova. (Non è superfluo aggiungere che l'assassino sarà decapitato; perché così era la giustizia ai tempi dei Romani, e pure all'epoca di Dante.) L'imperatore più potente della storia, il sovrano che aveva esteso il dominio di Roma sino ai confini del mondo conosciuto, sapeva piegarsi sul solco, per prendersi cura di una donna anziana che non aveva più il marito, né il figlio, né altri che la proteggessero. E Dante, rapito, indugia a guardare «l'imagini di tante umilitadi», le storie in cui si raffigura l'umiltà.

D'improvviso, Virgilio gli indica una massa confusa, che si avvicina lenta. Non è una scultura, è una scena vera; ma le figure che si intravedono non sembrano persone umane.

Per la prima volta compaiono le anime purganti, e si assiste all'espiazione dei peccati. Per questo Dante si rivolge ancora a noi: è consapevole che ognuno di noi potrebbe riconoscersi in quegli spiriti sofferenti, proprio perché il Purgatorio è il posto degli uomini. Dante è preoccupato di spaventarci, e quindi di perderci in quanto lettori. E ci dice: non lasciatevi intimorire, non guardate al martirio; pensate alla salvezza che verrà. Perché nel peggiore dei casi questa punizione, per quanto dolorosa, non durerà oltre il Giudizio universale; dopo, tutti saranno in Paradiso.

Le anime ora apparse sono quelle dei superbi, rannicchiati, schiacciati da giganteschi massi che devono portare sulla schiena, mentre si percuotono il petto. Di fronte al terribile spettacolo, Dante lancia un ammonimento a tutti i cristiani la cui mente è accecata dalla presunzione: perché, cercando la grandezza terrena, vi fidate di un cammino che vi porta all'indietro? «Non v'accorgete voi che noi siam vermi/ nati a formar l'angelica farfalla/ che vola a la giustizia sanza schermi?» In vita siamo bruchi; ma nell'Aldilà saremo farfalle, libere di volare senza impedimenti sino a Dio.

Per far capire meglio quello che sta vedendo, Dante paragona i superbi, curvi sotto il peso, alle cariatidi che sostengono le volte delle chiese, con le ginocchia schiacciate al petto, con tanto realismo da indurre pietà in chi le guarda, anche se sono soltanto statue.

Alcune ombre sono più piegate, altre meno, a seconda della gravità della loro colpa. Ma anche quella che appare più paziente, più rassegnata, «piangendo parea dicer: "Più non posso"»; sembra dire piangendo: non ce la faccio più.

«Non possum quia crepo» si legge ancora oggi nell'iscrizione sotto due cariatidi in una chiesa di Civita Castellana, splendida città vicino a Viterbo, che il poeta conosceva. E a noi pare di essere tornati all'Inferno, e di sentire ancora nella voce di Dante la pietà per la sofferenza altrui, e la condivisione per tutto ciò che è umano. Tanto più che nei superbi il poeta vede qualcosa che – come artista e come persona – gli appartiene. Se il Purgatorio è il posto degli uomini, questo è il suo.

Nove

«E ora ha Giotto il grido»

Dove Dante fa ridere le carte, incorona il suo amico Giotto più grande pittore del tempo, e medita sulla gloria che va e viene come «un fiato di vento»

«O Padre nostro, che ne' cieli stai…» Le anime dei superbi, curve sotto i macigni, stanno recitando il Padre Nostro. «Laudato sia 'l tuo nome e 'l tuo valore / da ogne creatura…» Dante riscrive la più importante preghiera del cristianesimo, incrociando le parole di Gesù – che dettò il Padre Nostro agli apostoli – con quelle di san Francesco, che un secolo prima della Divina Commedia aveva gettato le fondamenta della lingua italiana con lo splendido Cantico delle Creature.

Viene fuori così il vero significato del Padre Nostro: che è in realtà una non-preghiera. Chi la recita non chiede a Dio nulla; gli si affida totalmente. Sia lodato il tuo nome, non il mio; sia fatta la tua volontà, non la mia. Non ho nulla da domandarti, se non il pane, per sostentare il corpo, e il perdono dei peccati, per alleggerire l'anima. È la più umile delle preghiere, quindi la più consona ai superbi; e loro la recitano anche per i vivi, per le donne e gli uomini che sono ancora sulla Terra, esposti alle tentazioni. «Nostra virtù che di legger s'adona, / non spermentar con l'antico avversaro, / ma libera da lui che sì la sprona»: non mettere alla prova la nostra virtù, che viene vinta facilmente, con l'antico avversario, il diavolo. Dante intende l'invocazione «libera nos a malo» con «liberaci dal maligno», come si faceva un tempo, e non «liberaci dal male», come si fa ora.

Il peso che i superbi devono portare sulla schiena ricorda il senso di oppressione che talora ci assale nei sogni, o meglio negli incubi, da cui ci risvegliamo con un velo di angoscia. Così come durante il sonno si fanno decantare i cattivi pensieri della giornata, allo stesso modo le anime girano intorno al monte, «purgando la caligine del mondo», smaltendo la nebbia delle passioni, le tossine della vanità accumulate in vita.

Virgilio ha sempre la stessa preoccupazione: orientarsi in un luogo che a differenza dell'Inferno non conosce, trovare la strada giusta per scalare la montagna. Così chiede alle ombre di indicargli da quale parte si può salire nel secondo girone.

Uno tra i superbi gli dice di seguirlo, tenendo la destra, e costeggiando la parete rocciosa. Poi si presenta: «Io fui latino e nato d'un gran Tosco:/ Guiglielmo Aldobrandesco fu mio padre;/ non so se 'l nome suo già mai fu vosco». È italiano, viene da una delle grandi famiglie della Toscana. È Umberto Aldobrandeschi, figlio di Guglielmo, signore di una vasta parte della Maremma. A moderare la propria superbia, chiede a Dante se ha mai sentito il suo nome. E confessa: «L'antico sangue e l'opere leggiadre», le nobili origini e le imprese cavalleresche dei suoi antenati lo resero così arrogante che, «non pensando a la comune madre», dimenticando che discendiamo tutti dalla stessa donna, Eva, disprezzò tanto gli altri uomini da morirne; come ben sanno i senesi.

Gli Aldobrandeschi erano i grandi nemici del Comune di Siena, che aveva nella Maremma la naturale zona di espansione; e dai senesi Umberto fu ucciso, non si sa se a tradimento – soffocato dai sicari nel proprio letto – o in battaglia. La professione di umiltà che non fece da vivo è costretto a farla adesso da morto; anche se non ha perso del tutto la propria alterigia, se è vero che parlando con Dante dice per sette volte «io», e poi di continuo «mio», «mia», «miei»...

Per ascoltare meglio Umberto Aldobrandeschi, il poeta si china, quasi al livello dei superbi schiacciati dal peso; così un altro di loro riesce a vederlo in faccia, a riconoscerlo, a chiamarlo. Anche a Dante pare di riconoscerlo: non è Oderisi da Gubbio, «l'onor di quell'arte/ ch'alluminar chiamata è in Parisi?». A Parigi l'arte della miniatura veniva e viene detta *enluminer*, illuminare; e l'artista è davvero Oderisi da Gubbio, il cui nome oggi è oscuro, ma che sul finire del Duecento era noto in tutta Italia, e non solo a Bologna, dove era andato a vivere e dove Dante l'aveva incontrato. Fantastica, meravigliosa, indimenticabile la risposta di Oderisi:

> «Frate», diss'elli, «più ridon le carte
> che pennelleggia Franco Bolognese;
> l'onore è tutto or suo, e mio in parte».

Anche di Franco Bolognese si sa pochissimo, tranne che fu un rivale di Oderisi, però dallo stile più moderno. Sono gli anni della rivoluzione del gotico: un movimento culturale che rinnova l'arte e la vita pubblica. È un tempo di grandi innovazioni – il realismo, i colori, la prospettiva –, di nuovi maestri che soppiantano gli antichi. Le opere di Franco Bolognese dovevano essere davvero splendide; di sicuro il suo nome resterà per sempre legato a questo verso – «più ridon le carte» –; perché soltanto a Dante è venuto in mente che le carte, animate e impreziosite dalle miniature, potessero ridere. E certo aveva presente questo passo del Purgatorio Umberto Eco, quando nel Nome della rosa – ambientato nel 1327, sei anni dopo la morte di Dante – mette in scena l'arte dei miniaturisti. Sfogliando i libri nello Scriptorium, il luogo dove lavorano i monaci dell'abbazia dei delitti, Guglielmo da Baskerville e Adso da Melk non riescono a trattenere un grido di ammirazione, davanti a «scene di vita campestre dove vedevi rappresentata, con vivacità impressionante, sì che avresti creduto che le figure fossero vive, tutta la vita dei campi, aratori, raccoglitori di frutti, mietitori, filatrici, seminatori accanto a volpi e faine armate di balestre che scalavano una città turrita difesa da scimmie…».

Oderisi da Gubbio quindi ammette che Franco Bolognese ora è più bravo. E aggiunge che in vita non sarebbe stato così cortese da riconoscere la superiorità del rivale, a causa del «gran disio de l'eccellenza», del grande desiderio di eccellere che infiammava il suo cuore. Quanto è vana la gloria, quanto è effimera la fama di quel che l'uomo può fare! Un artista è subito soppiantato da un altro, soprattutto quando fiorisce la civiltà; un po' più a lungo – nota Oderisi – potrà durare il ricordo, quando a un'età felice segue un tempo di decadenza. Ma non è certo il caso dell'Italia, sul finire di quello che noi oggi chiamiamo Medioevo. È il tempo in cui l'arte gotica dà il meglio di sé, e prepara il Rinascimento. Così Oderisi spiega, e Dante scrive:

> «Credette Cimabue ne la pittura
> tener lo campo, e ora ha Giotto il grido,
> sì che la fama di colui è scura».

Cimabue è stato un grande artista, che ha superato la fissità delle icone bizantine per recuperare la plasticità delle forme classiche; e ben lo sa Dante, che prima dell'esilio ha visto i capolavori di Cimabue adornare le chiese di Firenze, dalla Maestà di Santa Trinita (oggi agli Uffizi) al Crocefisso di Santa Croce, contorto dal dolore tanto da parere vivo. Ma ormai il suo allievo Giotto l'ha superato. Cimabue morì a Pisa nel 1302, e riposa a Firenze nella cattedrale di Santa Maria del Fiore, dietro un'iscrizione chiaramente ispirata ai versi di Dante: «Credidit ut Cimabos picturae castra tenere, sic tenuit vivens, nunc tenet astra poli»; Cimabue credette di tenere il campo della pittura, e così fu finché visse; ora tiene le stelle del cielo.

Non sappiamo con esattezza se Dante e Giotto fossero amici, e neppure se si siano mai incontrati. Certo ognuno conosceva la fama dell'altro. Nel Giudizio Universale della Cappella degli Scrovegni, a Padova, Giotto ritrae se stesso nella schiera dei beati, e subito dietro un poeta, cinto d'alloro: forse lo stesso Dante.

Nelle Vite, la sua raccolta delle biografie dei grandi artisti, Giorgio Vasari scrive invece che Giotto aveva ritratto Dante, «amico suo grandissimo», a Firenze, nella cappella del palazzo comunale, accanto al suo maestro Brunetto Latini e al suo nemico Corso Donati. Un ritratto per secoli considerato perduto.

Ma nel 1840, durante i restauri del Bargello, che al

tempo di Dante era appunto il palazzo comunale ed era stato poi trasformato in carcere, il ritratto venne ritrovato. I lavori erano stati finanziati in parte da un artista e occultista inglese, Seymour Kirkup, il che diede alla scoperta un'aura di mistero. In realtà pare che lo scaltro Kirkup avesse corrotto un secondino, per poter vedere l'affresco prima degli altri esperti.

L'emozione fu enorme. Da tutto il mondo pittori, scrittori, animi romantici venivano a Firenze per vedere il vero volto di Dante, oltretutto molto diverso da quello dell'iconografia tradizionale: meno arcigno e severo, più dolce e sereno. Nacque un mercato di riproduzioni. Dante Gabriel Rossetti raffigurò in un acquerello «Giotto che dipinge il ritratto di Dante», con il poeta in posa come una modella.

Il problema è che, secondo alcuni studiosi, non può essere stato Giotto a raffigurare Dante. Nell'affresco il poeta appare molto giovane, dimostra venticinque anni; e a quel tempo il pittore ne aveva appena quindici. Certo, l'opera potrebbe essere successiva; ma davvero Firenze era pronta a onorare un suo cittadino dopo averlo esiliato e condannato a morte? Oltretutto proprio al Bargello, il palazzo dove la sentenza era stata pronunciata? È vero che la fama di Dante costrinse presto i fiorentini a rivedere il loro giudizio; ma a quel punto era morto pure Giotto, che si spense a Firenze l'8 gennaio 1337.

Il ritratto del Bargello potrebbe essere opera di un suo allievo, Taddeo Gaddi, che forse si avvalse dei disegni tracciati proprio dal maestro, per ricostruire il volto del poeta da giovane, così come se lo ricordava; ed è bellissima questa idea, di Giotto che prima di morire cerca di ricomporre, nella sua memoria e sulla carta, il viso del grande poeta. Certo fu Taddeo Gaddi ad affrescare il ritratto di Dante nella chiesa di Santa Croce, accanto a quello di Guido Cavalcanti.

Nel Quattrocento, poi, molti pittori fiorentini – Sandro Botticelli, Domenico di Michelino, Andrea del Castagno… – dipinsero un Dante sempre più severo e grifagno, con la veste rossa e la corona d'alloro.

Raffaello, che aveva trovato nella Divina Commedia l'idea dell'Italia come patrimonio di bellezza e di cultura, in Vaticano ritrae Dante due volte nella stessa Stanza, sia tra i teologi sia tra i poeti, accanto a Omero. Luca Signorelli ne affresca il volto nel Duomo di Orvieto, dove dipinse anche il diavolo che suggerisce nell'orecchio all'Anticristo le parole da dire, e poi l'Apocalisse, la resurrezione dei morti e il Giudizio universale. Mentre alla National Gallery di Washington è custodita la tela del Bronzino, in cui Dante contempla la montagna del Purgatorio.

Al di là della loro presunta amicizia, c'è tra Dante e Giotto una fratellanza spirituale, un ideale legame di sangue come quello che può stringersi solo tra due fondatori. Concittadini, quasi coetanei, rivoluzionari. Entrambi riedificarono la propria arte, e tracciarono un solco in cui si mossero generazioni di artisti a venire. Guarda a Giotto il Masaccio che nella Cappella Brancacci affresca Adamo ed Eva piangenti mentre l'angelo li caccia dall'Eden, con un realismo che inaugura la grande stagione rinascimentale. Ha in mente l'essenzialità di Giotto il Piero della Francesca che dipinge il Battesimo di Cristo, oggi alla National Gallery di Londra, forse il più bel quadro del mondo. Pensa a Giotto anche il Michelangelo della Cappella Sistina, che si ricorda pure di Dante; e nell'Inferno cristiano mette Caronte «con occhi di bragia», che «batte col remo qualunque s'adagia».

Oggi noi a Firenze vediamo, a un passo dal «bel San Giovanni» dove Dante fu battezzato, il meraviglioso campanile di Giotto. È un'opera che unisce architettura, pittura, scultura, e crea uno stile, un modo di pensare il mondo e di raffigurarlo. Come faranno, sempre in Italia, gli inventori del rinascimento, del manierismo, del barocco, del rococò, del neoclassicismo, del futurismo, della metafisica. E tutto – l'idea dell'Italia e della sua missione di cultura e di bellezza – comincia con Dante; che è affascinato dall'arte, dalla miniatura, dalla scultura, dalla pittura; ma è innanzitutto un artefice di parole.

Proprio di letteratura sta parlando ora Oderisi:

«Così ha tolto l'uno a l'altro Guido
la gloria de la lingua; e forse è nato
chi l'uno e l'altro caccerà del nido».

L'anima superba del miniaturista evoca i padri dello stil novo. Guido Guinizzelli, bolognese. Guido Cavalcanti, fiorentino, che ha preso il suo posto come caposcuola. E un terzo scrittore, non nominato ma destinato a prevalere; che chiaramente è Dante.

Siamo alle origini della poesia, e della lingua italiana. Guinizzelli ha dato voce all'amor cortese. Ci ricorda che nel cuore gentile l'amore trova sempre riparo, come l'uccello nel verde del bosco: l'amore e il cuore gentile sono stati creati insieme.

Al cor gentil rempaira sempre amore
come l'ausello in selva a la verdura;
né fe' amor anti che gentil core,
né gentil core anti ch'amor, natura.

A Cavalcanti, Dante ha guardato come a un fratello maggiore, e gli ha dedicato versi dolcissimi, in cui immagina di essere colto da un incantesimo insieme con lui e un altro amico, Lapo Gianni, e di poter navigare insieme su un vascello mosso dal vento, mentre si parla delle donne amate.

> Guido, i' vorrei che tu e Lapo ed io
> fossimo presi per incantamento,
> e messi in un vasel ch'ad ogni vento
> per mare andasse al voler vostro e mio…

Eppure tra Guido e Dante si consumerà la rottura. Quando Cavalcanti tenta di uccidere con una lancia Corso Donati, il capo dei Neri, Dante è tra coloro che decidono l'esilio per entrambi. Ma mentre Corso rientrerà trionfalmente e diventerà padrone di Firenze, in esilio Guido contrarrà la malaria, di cui morirà pochi giorni dopo essere stato riammesso in città. E nell'Inferno, tra gli eretici, Dante incontra suo padre, Cavalcante dei Cavalcanti; cui fa presagire che pure il figlio sarà dannato, per mancanza di fede, avendo avuto Dio «a disdegno».

Sostiene Oderisi che la fama è solo un alito di vento, che ora spira qua e ora là, e celebra di continuo persone diverse; appunto come il vento, che cambia nome secondo da quale parte spira, e può diventare libeccio o scirocco, ponente o levante: «Non è il mondan romore altro ch'un fiato/ di vento, ch'or vien quinci e or vien quindi,/ e muta nome perché muta lato»…

A Dante, che ha appena lasciato intendere di sentirsi il più grande poeta del suo tempo, Oderisi dice: tra mille anni cosa resterà della tua voce? Che fama maggiore potrai avere se morirai vecchio, di quella che avresti se fossi morto bambino, prima di lasciare «il "pappo" e 'l "dindi"», il linguaggio dei piccoli? E mille anni non sono nulla di fronte all'eternità; sono appena un battito di ciglia rispetto al movimento impercettibile dell'ottavo cielo, quello delle stelle fisse.

Tutte le parole di Oderisi sono una riflessione sulla caducità della gloria degli uomini. La fama degli artisti, dei re, dei condottieri, è effimera come il verde dell'erba, che il sole fa spuntare «acerba» e subito ingiallisce. E a dimostrazione di questa legge di natura, Oderisi indica l'anima superba che lo precede. Il suo nome risuonava in tutta la Toscana; ora a malapena lo si bisbiglia a Siena, la città di cui era signore «quando fu distrutta/ la rabbia fiorentina, che superba/ fu a quel tempo sì com'ora è putta».

È Provenzano Salvani, «ed è qui perché fu presuntuoso/ a recar Siena tutta a le sue mani». L'uomo che teneva Siena in pugno è il trionfatore di Montaperti, la grande battaglia vinta dai ghibellini contro i guelfi fiorentini e i loro alleati. Dante non era ancora nato, ma il massacro fu tale – diecimila morti in un giorno – che per i suoi concittadini la ferita restava aperta; come per noi quella di Caporetto.

All'Inferno Dante ha incontrato il traditore di Montaperti: Bocca degli Abati, che – venduto al nemico – nel pieno della battaglia mozzò la mano del portastendardo di Firenze, facendo cadere il gonfalone nella polvere e sbandare la cavalleria guelfa, travolta dai senesi e dagli imperiali. Con lui Dante non ha avuto nessuna pietà: l'ha trovato confitto nel ghiaccio fino alla testa, e gli ha strappato i capelli per indurlo a dire il proprio nome e a confessare la propria colpa. Ma nell'Inferno, proprio accanto al padre di Guido Cavalcanti, ha trovato anche Farinata degli Uberti, che comandava i ghibellini fuoriusciti da Firenze; eppure gli ha riconosciuto la dignità e il coraggio con cui, dopo la vittoria, difese la città che restava pur sempre la sua dagli altri condottieri, che volevano raderla al suolo.

Ora, in Purgatorio, Dante chiude il ciclo della memoria di Montaperti, e incontra il capo dei senesi: uno di coloro che avrebbero volentieri cancellato Firenze dalla storia. Fu lui, Provenzano Salvani, a distruggere «la rabbia» della città di Dante, allora superba così come adesso – scrive il poeta con la nota indignazione – è ridotta a una prostituta, in vendita a chi offre di più.

Ma neppure Salvani ha avuto miglior sorte. Sconfitto dai fiorentini a Colle Val d'Elsa nel 1269, nove anni dopo Montaperti, venne decapitato; e la sua testa fu issata sulla punta di una picca e portata per tutto il campo di battaglia, affinché ognuno potesse vedere che il condottiero senese era morto, e Montaperti era stata vendicata. Ora, sotto il peso del macigno, Provenzano Salvani è andato e va, senza riposo, fin da quando è morto: questa è la pena per chi in vita ha presunto troppo di se stesso.

Dante però si sorprende nel trovarlo già qui, oltre la porta del Purgatorio. Più in basso ha visto molte anime di morti «per forza», di morte violenta, che non possono varcare la soglia del secondo regno, prima che sia passato tanto tempo quanto è stato quello della loro vita. Come mai Salvani li ha sopravanzati?

Il suo merito è legato a un gesto di umiltà, di cui fu capace nell'ora della massima gloria. Un suo caro amico – gli studiosi l'hanno identificato in un altro comandante ghibellino di Siena, Bartolomeo Saracini – era stato fatto prigioniero nella battaglia di Tagliacozzo, dove gli Angioini scesi in Italia a sostegno del Papa avevano sconfitto le forze dell'Impero. Carlo d'Angiò aveva chiesto per il suo riscatto una somma sconsiderata: diecimila fiorini d'oro, da pagare entro un mese. Allora Provenzano Salvani – «ogne vergogna diposta», rinunciando a qualsiasi orgoglio o pudore – si mise in mezzo alla piazza del Campo, e chiese la carità. Superbo com'era, dovette imporre a se stesso uno sforzo tale da fargli tremare le vene. Ma vedendo il loro orgoglioso condottiero invocare aiuto come un mendicante, i senesi si commossero; ognuno contribuì alla colletta; e l'amico di Provenzano poté essere liberato.

Dante ci trasporta così per un attimo nel cuore di Siena, in quella piazza del Campo dove due volte l'anno si corre il Palio; e che nel 2020 e nel 2021 è rimasta deserta, a causa della pandemia. Niente cavalli, niente colori, nessun suono di chiarine, nessun vincitore. Né trionfi, né canti di scherno, né scazzottate finali, né riconciliazioni notturne, mediate dal denaro e dal riconoscimento dei valori comuni tra le contrade. Il digiuno da Palio è costato ai senesi sul piano emotivo non meno del fallimento della loro banca, il Monte dei Paschi. Del resto la storia di questa meravigliosa città alterna la gloria alla caduta, e alla risalita. Presto il Palio tornerà, con il suo eterno strascico di polemiche, con il brivido che ogni 2 luglio e ogni 16 agosto attraversa la piazza; forse non dissimile dal brivido che fece tremare le vene di Provenzano Salvani, il superbo che seppe umiliarsi e si salvò l'anima.

Oderisi conclude il suo lungo racconto profetizzando a Dante che lui stesso, da lì a poco, avrebbe provato l'identico fremito: i suoi concittadini di Firenze l'avrebbero costretto a chiedere aiuto, financo a mendicare.

L'anima del miniaturista di Gubbio aveva ragione su questo punto: Dante avrebbe conosciuto l'umiliazione dell'esilio («Tu proverai sì come sa di sale/ lo pane altrui, e come è duro calle/ lo scendere e 'l salir per l'altrui scale» gli verrà detto in Paradiso). Ma sull'altro punto aveva torto: dopo settecento anni, la voce di Dante è più viva che mai. Anche se quasi tutti i suoi personaggi – ma non Cimabue e Giotto, Guinizzelli e Cavalcanti – sono per noi puri nomi, i loro sentimenti e i loro peccati sono eterni; perché sono i nostri. Nessuno come Dante ha saputo incarnare la massima di Terenzio: «Homo sum, humani nihil a me alienum puto»; sono un uomo, non considero estraneo a me nulla che sia umano.

Non tutti hanno capito e apprezzato il suo talento di abbracciare e raccontare l'intera umanità, senza escluderne i lati oscuri. Non lo capì Machiavelli, che rimproverava a Dante non solo di aver denigrato la patria fiorentina, ma anche di aver scritto troppe parolacce («Non hai fuggito il porco, com'è quello: "Che merda fa di quel che si trangugia"; non hai fuggito l'osceno, come è: "Le mani alzò con ambedue le fiche"»; e questo «disonora tutta l'opera tua»). Ma Dante sentiva di dover usare tutti i registri, l'alto e il basso, il sublime e il grottesco. Sentiva di dover divenire, anche grazie alla lingua, tutte le persone, pure i dannati, pure i peccatori. Perché il peccato lo riguardava. Dante era stato lussurioso. Era stato iracondo. Ed era stato, e forse rimaneva, superbo.

La sua forma di superbia, però, era «lo gran disio de l'eccellenza», il desiderio di eccellere. L'orgoglio intellettuale, e il gusto del lavoro ben fatto. Più avanti nel Purgatorio incontrerà un grande trovatore, e lo definirà «il miglior fabbro del parlare»; del resto la parola poesia viene dal greco *póiēsis*, che significa fare, fabbricare.

Oggi noi, più che superbi, siamo narcisisti. Innamorati non tanto delle nostre opere, quanto di noi stessi. Siamo curvi tutto il giorno sul moderno specchio di Narciso: il telefonino. Vogliamo far sapere al mondo quel che pensiamo, vediamo, mangiamo; ma siccome al mondo di noi non importa nulla, questo genera una gigantesca frustrazione. La superbia è un peccato, ma può generare grandi risultati; talora grandissimi, come la Divina Commedia. Il narcisismo, invece, è sterile per definizione. Narciso si innamora di se stesso, e solo se stesso desidera; per questo è destinato a restare insoddisfatto, e a perire di inedia. Quante persone oggi rincorrono freneticamente nuovi partner ma in realtà fanno sempre l'amore con se stessi, cercando nel volto altrui, uomo o donna che sia, il riflesso del proprio?

Chiedersi quel che Dante penserebbe oggi dell'Italia e degli italiani può essere fuorviante. Sotto certi aspetti non ci troverebbe cambiati. Ma di sicuro introdurrebbe un girone infernale, o una cornice del Purgatorio, per i narcisisti da social (con un piccolo spazio per i ladri di identità, quelli che aprono account fasulli con un nome falso o altrui). La loro, la nostra punizione non sarà terribile come altre; ma sarà certo spiacevole. E di sicuro il telefonino non prenderà.

Dieci

«Già lo 'ncarco di là giù mi pesa»

Dove Dante racconta la storia della collana maledetta e già si vede in Purgatorio; evoca così la vicenda delle sue ossa contese, perdute e ritrovate

Per un lungo tratto, Dante ha camminato curvo, tenendo il passo di Oderisi; e i due artisti sembravano una coppia di buoi che procedono sotto il giogo. Ma ora Virgilio invita Dante ad affrettare il passo, senza però alzare lo sguardo dal terreno, dove noterà qualcosa di interessante.

Come le lapidi sul pavimento delle chiese portano scolpita l'immagine del defunto, perché ne resti memoria, e nel vederla le anime pie sentano il dolore del ricordo; allo stesso modo sul sentiero del Purgatorio sono scolpite altre figure, ancora più belle. L'autore, del resto, è Dio. Per un attimo, il poeta ci ha portato con il pensiero all'interno di una chiesa medievale, dove si seppellivano i personaggi illustri, cavalieri o vescovi che fossero; e questo brano è stato fondamentale per ispirare I Sepolcri di Ugo Foscolo, altro grande scrittore che adorava Dante.

Poi subito si torna in Purgatorio, dove per terra è effigiata una galleria di personaggi, tratti dalla Bibbia e dal mito greco: tutti esempi di superbia punita, che le anime sono costrette a contemplare, per ricordarsi il proprio peccato.

Il primo è Lucifero, «che fu nobil creato / più ch'altra creatura»: il più bello tra gli angeli si ribellò a Dio, e fu precipitato dal Cielo; qui è colto nell'attimo in cui cade, rapido come il fulmine. Accanto a lui è raffigurato il gigante Briareo, che giace a terra, trafitto dalla folgore di Zeus e irrigidito dal gelo della morte; mentre gli dei Apollo, Minerva e Marte, ancora armati, guardano dall'alto le membra sparse dei giganti, che avevano tentato l'assalto all'Olimpo e sono stati sconfitti.

Ma ecco un altro personaggio biblico, che Dante ha incontrato in fondo all'Inferno, e qui vede in effigie, scolpito: è Nembrot, il re che fece innalzare le torri di Babele, con la pretesa di arrivare sino al cielo. Il Signore confuse le lingue dei costruttori, i quali – non comprendendosi più tra loro – si dispersero per la Terra; e a Nembrot non rimase che contemplare, «quasi smarrito», le inutili fondamenta del suo progetto sacrilego.

Dante fissa ora gli «occhi dolenti» di Niobe, circondata dai cadaveri dei suoi sette figli e delle sue sette figlie. Regina di Tebe, Niobe era orgogliosa della propria fecondità, e pretendeva che i sudditi sacrificassero a lei anziché a Latona, che di figli ne aveva soltanto due, Apollo e Diana. Ma furono proprio loro a uccidere con le frecce i figli della regina, per punirla della sua superbia; per il dolore, Niobe divenne pietra.

Il re d'Israele Saul è raffigurato nell'atto di gettarsi sulla propria spada: sconfitto dai Filistei, preferì darsi la morte piuttosto che essere fatto prigioniero. Davide, che pure era diventato suo rivale, pianse a lungo la fine di Saul, e maledisse i monti di Gelboè, dove si era combattuta la battaglia fatale: né rugiada né pioggia li avrebbero più bagnati. Un'immagine che deve aver colpito Dante, visto che la usa anche nell'Epistola ai fiorentini, una delle lettere con cui sperava, in un'alternanza di preghiere e di contumelie (soprattutto contumelie), di convincere i compatrioti a farlo tornare: «Se poi la vostra arroganza insolente così vi ha privato, come le cime di Gelboè, della rugiada celeste...».

La via del Purgatorio è lastricata di altre immagini. Ecco Aracne, «già mezza ragna»: era la figlia di un tintore della Lidia, abilissima nel tessere. Di lei dicevano che la sua maestra fosse stata Atena; ma Aracne replicava che era stata semmai Atena a imparare da lei. Un giorno ricevette la visita di una vecchia, venuta ad ammonirla di non sfidare gli dei. La ragazza la cacciò in malo modo. A quel punto la vecchia svelò la propria identità: era la stessa Atena. La sfida ebbe inizio. Aracne intessé un arazzo con gli amori degli dei talmente perfetto, che Atena per stizza lo stracciò. Umiliata, la fanciulla tentò di impiccarsi, ma la dea la trasformò in ragno, condannandola a tessere per tutta la vita; e Dante la coglie in piena metamorfosi.

Accanto ad Aracne, ecco dopo Saul un altro re di Israele: Roboamo, figlio di Salomone. Aveva risposto con insolenza alle tribù del Nord, che chiedevano (già allora si usava) una riduzione delle imposte; ma quando i sudditi si ribellarono, Roboamo scappò «pien di spavento» sul proprio carro, senza neppure essere inseguito.

Tutte queste storie sono raccontate ognuna in una terzina, quindi con sintesi prodigiosa. Le prime quattro terzine cominciano con la lettera V («Vedea...», «vedea...», «vedea...», «vedea...»), le seconde con la lettera O («O Niobè», «O Saùl», «O folle Aragne», «O Roboàm»), le ultime con la lettera M («Mostrava...»). Si compone così l'acrostico VOM, che sarebbe Uomo.

La superbia è il peccato umano per eccellenza, da cui discendono tutti gli altri.

Ma il vero saggio di bravura è come Dante riesca a evocare, con tre versi all'apparenza oscuri, la straordinaria storia di una collana stregata, e di una maledizione familiare.

> Mostrava ancor lo duro pavimento
> come Almeon a sua madre fé caro
> parer lo sventurato addornamento.

Sul pavimento roccioso del Purgatorio è istoriata la vicenda di Alcmeone, che fece pagare caro alla madre Erifile un ornamento, un monile che portava sfortuna a chiunque lo possedesse.

Dante si riferisce alla collana di Armonia, che rendeva eternamente giovane e bella qualsiasi donna la sfoggiasse; ma alla lunga ne causava la sventura. Il gioiello infatti era stato forgiato da Efesto – Vulcano per i latini –, dopo aver scoperto il tradimento di sua moglie Afrodite, cioè Venere, con Ares, il dio della guerra, insomma Marte. Adirato e umiliato, Efesto maledisse qualunque creatura fosse nata da quell'amore consumato alle proprie spalle.

Venere ebbe da Marte una figlia, Armonia, che andò in sposa a Cadmo, il fondatore di Tebe. Come regalo di nozze, Efesto diede ad Armonia la collana, carica di energia malefica. Da quel momento, le donne della casa reale di Tebe che ne entrarono in possesso fecero quasi tutte una brutta fine.

Armonia fu trasformata in serpente. Sua figlia, Semele, amata da Zeus, ebbe la cattiva idea di chiedergli di apparirle in tutto il suo splendore; e ne fu abbacinata. La collana fu poi indossata dalla regina Giocasta, la cui bellezza rimase in effetti inalterata nel tempo; ma le impose un prezzo terribile.

Un oracolo aveva predetto al marito di Giocasta, il re di Tebe Laio, che il loro figlio l'avrebbe ucciso; per evitare rischi, Laio ripudiò la moglie. Ma Giocasta lo ubriacò, giacque con lui e rimase incinta. Il piccolo fu abbandonato sulla montagna, con le caviglie forate e legate; ma venne salvato da un pastore e chiamato Edipo, che significa «piedi gonfi». Edipo uccise Laio per una lite, senza sapere che fosse suo padre, e sposò sua madre Giocasta, ancora giovane e bella. Quando la tremenda verità emerse, la regina si impiccò, e Edipo si cavò gli occhi.

A quel punto, il regno sarebbe dovuto toccare al loro primogenito. Ma i primi due figli di Edipo e Giocasta erano due gemelli: Eteocle e Polinice. Si accordarono per regnare un anno a testa. Il sorteggio stabilì toccasse per primo a Eteocle; che dopo un anno fece esiliare il fratello, pur di non cedergli la corona. Allora Polinice organizzò una spedizione contro Tebe, di cui doveva assolutamente fare parte Anfiarao, grande guerriero e prodigioso veggente. Però Anfiarao aveva previsto che da quella guerra non sarebbe venuto nulla di buono, e lui stesso vi avrebbe trovato la morte; così si nascose per salvarsi.

Ma Polinice corruppe la moglie di Anfiarao, Erifile: se avesse rivelato il nascondiglio del marito, avrebbe avuto in dono la collana dell'eterna giovinezza. Ovviamente, la profezia si realizza: la spedizione contro Tebe si risolve in uno spaventoso massacro; Eteocle e Polinice si uccidono l'un l'altro; e Anfiarao, mentre fugge sul suo carro, viene inghiottito dalla Terra e precipita nell'Ade. Per vendicarlo, il figlio Alcmeone uccide la madre; e i figli di Alcmeone consegneranno la collana al tempio di Atena a Delfi, in modo da evitare altre disgrazie.

Ecco, tutta questa storia Dante l'ha suggerita con una sola terzina.

Le ultime tre scene scolpite sul sentiero del Purgatorio raffigurano tre antichi condottieri, puniti per la loro superbia.

Il primo è Sennacherib, il re assiro che aveva mosso guerra agli Ebrei, disprezzando la loro fede nel Signore; ma nella notte un angelo fece strage nell'accampamento assiro, e al rientro in patria Sennacherib fu assassinato dai suoi stessi eredi.

Il secondo è Ciro, imperatore dei Persiani: aveva fatto prigioniero il figlio di Tamiri, regina degli Sciti, e ignorando le preghiere della madre l'aveva ucciso; ma Tamiri lo sconfisse in battaglia, gli tagliò la testa e la gettò in un otre pieno di sangue, dicendo: «Sangue sitisti, e io di sangue t'empio»; avevi sete di sangue, e io ti disseto.

Il terzo è un generale babilonese, Oloferne (anche se la Bibbia lo indica come assiro), decapitato da un'eroina del popolo ebraico, Giuditta.

«Morti li morti e i vivi parean vivi»: le sculture sono talmente realistiche, che i morti e i vivi di pietra sembrano veri morti e veri vivi. Chi assistette di persona a quegli avvenimenti, scrive Dante, non vide meglio di me le scene che io calpestai con i piedi. E a noi torna in mente la testa mozzata di Oloferne, così come l'hanno dipinta i grandi artisti italiani: in particolare Caravaggio, che nel volto di Oloferne ritrasse se stesso (come farà con Golia); e Artemisia Gentileschi, che invece gli diede i tratti di Agostino Tassi, il collega che l'aveva violentata e che lei aveva fatto condannare. Artemisia fu una pioniera. Faceva la pittrice in un tempo in cui questa parola non esisteva neppure; non sapendo come definirla, la chiamavano pittora. Ebbe il coraggio di denunciare il suo stupratore e di sopportare la tortura in un processo che, come spesso avviene nei casi di violenza sessuale, aveva ribaltato i ruoli e aveva finito per rivolgersi contro la vittima. La suppliziarono stritolandole le dita – pena terribile per un'artista –, ma lei confermò le accuse. Alla fine il tribunale le diede ragione; però il Papa amava le opere di Agostino Tassi, il colpevole, e lo graziò.

L'ultima immagine scolpita è la città di Troia, simbolo dell'orgoglio umano, ridotta in cenere dall'incendio appiccato dai Greci. Per Dante è l'occasione di meditare sulla vana superbia dei «figliuoli d'Eva», della nostra specie. Ma già Virgilio torna a fargli fretta: è passato mezzogiorno; «pensa che questo dì mai non raggiorna», questo giorno non sorgerà mai più, il tempo non ritorna; e laggiù c'è un angelo che si avvicina.

«La creatura bella» è vestita di bianco, e il suo volto tremola di luce come la stella del mattino. È l'angelo che sorveglia il passaggio dal girone dei superbi a quello successivo. Apre le braccia, spalanca le ali, e invita Dante e Virgilio ad avvicinarsi: qui ci sono i gradini, di qui si sale; purtroppo sono pochi gli uomini che raccolgono questo invito. Perché la «gente umana», nata per volare in alto, cade al primo alito di vento.

L'angelo batte un colpo d'ala sulla fronte di Dante, e lo invita a percorrere una scalinata che al poeta ricorda quella che conduce a San Miniato, la chiesa che domina Firenze.

San Miniato è un luogo magico ancora oggi: un'antica basilica romanica, con accanto il cimitero dove riposano i grandi toscani degli ultimi due secoli. L'elenco è impressionante, e ricorda quale contributo abbia dato la terra di Dante alla nostra cultura: Carlo Collodi, padre di Pinocchio, il libro italiano più tradotto nel mondo; i fratelli Alinari, che fotografarono i tesori del nostro Paese; il pittore Ottone Rosai, gli scrittori Giovanni Papini e Vasco Pratolini, il regista Franco Zeffirelli. Giovanni Spadolini, primo presidente del Consiglio non democristiano della storia repubblicana. Antonio Maraini, grande critico d'arte e nonno di Dacia, la scrittrice. E poi il meraviglioso attore Paolo Poli; Enrico Coveri, lo stilista; il produttore Mario Cecchi Gori; Pellegrino Artusi, l'inventore della gastronomia moderna, che era romagnolo di Forlimpopoli ma a Firenze visse e morì; come Giorgio Saviane, veneto di Castelfranco, che invece inventò la critica televisiva. E nel cimitero di San Miniato è sepolta anche Anna Maria Chiavacci Leonardi, l'autrice del più bel commento alla Divina Commedia.

Quando i fiorentini costruirono la scalinata, a rompere lo slancio della costa che dall'Arno sale ripida verso la collina, era ancora il tempo in cui ci si poteva fidare di «quaderno» e «doga», dei registri e delle misure usate dai pubblici ufficiali, non ancora corrotti e ladri. Qui Dante fa riferimento a due scandali di cui fu testimone. Nel 1299 il priore Nicola Acciaioli riuscì, con la complicità del suo avvocato Baldo Aguglioni, a farsi consegnare il «quaderno», il libro degli atti notarili del Comune, e a cancellare una testimonianza contro di lui (non è chiaro se strappando un foglio o facendo delle rasure); scoperto, fu condannato a pagare tremila lire di multa, cifra al tempo astronomica. Baldo Aguglioni se la cavò con duemila lire e un anno di confino; rientrato a Firenze, si schierò con i Neri vincitori, e da priore concesse il ritorno in città a molti Bianchi esuli; ma non a Dante.

L'altro scandalo fu una truffa, ordinata dal camerlengo incaricato di distribuire il sale in città, Donato dei Chiaramontesi. L'unità di misura del sale era lo staio, un recipiente fatto di listoni di legno: le doghe, appunto. Donato riceveva il sale nello staio regolamentare e, dopo aver strappato una doga, lo distribuiva in uno staio rimpicciolito, accumulando grandi guadagni. Smascherato, divenne la vergogna della sua famiglia e il divertimento dei fiorentini, che composero strofe goliardiche per prenderlo in giro.

Dante tornerà su entrambi gli episodi nel Paradiso. All'evidenza, sapeva di parlare a un pubblico avvertito; e gli basta un verso solo per sintetizzare vicende che noi dobbiamo faticosamente ricostruire. Ma la cosa, purtroppo, ci riguarda. Forse non accade pure nell'Italia di oggi che si facciano sparire le carte sgradite, si insabbino le inchieste scomode, si cancellino le tracce? E quanti concessionari di beni pubblici – comprese le autostrade – li usano per il proprio tornaconto personale? Anche qui, non siamo cambiati di molto. Forse la differenza è che i disonesti, a cominciare dagli evasori fiscali, si sono liberati dell'esecrazione popolare: sono furbi che ce l'hanno fatta.

A sollevare lo spirito di Dante e di noi lettori, si odono voci che proclamano la prima beatitudine: «Beati pauperes spiritu», beati i poveri in spirito, perché di essi è il regno dei Cieli. In ogni cornice del Purgatorio si esalta la virtù contraria – in questo caso, l'umiltà – al peccato che vi è punito: qui, la superbia. La differenza rispetto all'Inferno, nota Dante, è che laggiù si ascoltano «lamenti feroci», e quassù dolci canti.

Salendo i gradini, il poeta si sente più leggero di quando prima camminava in piano, e ne chiede la ragione. Virgilio risponde che quando tutte le P che ha avuto impresse sulla fronte saranno cancellate, come ora è stata cancellata la prima, i suoi piedi non sentiranno più fatica, anzi sarà per loro un piacere essere spinti a salire. Dante d'istinto si tocca la fronte con le dita della mano destra, e sente che in effetti gli restano soltanto sei P: un gesto quasi infantile, come di un bambino privo di malizia; e Virgilio lo guarda sorridendo, come un padre intenerito dalla dolcezza del figlio.

I due poeti entrano così nella seconda cornice del Purgatorio. Non si vedono figure, né altre immagini; solo pietra, di colore livido. Come già in fondo all'Inferno, dove le anime dei traditori sono confitte nel ghiaccio, anche qui l'aria è fredda, il clima gelido, l'orizzonte spoglio e nudo. Stiamo per entrare nel luogo più spiacevole di tutto il Purgatorio; com'è particolarmente spiacevole il peccato che vi è punito.

A Virgilio viene spontaneo, per contrasto, invocare il «dolce lume», il sole: «Tu scaldi il mondo, tu sovr'esso luci...»; se non si incontreranno anime umane, saranno i raggi a indicare il cammino.

Dopo aver percorso un miglio, Dante sente tre misteriose voci, che passano volando, rapide come il vento. Non c'è nessuno che parli, eppure si ode come un'eco che ripete: «Vinum non habent», non hanno più vino. È la frase che la Madonna disse a Gesù alle nozze di Cana, per indurlo a mutare l'acqua appunto in vino. E prima che l'eco si spenga, la seconda voce grida: «I' sono Oreste». Infine, una terza voce dice: «Amate da cui male aveste». Sono parole di Gesù, che rappresentano il culmine del messaggio cristiano: perché tutti sono capaci di amare le persone care; il vero amore è amare i nemici, coloro che ci hanno fatto del male. Gesù stesso invero il proprio insegnamento, sacrificandosi sulla croce. Tutte e tre le voci sono esempi di amore gratuito, disinteressato, offerto generosamente. E la generosità è il contrario del vizio che qui viene espiato: l'invidia.

Resta da capire perché la seconda voce continui a ripetere: «Io sono Oreste».

Ora dobbiamo rinnovare il patto che ho stretto con chi mi ha seguito nel viaggio all'Inferno, raccontato in «A riveder le stelle». Molti l'hanno apprezzato, ma qualcuno si è lamentato: troppe storie laterali, troppi nomi, troppi dettagli; si fa fatica a seguire, ci si perde.

Ma Dante è così. Non è difficile; è profondo. Non è intricato; è complesso. Se cominciassimo a saltare i nomi, a trascurare qualcosa, a non seguire le direzioni che ci indica, lo tradiremmo. Faremmo quello che Voltaire rimproverava ai contemporanei, che citavano Dante ma non lo leggevano. Ci fermeremmo ai personaggi che conoscono tutti – Paolo e Francesca, Ulisse, il conte Ugolino, Pia de' Tolomei –, magari per averli a malapena sentiti nominare.

Al tempo di Dante, molti scrittori avevano la velleità di raccogliere nei libri tutto quello che l'uomo sapeva:

tutti i nomi, tutte le storie. Nacquero così volumi ambiziosi, ma oggi illeggibili. Dante si muove in uno spazio delimitato: cento canti, in media di 140 versi l'uno. Ma, come tutti i grandi scrittori dell'umanità, crea un mondo, compone un universo, innalza una costruzione che parte dalla cacciata di Adamo ed Eva dal Paradiso terrestre e ci fa intravedere il punto d'arrivo: il Giudizio universale. La fine della sua storia è la fine della Storia. E la vicenda dell'uomo è una sola: comprende i racconti del mito e quelli della Bibbia, la classicità e la cristianità. Per questo non possiamo non raccontare la storia di Oreste, che Dante con la sua prodigiosa arte accenna in sei sillabe.

Oreste era l'unico figlio maschio di Clitemnestra e Agamennone, re di Micene e capo dei Greci che espugnarono Troia. Quando Agamennone tornò in patria dalla guerra, la moglie lo fece uccidere dal suo amante Egisto; anche per punirlo di aver sacrificato la figlia Ifigenia ad Artemide, pur di propiziare la spedizione.

Oreste era cresciuto lontano dalla reggia di Micene, in esilio, insieme con l'amico della vita: suo cugino Pilade. Proprio con l'aiuto di Pilade, Oreste uccise Egisto e la madre; e per questo fu perseguitato dalle Erinni, simbolo del rimorso (che Dante ha incontrato all'Inferno). Fu anche processato nel tribunale di Atene, l'Areopago: il suo avvocato difensore era Apollo, mentre le Erinni rappresentavano l'accusa. I giudici si divisero a metà, e la sentenza fu decisa dalla presidente del tribunale, Atena; che assolse Oreste in quanto la vita della madre valeva meno di quella del padre (già nell'antica Grecia la solidarietà femminile veniva spesso a mancare).

Apollo diede allora un consiglio a Oreste: per ritrovare il senno e la serenità, doveva impadronirsi di uno dei simboli più famosi del mondo antico: la statua lignea di Artemide, custodita in Tauride – l'attuale Crimea –, in un tempio dove bruciava una fiamma sacra che scaturiva direttamente dal Tartaro, insomma dall'Inferno. Rubata la statua, Oreste avrebbe poi dovuto immergersi in un fiume nato da sette sorgenti; quindi sarebbe stato finalmente libero dal rimorso.

Al suo fianco nell'impresa c'è ovviamente Pilade. Ma in Tauride i due vengono arrestati. Il re Toante vuole uccidere Oreste, gettandolo nella fiamma sacra; ma non sa chi, tra i due prigionieri, sia il ladro sacrilego e matricida. Oreste sta per rivelarsi, quando Pilade lo anticipa: «Io sono Oreste», proclama. «No, sono io il vero Oreste», ribatte l'amico.

Dante ha probabilmente letto la scena in un'opera di Cicerone, il «De finibus bonorum et malorum», Il sommo bene e il sommo male. Annota Cicerone che quando la storia dei due cugini veniva rappresentata a teatro, su questa battuta – «Io sono Oreste!» – gli spettatori si alzavano in piedi ad applaudire, commossi. Se ne ricordò Stanley Kubrick, il regista di «Spartacus», sceneggiatura di Dalton Trumbo, uno degli artisti epurati da Hollywood durante il maccartismo in quanto comunista. Alla fine della rivolta e del film, Spartaco – interpretato da Kirk Douglas – con migliaia di uomini viene circondato dai Romani. Il generale vincitore, Crasso (Laurence Olivier), offre a tutti la salvezza, a patto che Spartaco si consegni; i Romani infatti non conoscono il volto del loro nemico. Lui sta per rivelarsi, ma viene anticipato da un compagno che grida: «Sono io Spartaco!». A uno a uno, gli altri schiavi si fanno avanti: «Sono io Spartaco!». A quel punto la telecamera inquadra il volto commosso e orgoglioso di Kirk Douglas. E di fronte a una scena del genere, impallidisce la mossa – tra la propaganda e il marketing – degli inglesi che stamparono le magliette con la scritta «Sono io Harry», quando i talebani minacciarono di rapire il principe impegnato con le truppe in Afghanistan.

La storia di Oreste finisce bene: sua sorella Ifigenia in realtà non è morta; Artemide l'ha salvata dal sacrificio, sostituendola con una cerva, e l'ha condotta appunto in Tauride. Ifigenia riconosce il fratello, e inventa uno stratagemma: prima di essere gettati nel fuoco sacro, lui e Pilade devono essere lavati nel mare insieme con la statua, per espiare il peccato del matricidio, senza che nessuno assista al rito. Ovviamente è un pretesto per favorire la fuga. Oreste troverà pure un fiume alimentato da sette sorgenti, in Ausonia, il nome antico della costa calabrese; dove in effetti il fiume Petrace (un tempo Metauros) sgorga ancora adesso da sette diverse fonti.

Dante è giunto quindi nel girone degli invidiosi. Virgilio lo invita a guardare con attenzione – «ficca gli occhi» –, e Dante intravede ombre che portano mantelli dello stesso colore livido della pietra. L'insistenza delle parole che hanno a che fare con la vista non è casuale: l'invidia si trasmette attraverso gli occhi; da qui, secondo le leggi del contrappasso, la terribile punizione.

Non può esservi al mondo nessuno tanto crudele, da non provare compassione per quello a cui Dante ha assistito, e che gli «munge» lacrime. Le ombre che pregano la Vergine, gli arcangeli e i santi – «Maria ora pro nobis», «Michele ora pro nobis», «Pietro ora pro nobis…» – indossano il cilicio e si appoggiano l'una all'altra, quasi a cercare conforto al dolore comune; come i ciechi che mendicano fuori dalle chiese, chinando il capo uno sulla spalla dell'altro, per impietosire i passanti. E come i ciechi non vedono il sole, così alle anime degli invidiosi non arriva la luce; perché le loro palpebre sono cucite da un fil di ferro, come si fa con i falconi per farli stare tranquilli. In vita hanno usato la vista per rammaricarsi della fortuna altrui; e in morte sono privati della luce celeste.

Il pensiero torna alle spaventose fotografie della Grande Guerra: i fanti resi ciechi dall'iprite, il gas venefico, avanzano lenti appoggiando uno la mano sulla spalla dell'altro. Come nel celebre quadro di Bruegel il Vecchio, in cui ciechi conducono altri ciechi nel burrone. Nel Purgatorio, per evitare di cadere, gli invidiosi appoggiano la schiena alla parete rocciosa. E attraverso l'orribile cucitura versano lacrime, che bagnano loro le guance.

Dante, animo sensibile, si sente in colpa, nel vedere senza essere visto; ma Virgilio lo incoraggia a rivolgere la parola a quelle anime sofferenti. «O gente sicura di veder l'alto lume…»: le prime parole non evocano la sofferenza presente, bensì la salvezza futura, che è lontana ma certa; questi ciechi vedranno la luce del Paradiso. Come d'abitudine, Dante vuol sapere se tra loro c'è qualche «anima latina», cioè italiana. E riceve una risposta sorprendente e sublime.

> «O frate mio, ciascuna è cittadina
> d'una vera città; ma tu vuo' dire
> che vivesse in Italia peregrina.»

Nell'Aldilà non ci saranno più campanilismi e divisioni, e neppure nazionalismi e guerre: saremo tutti cittadini della Città di Dio, per usare l'espressione di sant'Agostino. Però le anime non sono un coro indistinto: ognuna ha la propria personalità, la propria storia, il proprio passato. Così l'ombra che ha risposto a Dante, pur correggendolo, tiene a precisare di aver vissuto in Italia, a Siena; e ora guarda il poeta con il mento in su, come fanno i ciechi quando voltano il viso verso chi ha parlato.

> «Savia non fui, avvegna che Sapìa
> fossi chiamata, e fui de li altrui danni
> più lieta assai che di ventura mia.»

È Sapìa Salvani, zia di Provenzano, che abbiamo appena incontrato tra i superbi. A dispetto del suo nome, non fu savia, saggia: la sfortuna altrui la rese più felice della propria fortuna. La sua follia – oltretutto in età avanzata, quando di solito meno ardono le passioni – fu tale che, mentre i suoi concittadini si scontravano a Colle Val d'Elsa con i fiorentini, lei pregò Dio di farli perdere; come poi accadde. E vedendo i senesi sconfitti, costretti a fuggire e cacciati dai nemici come animali, Sapìa provò una gioia senza pari; e levò il volto al cielo, «gridando a Dio: "Omai più non ti temo!"»; ora che si è realizzato il mio più grande desiderio, nessuna punizione divina potrà più farmi paura.

È una scena terribile: una gentildonna senese che si rallegra per la sconfitta dei suoi. Tanto più che il comandante dell'esercito è suo nipote: appunto Provenzano Salvani, che come sappiamo viene ucciso e decapitato dai fiorentini.

Ma perché Sapìa era arrivata a odiare così tanto la propria città e la propria stessa famiglia? Questo Dante non lo dice; e i dantisti non l'hanno chiarito con esattezza. Il motivo probabilmente è legato a una faida tra parenti. Sapìa aveva sposato Ghinibaldo di Saracino. Con il marito aveva fondato un ospedale per accogliere malati e pellegrini, vicino al loro castello (che oggi si chiama Castiglioncello di Monteriggioni); il Papa stesso, Clemente IV, aveva approvato l'iniziativa benefica. Forte del rapporto che aveva stretto con il Pontefice, Ghinibaldo tentò di diventare podestà di Colle Val d'Elsa; ma gli venne preferito un omonimo, Ghinibaldo Salvani, fratello di Provenzano. Da qui l'inimicizia tra due rami di una stessa famiglia. Le truppe ghibelline razziarono altri castelli di proprietà del marito di Sapìa; che forse fu ucciso proprio in uno di questi scontri, nel 1268, un anno prima della battaglia di Colle Val d'Elsa. E dalle mura della propria fortezza Sapìa potrebbe aver visto i senesi in fuga.

La frase sprezzante rivolta a Dio fa venire in mente i personaggi infernali che sfidarono l'autorità celeste: Capaneo fulminato da Zeus mentre scala le mura di Tebe; Vanni Fucci – «Son Vanni Fucci/ bestia, e Pistoia mi fu degna tana» – che a Dio rivolge addirittura un gesto osceno. Ma Sapìa, che si sta confessando a Dante senza più orgoglio, anzi con una certa autoironia, paragona invece la propria stoltezza a quella del merlo sciocco che, visto il primo raggio di sole primaverile, già pensa di essere fuori dall'inverno, e di non aver più bisogno di nulla e di nessuno. E siccome Dante in qualche modo ci autorizza, a noi vengono in mente altri detti popolari, diffusi in tutta Italia per descrivere la cattiva pianta dell'invidia, questa maledizione che mette tanti compatrioti gli uni contro gli altri, a volte nella stessa città e nella stessa famiglia.

C'è ad esempio una storiella che ho sentito raccontare pari pari a Genova e a Catania. Un rigattiere genovese – o catanese – trova un'antica lampada. Strofinandola, ne estrae un genio, pronto a soddisfare qualsiasi suo desiderio, a una sola condizione: dovrà dare il doppio al bottegaio a fianco. E il rigattiere, prontissimo: «Genio, cavami un occhio!».

Se poi, sempre alla ricerca del carattere nazionale, vogliamo alzare il livello, ci sarebbe il gustoso racconto di Christian De Sica sulla notte degli Oscar 1963, che suo padre Vittorio seguì in tv seduto accanto a un altro grande artista, Roberto Rossellini. Candidato come migliore film straniero è il capolavoro di un giovane regista emergente, Nanni Loy, sull'insurrezione antinazista del 1943, «Le quattro giornate di Napoli». De Sica e Rossellini si dicono l'un l'altro che bisogna dare spazio ai giovani, che è tempo di passare la fiaccola a una nuova generazione, che questo Loy è davvero bravo, che il film è importante... ma quando il commentatore Lello Bersani annuncia che l'Oscar è andato a un film francese, i due vecchi leoni scattano in piedi all'unisono nel gesto dell'ombrello: «Tiè!».

Invece Sapìa, dopo essere stata quasi sarcastica, chiude il proprio racconto con un accento mesto, quasi lirico: «Pace volli con Dio in su lo stremo/ de la mia vita»; al momento supremo della morte, si è riconciliata con Dio; e ha potuto entrare in Purgatorio, anziché attendere sulla soglia, grazie alle preghiere di uno sconosciuto, Pier Pettinaio, che aveva preso a cuore la sua sorte.

Entra così in scena una figura umile, un cuore semplice e buono, di nome Piero, detto il Pettinaio perché si manteneva vendendo pettini ai tessitori. Nato nel Chianti, vissuto a Siena, Piero divenne terziario francescano a Firenze, a Santa Croce. Qui deve averlo conosciuto Dante. Di sicuro lo cita Ubertino da Casale (il mistico che Umberto Eco fa rivivere nel Nome della rosa), che coniò per lui una definizione meravigliosa: uomo «pieno di Dio». Le preghiere di Pier Pettinaio per Sapìa sono un altro esempio di amore disinteressato: il contrario dell'invidia.

A questo punto la donna chiede notizie di Dante. Ha intuito che è ancora vivo, e i suoi occhi non sono cuciti. E il poeta risponde:

«Li occhi», diss'io, «mi fieno ancor qui tolti,
    ma picciol tempo, ché poca è l'offesa
    fatta per esser con invidia volti.
Troppa è più la paura ond'è sospesa
    l'anima mia del tormento di sotto,
    che già lo 'ncarco di là giù mi pesa».

Quando Dante morirà, gli saranno forse cuciti gli occhi, ma per poco tempo; perché non è l'invidia il suo peccato. Gli toccherà semmai il tormento cui ha assistito nel girone di sotto, anzi il poeta già sente il macigno sulla schiena: perché il suo peccato è la superbia.

Prima di congedarsi, Sapìa gli chiede di pregare per lei, e di ridarle buona fama tra i suoi parenti, facendo sapere che è salva. «Tu li vedrai tra quella gente vana/ che spera in Talamone...»: Dante potrà incontrare i familiari di Sapìa a Siena, la città che ha acquistato a caro prezzo il porto di Talamone, e che ancora spera di trovare la Diana, il fiume che si narrava scorresse nel suo sottosuolo; ma entrambe le imprese sono destinate a fallire. Il porto di Talamone imporrà costi troppo alti, anche per i lavori necessari a bonificare la Maremma dalla malaria, per rivelarsi utile ai commerci di Siena; e il fantomatico fiume sotterraneo non sarà mai trovato.

Va detto però che, pur essendo fiorentino, Dante – come già nell'Inferno – non tratta troppo male i senesi: non scaglia contro di loro nessuna maledizione, come quelle che da secoli accompagnano pisani e genovesi; non li considera tutti «barattieri», corrotti, come i lucchesi, o «ruffiani», come i bolognesi. Li descrive un po' matti, «gente vana», goderecci, quasi mitomani. Ricorda più volte la «brigata spendereccia»: dodici giovin signori che vendettero i loro beni, ammucchiarono oltre duecentomila fiorini – oggi sarebbero 15 milioni di euro – e in venti mesi li spesero tutti (e a noi torna in mente la più bella battuta del secolo scorso, quella del centravanti del Manchester United George Best: «Ho speso metà di quello che ho guadagnato in donne, alcol e motori. Il resto l'ho sperperato»).

Del resto, Siena nel Trecento sognava la chiesa più grande del mondo, e pensava di trasformare il suo splendido Duomo nel transetto di una cattedrale gigantesca, di cui resta soltanto la facciata, detta appunto Facciatone, da dove si gode il più bel panorama sulla meravigliosa città. Prima che il progetto venisse compiuto, arrivò la peste nera a renderlo inutile, dimezzando gli abitanti. Se vivesse oggi, forse Dante rinfaccerebbe ai senesi il crac del Monte dei Paschi; anche se non erano senesi gli amministratori che hanno fatto fallire la più antica banca del mondo.

Al lettore sensibile non sarà sfuggita la profezia che Dante ha appena formulato su se stesso, sul proprio destino. Davvero, dopo la morte, il poeta è finito in Purgatorio, tra i superbi?

In effetti i suoi primi commentatori – anche coloro che più lo amano, come Boccaccio – confermano che Dante avesse, oltre al noto caratteraccio, una certa considerazione di se stesso. Legittima, del resto. La sua fu più ambizione che vanagloria, più perfezionismo che disprezzo degli altri.

Dalla scomparsa di Dante sono trascorsi settecento anni; e c'è da credere che – magari dopo un passaggio in Purgatorio, che essendo il posto degli uomini è anche il suo – il più grande poeta che l'umanità abbia mai avuto sia stato chiamato da Dio al suo fianco in Paradiso. E non è escluso – considerato il bene che hanno fatto le sue parole, il patrimonio di commozione e di riflessione che hanno suscitato in sette secoli – che Dante abbia meritato direttamente l'Empireo.

Ma, se la sua anima è immortale come la sua opera, il suo corpo ha conosciuto ogni sorta di vicissitudine. E se nulla di certo possiamo dire sulla sorte ultraterrena del fondatore della nostra nazione, conosciamo la storia tormentata delle sue spoglie.

Durante degli Alighieri morì a Ravenna, probabilmente nella notte tra il 13 e il 14 settembre 1321, forse per la febbre malarica contratta nel delta del Po, al ritorno da Venezia. Nel Quattrocento gli costruirono una tomba monumentale. Però i fiorentini, pentiti, rivolevano indietro i suoi resti. I ravennati, contrarissimi, li affidarono ai frati francescani; cosa che al poeta avrebbe senz'altro fatto piacere, legato com'era alla memoria di san Francesco.

Visto che non si riusciva a riprendere Dante – o quel che ne restava – con le trattative, i fiorentini pensarono di rubarlo. Ai tempi dei due Papi Medici, Leone X e Clemente VII, si sentivano le spalle coperte. Inoltre Michelangelo, che adorava la Divina Commedia, li incoraggiava all'impresa: il suo sogno era scolpire la tomba di Dante Alighieri. Nottetempo, un commando penetrò nella tomba: ma trovò solo tre falangi di un dito. I frati avevano tolto lo scheletro dal sarcofago e l'avevano riposto nel convento. Scornatissimi, i fiorentini tornarono con un'urna vuota.

Nel 1780 venne eretto il tempietto neoclassico in onore di Dante che tutti conosciamo come la sua tomba. Ma quando arrivarono i soldati di Napoleone, si accorsero che i resti del poeta non c'erano. I francescani li avevano nascosti talmente bene, che non si trovavano più.

Nel 1865 l'Italia unita celebrò i seicento anni della nascita di Dante con feste e concerti. A Ravenna si lavorò a restaurare la tomba, la chiesa di san Francesco e l'area circostante; e un muratore trovò una cassetta con la scritta «Dantis ossa». Erano proprio quelle: combaciavano con le tre falangi mancanti. I fiorentini le chiesero subito indietro; ma di nuovo i ravennati rifiutarono. Lo scheletro fu ricomposto in un sarcofago di cristallo, davanti a cui sfilarono per due giorni migliaia di persone commosse, come per un pellegrinaggio laico. In omaggio a Dante furono esposti i gonfaloni non solo di Ravenna e Firenze, ma pure di Venezia e Roma, che ancora non si erano ricongiunte all'Italia.

Anche il Papa diede segni di interesse per il culto di un poeta che era pur sempre cristiano. Così Giuseppe Garibaldi scrisse al sindaco di Ravenna, Gioacchino Rasponi Murat (nipote di Murat quello vero), per motivarlo a tener duro: «Voi avete un deposito sacro da custodire, le Ossa di Dante, che sono eterna protesta al Papato, che le volea insepolte. I custodi del sepolcro di Dante respingano quindi ogni conciliazione coi carnefici di Roma».

Fin dall'inizio dell'Ottocento, la tomba era diventata una tappa fondamentale del Grand Tour, il viaggio iniziatico in Italia che ogni aspirante artista o scrittore sentiva di dover affrontare.

Lord Byron va a vivere a Ravenna, si ferma due anni, e ogni giorno si reca a visitare l'urna del poeta, davanti a cui si toglie il cappello e si inginocchia. Scrive pure un'opera in terzine, «La profezia di Dante», dove identifica il proprio destino di esule con quello dell'Alighieri; Lorenzo Da Ponte, il librettista di Mozart, ne resta colpito, la traduce in italiano e scrive a Byron una lettera commossa. Anche Percy Shelley viene a «venerare il sacro luogo» dantesco. Chateaubriand racconta di aver avvertito sul sepolcro di Ravenna «un turbamento misto a terrore divino», che aveva provato solo a Gerusalemme. Nel 1838 arriva pure re Giovanni di Sassonia, che passerà la vita a tradurre in tedesco la Divina Commedia.

Sulla tomba di Dante si tengono le cerimonie laiche dell'Italia unita. Lampade votive vengono inviate dagli irredentisti trentini, triestini, istriani, dalmati, che finiscono nelle carceri austriache per aver chiesto di innalzare statue al poeta, o di dedicargli scuole in lingua italiana. Giosuè Carducci scrive versi infuocati in onore del monumento che Trento dedica a Dante; mentre Trieste gli intitola il liceo.

Quando poi la guerra scoppia davvero, mille triestini disertano dall'esercito del Kaiser per andare a combattere con gli italiani, a rischio di finire impiccati: la metà di loro aveva studiato al liceo Dante.

Dopo la rotta di Caporetto, quando il fronte si avvicina pericolosamente, la tomba di Ravenna viene protetta con i sacchi di sabbia nel timore di bombardamenti nemici, magari dal mare o dal cielo; anche il re Vittorio Emanuele III va a verificare che sia al sicuro. E quando nel novembre 1918 le truppe vittoriose entrano finalmente a Trento, si celebra una messa solenne sotto la statua di Dante.

Il fascismo ovviamente rivendicò il poeta per sé, fin da quando nel 1921, a seicento anni dalla morte, Italo Balbo guidò una «marcia su Ravenna» conclusa davanti alla fatidica tomba. E Margherita Sarfatti, la donna che creò Mussolini, venerava Dante, al punto che nei momenti di incertezza apriva la Divina Commedia, leggeva una terzina a caso e vi cercava un'indicazione per capire quel che doveva fare, o un segno per intuire quel che sarebbe accaduto.

Quando il ciclo del regime si chiuse nella tragedia,

Mussolini vagheggiò di rifugiarsi nel «ridotto della Valtellina» portando con sé le ceneri di Dante; come a dire che l'identità italiana resisteva o moriva con lui. Ovviamente, non è andata così. Anche i nazisti tentarono di impadronirsi dei resti del poeta, come trofeo di guerra, ma i ravennati li beffarono; e i tedeschi portarono in Germania le ceneri di un defunto senza nome.

Il 28 aprile 1945, giorno della morte del Duce, Margherita Sarfatti aprì a caso la Divina Commedia al canto XXVIII dell'Inferno: la descrizione della nona bolgia, in cui sono puniti i seminatori di discordie. E, con suo grande turbamento, lesse la terzina dove Dante apostrofa Mosca dei Lamberti – il fiorentino illustre che ha le mani mozze e la faccia insanguinata – annunciandogli la rovina della sua casata e facendolo andar via folle di dolore: «E io li aggiunsi: "E morte di tua schiatta";/ per ch'elli, accumulando duol con duolo,/ sen gio come persona trista e matta».

La Sarfatti sopravvisse a lungo al Duce. Il giorno del suo ottantesimo compleanno, l'8 aprile 1960, aprì il Purgatorio sulla terzina che evoca le Parche, le tre sorelle che nel mito greco decidono la sorte dell'uomo e della sua anima: «Quando Lachesis non ha più del lino,/ solvesi da la carne, e in virtute/ ne porta seco e l'umano e 'l divino». Impressionata dal presagio, trascrisse quei versi nel diario, aggiungendo che certo non avrebbe più festeggiato un altro compleanno. Annotò poi un'altra citazione di Dante, dal Convivio – «sì come uno pomo maturo si dispicca dal suo ramo» –, e una frase di Aristotele: «Senza tristezza è la morte che è nella vecchiezza».

Margherita Sarfatti morì sei mesi dopo.

Undici

«Le donne e ' cavalier, li affanni e li agi/ che ne 'nvogliava amore e cortesia»

Dove Dante viene clamorosamente copiato da Ariosto, ispira Foscolo e Shakespeare, e trasforma gli aretini in botoli ringhiosi, i fiorentini in lupi e i pisani in volpi (per tacere dei romagnoli)

L'invidia, per Dante, non è soltanto un sentimento spregevole. È un male civile e politico. È il vizio di cui trabocca Firenze, come ha detto Ciacco, il goloso, nell'Inferno. È la rovina delle corti, come ha aggiunto Pier delle Vigne, il consigliere dell'imperatore Federico II morto suicida dopo essere stato accusato ingiustamente di tradimento. È l'invidia la causa dell'esilio di Dante. Ed è dall'invidia che muove la storia umana: geloso del fratello, Caino uccide Abele e innesca l'infinita catena dell'odio e delle vendette. Per questo Dante scrive qui, tra gli invidiosi, una delle grandi pagine politiche del suo poema.

Due anime lo notano, e conversano tra loro, l'una china verso l'altra, pensando che Dante non le senta. La prima – che per facilitare la comprensione chiameremo Anima 1 – chiede: chi sarà mai costui, che passa vivo tra i morti, e non ha gli occhi cuciti come noi altri? La vicina – che chiameremo Anima 2 – risponde: non lo so, chiediglielo tu; ma trattalo con dolcezza, in modo che si fermi a parlare con noi. E in effetti l'Anima 1 si rivolge a Dante in tono gentile: «Tu ne fai/

tanto maravigliar de la tua grazia,/ quanto vuol cosa che non fu più mai»; la grazia che Dante ha ricevuto – poter visitare l'oltretomba e tornare indietro – mai si è vista né mai si vedrà. Intanto noi abbiamo scoperto da dove Ugo Foscolo ha tratto lo splendido incipit del sonetto «A Zacinto», la sua isola natale, che si apre con la triplice negazione appena usata da Dante: «Né più mai toccherò le sacre sponde...».

Alle due anime che chiedono sue notizie, Dante non dice il proprio nome, che «ancor molto non suona», non è ancora famoso (ma, s'intende, presto lo sarà; il poeta non riesce proprio a mostrarsi umile, e forse qualche anno tra i superbi se l'è fatto davvero). Però descrive la propria terra. Viene dalla valle del fiume che per più di cento miglia attraversa la Toscana.

L'Anima 1 intuisce che Dante sta parlando dell'Arno. Ma l'Anima 2 si stupisce: perché ha taciuto il nome del fiume, come si fa con le «orribili cose», tipo la morte o le malattie? E l'Anima 1: non lo so, ma è ben giusto che il nome di quella valle perisca, non sia più ricordato; perché tutti coloro che vivono lungo il corso del fiume, dalla sorgente alla foce, rifuggono la virtù come si evita una biscia. Forse dipende dalla malasorte, forse dai viziosi costumi; fatto sta che gli abitanti sembrano aver mutato la loro natura, come se fossero stati pasciuti da Circe, la maga che trasformava gli uomini in bestie.

Ed è un vero bestiario quello che disegna l'anima ancora senza nome, seguendo il corso dell'Arno. Il primo tratto passa tra «brutti porci», degni di ghiande più che di cibo fatto per gli uomini: sono gli abitanti del Casentino, così chiamati forse anche a causa del castello di Porciano, dove probabilmente visse lo stesso Dante. Poi, scendendo, il fiume trova botoli che ringhiano più di quanto la loro forza consenta, buoni ad abbaiare più che a mordere: sono gli aretini, che nello stemma recano scritto «A cane non magno saepe tenetur aper», spesso il cinghiale è preso da un cane piccolo. Ma da Arezzo l'Arno «torce il muso» con disdegno: fa una curva a gomito, come per evitare la città. Via via che il fiume si ingrossa e avanza verso Firenze, «la maladetta e sventurata» valle vede i cani diventare lupi: sono i fiorentini, avidi di denaro e potere. Poi, superati i «più pelaghi cupi», i gorghi oscuri nelle gole dopo Firenze, l'Arno esce nella pianura verso Pisa: qui trova le volpi, «sì piene di froda» da non temere inganno che possa farle cadere in trappola.

Il nobile fiume, quello in cui Manzoni andrà a «sciacquare i panni», per dirozzare il linguaggio dei Promessi Sposi in modo che somigliasse il più possibile al toscano, qui è visto come una sentina di vizio, che degrada lungo il proprio corso, come se fosse un piccolo Inferno. Prima i porci, che evocano i peccati puniti all'inizio del poema: la lussuria, la gola. Poi i cani ringhiosi, che rappresentano gli iracondi. Quindi i lupi, feroci come i violenti, che nell'Inferno sono immersi nel sangue che hanno versato. Infine le volpi, astute e infide come i fraudolenti che ingannano il prossimo.

Ma la metafora bestiale non è ancora finita. Anzi, viene ora la parte più terribile. L'Anima 1 pronuncia una profezia. Si rivolge all'Anima 2, e preannuncia che suo nipote sarà «cacciator di quei lupi in su la riva/ del fiero fiume», del fiume feroce. Il nipote in questione è Fulcieri da Calboli, signorotto guelfo che nel 1303 diventa podestà di Firenze, con un incarico preciso: dare la caccia ai Bianchi, la fazione cui appartiene Dante, già in esilio. Fulcieri si muove senza pietà:

> «Vende la carne loro essendo viva;
> poscia li ancide come antica belva;
> molti di vita e sé di pregio priva».

Sono versi terribili, che denunciano le malefatte dei Neri e del loro podestà; che mentre toglie la vita alle sue vittime, toglie l'onore a se stesso. Torture, esecuzioni, confische: Fulcieri vende i corpi dei Bianchi mentre sono ancora vivi, prima di ucciderli. In via del tutto eccezionale, sarà rieletto per altri sei mesi: i suoi padroni sono soddisfatti di tanta crudeltà. «Sanguinoso esce de la trista selva»: dopo il suo passaggio, ci vorranno mille anni perché le fazioni possano fare pace e i danni, materiali e morali, siano riparati. E questa immagine della carne viva venduta tornerà in una tragedia di Shakespeare, «Il mercante di Venezia» (peraltro ispirata a una novella del Trecento di uno scrittore italiano, Giovanni Fiorentino), dove l'usuraio Shylock pretende che il debitore lo paghi con una libbra della sua stessa carne.

A questo punto Dante vuole conoscere i nomi delle due anime che ha di fronte. L'Anima 1, colei che ha pronunciato la profezia, si presenta: è Guido del Duca, gentiluomo romagnolo, ghibellino. Di lui si sa poco: originario di Ravenna, fu giudice in molti Comuni della Romagna. Dice di sé: il mio sangue fu così ardente di invidia, che quando vedevo un uomo felice mi riempivo di livore; e ora dal seme che ho sparso raccolgo il giusto frutto: non grano, ma paglia.

L'Anima 2 è Rinieri dei Paolucci, anch'egli ghibellino, che prese Forlì e cadde nel 1296 nel tentativo di difenderla. Nella sua famiglia, scrive Dante, nessuno ne ha ereditato il valore; e ovunque, «tra 'l Po e 'l monte e la marina e 'l Reno», manca la virtù necessaria a conoscere il vero e a raggiungere il bene.

In un solo verso Dante ci dà la descrizione geografica della Romagna, chiusa tra il Po (che un tempo scorreva in alcuni suoi rami più a sud rispetto a oggi), il Reno, l'Appennino e il mare Adriatico.

Le due anime hanno ora un nome, che a noi moderni non dice tanto; ma neppure all'epoca Guido e Rinieri erano così importanti. Dante usa la loro voce, dopo aver gridato contro i vizi della Toscana, per denunciare quelli dell'altra terra che meglio conosce, dove ha passato lunghi anni di esilio. La Romagna appare una landa desolata, piena di «venenosi sterpi», che sarebbe ormai tardi estirpare per avere un buon raccolto. Dove sono i signori di un tempo, generosi e giusti? Dove «le donne e ' cavalier, li affanni e li agi/ che ne 'nvogliava amore e cortesia/ là dove i cuor son fatti sì malvagi»? Dove sono i cimenti delle guerre e i riposi delle corti, che ispiravano amore e cortesia?

Ecco dove Ariosto ha trovato le parole per l'incipit dell'Orlando Furioso: «Le donne, i cavallier, l'arme, gli amori/ le cortesie, l'audaci imprese io canto...». Anche Ariosto, come tutti i grandi poeti italiani, è quindi debitore di Dante.

Guido del Duca, in vena di rimpianti, cita una serie di signori romagnoli dei decenni passati. Sono nomi oscuri, salvati dall'oblio della storia grazie alla Divina Commedia; ma proprio per questo meritano di essere ricordati. Arrigo Mainardi era il suo migliore amico; quando morì, Guido del Duca fece segare la panca su cui sedeva con lui, dicendo che non avrebbe mai più trovato un compagno così. Lizio di Valbona, guelfo, lasciò l'Appennino romagnolo per fare il podestà a Firenze, e divenne famoso per la prodigalità dei banchetti che offriva. Sono evocati ghibellini come Piero dei Traversari, vissuto al tempo dell'imperatore Federico II, e guelfi come Guido di Carpegna, di cui i commentatori hanno lasciato scritto che «amò per amore», espressione bellissima, e «leggiadramente vivette». Aristocratici di grande casata, come Fabbro dei Lambertazzi, che espanse sulla Romagna l'influenza di Bologna, e figli di famiglie modeste, come Bernardino di Fosco, che difese Faenza dalle truppe imperiali. E poi Guido da Prata, Ugolino d'Azzo, Federico Tignoso, che in realtà aveva lunghi capelli biondi...

Al confronto dei loro antenati, i romagnoli sono «tornati in bastardi». Fortunate le famiglie che si sono estinte, come i Traversari e gli Anastagi: nomi che già nel Trecento suonavano antichi e favolosi, retaggio di un feudalesimo ormai fuori dal tempo.

Dante passa in rassegna anche le città. Se la prende con Bertinoro: perché non scompare dalla faccia della Terra, ora che se ne è andata la famiglia dei Mainardi, e con lei altra gente non abbastanza malvagia per adeguarsi al nuovo clima di corruzione? Bene fanno i signori di Bagnacavallo, a non mettere al mondo figli. Lo stesso farà la famiglia dei Pagani, padrona di Faenza, quando sarà morto il suo capo Maghinardo, che Dante definisce «demonio»: già l'ha citato nell'Inferno, irridendo l'opportunismo con cui sta in Romagna con i ghibellini e a Firenze con i guelfi, in particolare con i Neri.

Ormai l'Anima 1, Guido del Duca, non se la sente di proseguire; la conversazione gli ha stretto il cuore, gli viene da piangere, e prega il poeta di allontanarsi: «Ma va via, Tosco, omai; ch'or mi diletta/ troppo di pianger più che di parlare,/ sì m'ha nostra ragion la mente stretta».

La lunga invettiva civile ha coinvolto la Toscana e la Romagna, le due terre dove Dante ha trascorso gran parte della vita, accomunate dalla decadenza dei costumi. Ma questi versi hanno una valenza universale. Sono senza luogo, e senza tempo. Denunciano i limiti dell'animo umano, e in particolare di quello italiano: del tutto concentrato sul proprio tornaconto personale e sull'interesse immediato, incapace di agire pensando agli altri e al futuro.
Anche a noi viene spontaneo rimpiangere il nostro passato. I personaggi che cita Dante sono vissuti alcuni decenni prima di lui: la stessa distanza che separa noi dalla Ricostruzione seguita alla seconda guerra mondiale. Tra i meriti delle nostre madri e dei nostri padri, che fecero rinascere l'Italia dopo il disastro del conflitto, ci fu anche sapersi dare una classe dirigente. Dov'è oggi un Alcide De Gasperi, che nelle carceri fasciste pregava Dio perché perdonasse Mussolini che l'aveva fatto imprigionare? Nella sua casa di campagna, Luigi Einaudi raccolse migliaia di libri; e dopo la messa teneva lezioni ai contadini sul sagrato della chiesa, omelie laiche per insegnare come coltivare la vigna, ruotare le colture, amministrare i conti. Giuseppe Di Vittorio, bracciante semianalfabeta che spese i suoi primi soldi per comprarsi un dizionario, padre del sindacato italiano, andò in esilio durante il fascismo;

dovette cambiare molte città, molte case, e ogni volta ne sceglieva una con un pezzo di terra, per coltivare il proprio orto. Ogni sera dei diciassette anni trascorsi nelle galere del regime, Umberto Terracini – l'uomo che il 27 dicembre 1947 firmò la nostra Costituzione – metteva i pantaloni sotto il materasso, per averli ben stirati il giorno dopo, e non concedere ai carcerieri nulla della propria dignità. Palmiro Togliatti aveva anche ombre nella sua biografia; ma quando Giancarlo Pajetta entrò nella sua stanza nell'hotel Lux a Mosca, e si sorprese nel trovarlo mentre con una mano stirava una camicia e con l'altra reggeva le Odi di D'Annunzio, Togliatti gli disse: «Perché ti stupisci? Se non hai letto D'Annunzio per pregiudizio ideologico, hai sbagliato. Leggilo». Pietro Nenni era nelle trincee della Grande Guerra, da volontario, quando gli nacque una figlia, che chiamò Vittoria Gorizia. Militante antinazista, fu deportata ad Auschwitz, dove si ammalò di tifo e si spense, a ventotto anni. Al padre affidò un messaggio: «Non ho perso coraggio mai, e non rimpiango nulla». Quando arrivò la notizia della morte di Vittoria Gorizia, De Gasperi volle andare di persona ad avvisare Nenni. Il leader socialista ricevette migliaia di lettere da italiani che avevano perso un figlio in guerra. Benedetto Croce gli scrisse: «Mi consenta di unirmi anch'io a Lei in questo momento altamente doloroso, che Ella sorpasserà ma come solamente si sorpassano le tragedie della nostra vita: col chiuderle nel cuore e accettarle perpetue compagne, parti inseparabili della nostra anima».

Adesso abbiamo ministri e leader di partito che non sanno l'italiano. E, quel che è peggio, piacciono non nonostante non sappiano l'italiano, ma perché non sanno l'italiano. Si confonde il valore con la retorica, la sensibilità con la fragilità emotiva. I resistenti si sforzavano di non piangere sotto le torture per non dare soddisfazione ai nazisti; i concorrenti di MasterChef lacrimano senza ritegno se Antonino Cannavacciuolo li rimprovera perché hanno sbagliato un contorno. Che nell'Italia di oggi un poeta come Dante, grandissimo ma non facile né compiacente verso il lettore, sia ancora letto, studiato, ammirato, è una specie di miracolo. Teniamocelo stretto, e tramandiamolo ai nostri figli e nipoti.

Appena Dante riprende il cammino, subito sente una voce avvicinarsi con la rapidità della folgore, per poi dileguarsi come un tuono. E la voce dice: «Anciderammi qualunque m'apprende», chiunque mi troverà potrà uccidermi. Sono le parole che Caino rivolse a Dio, che lo condannava a errare per la Terra, dopo l'assassinio di Abele. È un esempio di invidia punita. Ormai è chiaro perché in questo girone non ci sono immagini, come quelle che nella cornice di sotto mostravano i buoni esempi di umiltà e i cattivi esempi di superbia; qui le anime sono cieche, e possono soltanto ascoltare le voci. Eccone un'altra dire, con «gran fracasso»: «Io sono Aglauro che divenni sasso». Alla storia biblica segue come d'abitudine quella tratta dal mito greco: Aglauro, figlia del re di Atene, era gelosa della sorella Erse, che aveva una storia d'amore con Ermes, il messaggero degli dei; e quando tentò di impedire al dio di entrare nella sua stanza, fu trasformata in una statua.

Quante volte – fa notare Virgilio – gli uomini si dimostrano meschini, abboccando all'esca dell'«antico avversaro», come è spesso chiamato qui il diavolo. Dopo tante parole aspre e malinconiche sulla decadenza dell'Italia, dopo i rimproveri e i rimpianti, è il momento di distaccarci dalle cose terrene e levare gli occhi verso l'alto; cosa che pure noi dovremmo ricordarci di fare, almeno una volta ogni giorno. Dice Virgilio: «Chiamavi 'l cielo e 'ntorno vi si gira,/ mostrandovi le sue bellezze etterne,/ e l'occhio vostro pur a terra mira». Il cielo sembra chiamare noi uomini, girandoci attorno, mostrandoci le sue meraviglie eterne; e noi, anziché alzare lo sguardo, lo posiamo a terra.

Dodici

«Lo mondo è ben così tutto diserto d'ogne virtute»

Dove Dante moltiplica l'Amore, indaga il mistero del Male ed esalta coloro che, da santo Stefano a Giovanni Bachelet, pregano per i propri assassini

Sono le tre del pomeriggio, è iniziata la discesa del sole, che Dante chiama «la spera che sempre a guisa di fanciullo scherza»: la sfera che sembra scherzare come un bambino, visto che percorre un arco ogni giorno diverso: sempre un po' più lungo fino al solstizio d'estate, sempre un po' più corto sino al solstizio d'inverno. In Italia è mezzanotte.

Il sole calante è di fronte ai due poeti, che girando intorno alla montagna rivolgono ora lo sguardo verso occidente; ma d'un tratto Dante è abbagliato da una luce ancora più splendida, che lo costringe ad abbassare gli occhi, e a proteggerli con la mano.

Virgilio lo invita a non stupirsi se lo «abbaglia la famiglia del cielo»: quella luce è un angelo, un messo divino, che lo invita a salire; presto, quando sarà purificato, queste cose non lo infastidiranno, ma gli procureranno gioia. Così Dante sale la scala che porta al terzo girone, mentre sente recitare un altro passo delle beatitudini: «Beati i misericordiosi, perché troveranno misericordia».

Il poeta rimugina su quel che ha sentito poco prima.

«Lo spirto di Romagna», Guido del Duca, si è chiesto perché la «gente umana» insegua sempre i beni da cui è necessario escludere gli altri. Virgilio spiega meglio il significato di quelle parole: gli uomini desiderano cose tali che, quando vengono condivise, diminuisce la parte che tocca a ciascuno; da qui nasce l'invidia. Se invece il desiderio si rivolgesse verso l'alto, ai beni dello spirito, la questione sarebbe risolta: perché lassù più si dice «nostro», più sono le persone che condividono la felicità, maggiore è la quota che tocca a ognuno.

Dante continua a non capire: come può esistere un bene che, diviso tra molti, rende più ricchi che se posseduto da pochi? La risposta è semplice: l'amore non si divide, si moltiplica. Più gente in Cielo si innamora, più vi è da amare, e più si ama; e come gli specchi riflettono la luce, così un'anima rende amore all'altra. In ogni caso, conclude Virgilio, sarà Beatrice a rendere tutto chiaro.

Non so se è capitato anche a voi: essere il primogenito di una madre che aspetta un altro figlio, ed essere angosciati all'idea che il nuovo venuto possa essere il più amato; e sentirvi spiegare che l'amore di una madre non si divide, ogni figlio lo riceve per intero, per cui l'amore dato e ricevuto si moltiplica. Quindi il miracolo dell'amore può accadere anche sulla Terra; di sicuro si ripeterà in Cielo.

In ogni caso, è proprio dell'amore materno che Dante sta per parlarci.

Il poeta sente che gli è stata cancellata un'altra P dalla fronte. Se nel primo girone aveva visto sculture meravigliose, e nel secondo aveva udito voci incalzanti come tuoni, ora Dante è rapito in una «visione estatica», come la definisce, con un'espressione che potremmo usare anche noi oggi. Gli pare di vedere una folla in un tempio, e una donna dire, «con atto/ dolce di madre»: «Figliuol mio,/ perché hai tu così verso noi fatto?/ Ecco, dolenti, lo tuo padre e io/ ti cercavamo».

È un episodio del Vangelo. Maria e Giuseppe avevano portato Gesù dodicenne a Gerusalemme per la Pasqua ebraica. Ma lo persero tra la folla, e lo cercarono disperati per tre giorni, prima di ritrovarlo nel tempio, mentre discuteva con i dottori della legge, i sapienti. Maria non rimproverò Gesù, ma gli si rivolse con le dolci parole che Dante traduce quasi alla lettera dal testo latino del Vangelo di Luca: «Fili, quid fecisti nobis sic? Ecce pater tuus et ego dolentes quaerebamus te»; figlio, perché ci ha fatto questo? Tuo padre e io, in pena, ti cercavamo.

Davvero la nostra lingua non è cambiata molto dai tempi di Dante; anche perché a lungo le nostre madri e i nostri padri hanno parlato dialetto, e l'italiano si è mantenuto quasi intatto, proprio perché poco usato; e forse si è modificato di più in questi decenni di unificazione linguistica, grazie ieri alla tv e oggi alla Rete, che non nei secoli precedenti. Di sicuro tutti i poeti, anche quelli dell'Ottocento, hanno provato a imitare Dante; eppure la sua lingua appare più viva della loro, più fresca, immediata, diretta; a volte soave, a volte cruda.

Ma già la visione di Maria e di Gesù dodicenne è svanita, e a Dante pare di scorgere un'altra donna, che piange di rabbia e di sdegno, dicendo al marito: Pisistrato, se davvero sei il re della città, vendicati di quelle braccia ardite che strinsero nostra figlia. È un episodio narrato dallo scrittore latino Valerio Massimo.

Pisistrato era il re di Atene, che Dante definisce la città dalla quale si irradia la luce delle scienze umane; e per l'onore di darle il proprio nome litigarono gli dei (in effetti secondo il mito, per decidere come la città dovesse chiamarsi, si scontrarono Poseidone – che donò un cavallo, simbolo della guerra – e Atena, che vinse offrendo un ulivo, simbolo della pace). La moglie di Pisistrato considerò un'offesa che uno sconosciuto avesse abbracciato (secondo Valerio Massimo, baciato) sua figlia, ma il tiranno rinunciò alla vendetta, spiegando «benigno e mite»: se condanniamo chi ci ama, cosa faremo a chi ci odia?

Infine Dante vede «genti accese in foco d'ira», che gridando uccidono un «giovinetto» a colpi di pietra. Il ragazzo cade in ginocchio, poi si piega a terra; ma i suoi occhi sono rivolti al cielo, e lui prega Dio di perdonare i carnefici. È il primo martire: santo Stefano. Il primo a morire per amore di Gesù, e a mettere in pratica il suo insegnamento: ama il tuo nemico, perdona coloro che ti fanno del male.

Quella scena è il vero inizio del cristianesimo, e si è ripetuta molte volte, nei due millenni successivi. Pure noi italiani che non siamo più ragazzi ricordiamo qualcosa del genere.

«Preghiamo anche per quelli che hanno colpito il mio papà...» disse Giovanni Bachelet al funerale del padre Vittorio, professore di diritto, vicepresidente del Consiglio superiore della magistratura, assassinato sulle scale dell'università di Roma da una terrorista che già era stata la carceriera di Aldo Moro, Anna Laura Braghetti.

Credo che la mia generazione si sia affacciata alla vita pubblica ascoltando quella frase, pronunciata da un ragazzo poco più grande di noi (era il 1980, Giovanni Bachelet aveva ventiquattro anni e ne dimostrava anche meno) che, mentre mezza Italia invocava la pena di morte, perdonava gli assassini e, di più, pregava per loro.

Le parole pronunciate dal figlio di Vittorio Bachelet davanti alla sua bara non rappresentano solo il culmine del cattolicesimo democratico, di un certo modo di pensare la politica come «la più alta forma di carità» (Paolo VI) e il potere come verbo, non come sostantivo. Ebbero l'effetto di una scossa di commozione, di energia, anche di fiducia su bambini, ragazzini, adolescenti cresciuti durante gli anni di piombo, che fino a quel momento non avevano ben capito quanto stava accadendo.

Ricordo le immagini in tv della strage dell'Italicus (4 agosto 1974: 12 morti e 48 feriti). Avevo sette anni. Chiesi a mio nonno Aldo: «Ma sono più le persone buone, come noi, o quelle cattive, che mettono le bombe sui treni?». Non ricordo cosa e se mi abbia risposto. Anche il nonno, che pure era passato attraverso la guerra d'Africa, il fascismo, la seconda guerra mondiale, la Resistenza, la Ricostruzione, il nonno che mi parlava per ore della sua giovinezza grandiosa e terribile – Hitler, Stalin, Mussolini –, era senza parole di fronte a un orrore che sfuggiva alla sua comprensione. E poco importa che la bomba sull'Italicus l'avessero messa terroristi neri, e Vittorio Bachelet fosse stato assassinato da terroristi rossi. Era comunque un attacco vile alla fragile democrazia che gli italiani delle generazioni precedenti erano riusciti a costruire.

Poi vennero quelle parole. Pronunciate dal pulpito di una chiesa, da un ragazzo rimasto orfano. Che non erano retoriche: le parole sono retoriche quando vengono contraddette dai fatti; se i fatti le confermano, le parole sono carne e sangue. Fu allora che compresi una realtà forse scontata, ma che aveva necessità di conferme: erano di più i buoni. E come accade non sempre, ma spesso, alla fine i buoni avrebbero vinto.

La visione estatica è svanita. Dante torna in sé, e riconosce i suoi «non falsi errori». Con gli occhi della mente ha visto cose non reali, ma non inventate: Dio ha voluto che contemplasse esempi di mitezza, clemenza, misericordia.

Virgilio gli fa notare che ha camminato per più di mezza lega (circa due chilometri) con gli occhi velati e le gambe avviluppate, «a guisa di cui vino o sonno piega», come un ubriaco o un assonnato. Virgilio intuisce l'esperienza che Dante ha vissuto; nemmeno indossando cento maschere l'allievo potrebbe nascondergli i propri pensieri; ma ora il maestro vuole spronarlo, come si fa con chi si è appena svegliato e si muove ancora con pigrizia.

Il terzo girone li attende, e si annuncia con un fumo scuro come la notte, che soffoca gli ultimi raggi del sole al tramonto.

Per un attimo, sembra di essere tornati tra le anime dannate. «Buio d'inferno e di notte privata/ d'ogne pianeto, sotto pover cielo,/ quant'esser può di nuvol tenebrata...» Immaginate, ci dice Dante, una tenebra infernale, una notte senza stelle, un cielo scuro di nuvole; ebbene, questo è niente in confronto al fumo che avvolge i due poeti come un panno di pelo ruvido, che li costringe a chiudere gli occhi. Virgilio offre la sua spalla a Dante, che vi appoggia la mano per non cadere. Nell'aria si sentono voci pregare: «Agnello di Dio, che togli i peccati del mondo...».

Sono gli iracondi, avvolti nel fumo dell'ira, che sale alla testa e acceca la mente. Tra loro emerge un personaggio. Dante non riesce a distinguerlo, non vede il suo volto, può soltanto ascoltarlo; e, come d'abitudine, gli chiede – oltre alle indicazioni sul percorso da seguire – di dire il proprio nome, di raccontare la propria storia.

«Lombardo fui, e fu' chiamato Marco;/ del mondo seppi, e quel valore amai/ al quale ha or ciascun disteso l'arco.» È un uomo di corte, che doveva essere molto noto nell'Italia della fine del Duecento per la sua saggezza e nobiltà d'animo; e infatti si presenta come una persona che conosce il mondo, e amò il valore, verso cui ora nessuno tende l'arco, che oggi non è più considerato importante dagli uomini.

Di Marco Lombardo si sa poco: forse conobbe a Pisa il conte Ugolino; peregrinò a lungo tra la Toscana e le corti del Nord, conducendo una vita raminga ma dignitosa, in cui Dante ritrova se stesso. Il poeta insomma mette in scena un personaggio simile a sé, per prestargli la propria voce. Un personaggio che si muove in modo sdegnoso eppure magnanimo, altero ma profondamente umano; perché si pone il problema non solo di se stesso e della propria salvezza, ma dell'uomo e della storia.

E qui dobbiamo fermarci un attimo.

In questo nostro viaggio sulle orme di Dante, non abbiamo seguito il ritmo dei vari canti, che lasciamo volentieri ai manuali scolastici. Siccome non siamo a scuola, e accompagniamo Dante non per dovere ma per piacere, l'abbiamo ascoltato raccontare storie e spiegare concetti in piena libertà. Però non possiamo non notare che l'ingresso nel girone degli iracondi avviene nel sedicesimo canto del Purgatorio. Siamo esattamente a metà della Divina Commedia; e quindi a metà del viaggio. I canti infatti sono cento; l'Inferno ne ha uno in più degli altri, visto che il primo fa da proemio, da introduzione all'intera opera. Giunto a metà strada, al confine tra il mondo terreno e il mondo divino, Dante si sofferma a riflettere su un mistero che riguarda ognuno di noi: il mistero del male. Il motivo per cui un uomo nuoce a un altro uomo; e Dio lo permette. Non è un caso che Dante si ponga e ci ponga la questione qui, nel Purgatorio; che è appunto il posto degli uomini, la città di cui ognuno è cittadino.

Per introdurre l'argomento, decisivo per chiunque abbia in sé un po' di moralità, Dante scrive versi di straordinaria potenza. Non sono tra i più noti della Divina Commedia, perché non riguardano un personaggio; ma chiamano in causa tutti noi, gli uomini del passato e quelli del futuro, i contemporanei di Dante e i nostri.

> Lo mondo è ben così tutto diserto
> d'ogne virtute, come tu mi sone,
> e di malizia gravido e coverto;
> ma priego che m'addite la cagione,
> sì ch'i' la veggia e ch'i' la mostri altrui;
> ché nel cielo uno, e un qua giù la pone.

Il mondo è deserto di ogni virtù. È colmo e coperto di malvagità, così come è avvolto nel fumo questo girone dove si espia il peccato dell'ira, che mette gli uomini l'uno contro l'altro. Ma Dante vuole conoscere il motivo, in modo da spiegarlo agli altri (ed è la prima volta che allude alla sua missione, al vero obiettivo del suo viaggio). Qual è la causa del male? Alcuni la attribuiscono al Cielo, all'influenza degli astri, al destino; ma per altri l'unico colpevole della malvagità del mondo è l'uomo, è la sua volontà del tutto intesa al male.

È questo il dilemma della vita. Le nostre azioni sono libere oppure sono determinate da altro o da altri? Siamo fabbri del nostro avvenire e responsabili delle nostre azioni, oppure siamo prigionieri del fato, del caso, della necessità?

Alla domanda di Dante, Marco Lombardo risponde con un profondo sospiro, che il dolore strozza in un gemito: «Uhi!». Poi comincia: «Frate, lo mondo è cieco, e tu vien ben da lui». Voi che siete nel mondo attribuite la causa degli eventi solo all'influsso delle stelle. Ma se fosse davvero così, sarebbe distrutto il libero arbitrio; e non sarebbe giusto avere la felicità come premio per il bene compiuto, e il dolore come punizione per il male fatto.

«Lo cielo i vostri movimenti inizia» scrive Dante: gli influssi celesti danno un impulso, un'inclinazione agli uomini. Del resto – potremmo aggiungere noi – se solo pochi pensano che gli astri decidano il nostro destino, molti si riconoscono nelle caratteristiche del proprio segno zodiacale: così le vergini sono (o tendono a essere) precise, i leoni ambiziosi, gli scorpioni sensuali, i pesci mutevoli, i sagittari affidabili, i capricorni testardi, i tori volitivi... Insomma, qualcosa di vero ci deve pur essere, ed è stato motivato anche scientificamente: le ore di sole e di luce assorbite dai neonati influenzerebbero il loro carattere.

Ma l'uomo non è mosso solo dalle stelle o dall'istinto o dalla natura. All'uomo è data una luce, la ragione, per distinguere il bene dal male. E gli è data una volontà, per fare quello che la ragione ritiene giusto. «A maggior forza e a miglior natura/ liberi soggiacete»: gli esseri umani sono soggetti alla divinità, che è di natura superiore a quella degli astri. Splendido ossimoro, «liberi soggiacete»: indica l'estrema libertà dell'uomo, quella di riconoscere al di sopra di sé soltanto Dio; che comunque non si impone, si lascia scegliere. E se il mondo devia dalla retta via, se il male esiste, non viene estirpato e anzi cresce, «in voi è la cagione»: la colpa è vostra, anzi nostra.

Torna in mente il dialogo tra i due prigionieri del gulag, raccontato dal grande scrittore Vasilij Grossman, ebreo russo, nel suo «Tutto scorre...». Il primo sostiene che il male non è connaturato all'uomo: «Tutto ciò che è disumano è assurdo e inutile». L'altro crede invece nella «legge di conservazione della violenza»: il male non si crea e non si distrugge, si trasforma; «la storia non esiste, la storia è pestare acqua nel mortaio. L'uomo non evolve dall'infimo al superno, l'uomo è immobile come un blocco di granito. La sua bontà, la sua intelligenza, la sua libertà sono stazionarie: l'umano non si accresce nell'uomo. Che razza di storia è mai quella dell'uomo, se la sua bontà non può crescere?». Il male, insomma, è sempre presente, e assume forme diverse: regimi, guerre, torture, crudeltà, prigionie ingiuste.

«Homo homini lupus» diceva Hobbes, recuperando un antico motto del commediografo latino Plauto: ogni uomo è un lupo per un altro uomo, per il proprio simile. Da questo Hobbes deduceva la necessità che esistesse uno Stato, un sovrano, un'autorità legittima.

Alla stessa conclusione, tre secoli prima, arriva Dante: il potere politico è necessario come limite alla prepotenza e al peccato. E il motivo lo spiega proprio qui, a metà della sua opera, nel mezzo del suo cammino poetico.

L'anima «esce di mano» a Dio – che «la vagheggia prima che sia», l'aveva già pensata, desiderata – come una «fanciulla che piangendo e ridendo pargoleggia». Molti pittori hanno provato a riprodurre il momento in cui Dio dà vita all'uomo: nei mosaici di San Marco l'anima ha le ali come una farfalla; nella volta della Cappella Sistina Michelangelo fa passare il soffio vitale dal dito del creatore a quello di Adamo. Per Dante l'anima è una bambina che piange e ride senza un motivo razionale, solo seguendo l'istinto. È l'«anima semplicetta che sa nulla», ignara di tutto, tranne di una cosa: vuole tornare a ciò che la rende felice. All'inizio prova il gusto di un bene piccolo, come un bambino che desidera più di ogni altra cosa una mela (questo è l'esempio che Dante fa in un'altra sua opera, il Convivio); comincia così l'errore dell'uomo, che insegue i beni materiali, pensando di trovarvi la felicità e la pace che invece avrà soltanto nel ricongiungersi con il creatore.

L'uomo ha quindi bisogno di una legge, come freno, e di un re, come guida, capace di distinguere da lontano la torre della vera città, la città di Dio.

Oggi – dice Marco Lombardo a Dante – le leggi ci

sono; ma chi le applica? Per questo la Terra è corrotta e ingiusta: perché è mal governata. Ai tempi dell'antica Roma, «che 'l buon mondo feo», che ordinò il mondo nel modo migliore, c'erano due soli, due guide che indicavano le due strade: quella del mondo, che conduce alla felicità terrena, e quella di Dio, che porta alla vita eterna. Ma ora un sole, cioè l'autorità del Papa, ha spento l'altro, l'autorità dell'imperatore. La spada è congiunta al pastorale: la Chiesa ha entrambi i poteri, quello temporale e quello spirituale; ed essendo riuniti, l'uno non ha più timore dell'altro. Il Papa, violando la volontà di Dio, usurpa un potere che non gli appartiene; per questo le cose vanno male, specialmente in Italia.

Proprio la fragilità dell'uomo rende necessario il governo, cioè l'esercizio del potere temperato dalle leggi. Etica e politica per Dante vanno insieme, rappresentano due facce della stessa medaglia; due secoli dopo, sarà Machiavelli a scinderle, e a distinguerle. È forse questo il vero motivo per cui Machiavelli non ama Dante e non si riconosce in lui; non il fatto che il poeta avesse denigrato la patria fiorentina, e avesse scritto quelle parolacce che a Machiavelli davano così fastidio.

Nel girone di sotto, tra gli invidiosi, Dante si è scagliato contro i mali della Toscana e della Romagna; ora lamenta quelli della Lombardia, una parola che al tempo indicava genericamente l'Italia del Nord, il «paese ch'Adice e Po riga», la terra bagnata dall'Adige e dal Po. Qui una volta si trovavano «valore e cortesia», prima che cominciassero le guerre tra Federico II e il Papa;

ora qualsiasi malvagio potrebbe attraversarla senza il timore di arrossire di fronte a qualcuno; perché tutti sono malvagi come lui.

Dante individua l'inizio della rovina del Bel Paese nella contesa tra l'imperatore e il Pontefice, per il predominio sulla penisola. Federico amava l'Italia, in particolare il Sud, e lo rivendicava per sé; ma il Papa era abituato a considerarlo una propria pertinenza. La guerra si estese anche alla Toscana e alla pianura padana, dividendo le città tra guelfe – Firenze, Bologna, Milano, Padova – e ghibelline – Pisa, Siena, Arezzo, Verona –, provocando lacerazioni anche all'interno degli stessi Comuni, delle stesse famiglie.

Al Nord – scrive il poeta – ci sono ancora tre galantuomini, tre signori il cui valore suona di rimprovero agli altri; ma sono «tre vecchi», che sperano solo di morire in fretta. I loro nomi, ancora una volta, sono oscuri; e pare curioso che Dante li citi in fondo a un discorso universale, che ha i toni profondi del ragionamento e non quelli accesi dell'invettiva, ma non per questo esclude la partecipazione emotiva e sentimentale dell'autore. Quindi i tre virtuosi citati non possono essere stati scelti a caso.

Sono Corrado dei conti di Palazzo, bresciano; Gherardo da Camino, capitano generale di Treviso; Guido dei Roberti, emiliano di Reggio. Rappresentano quindi le tre regioni, i tre angoli di quello che poi fu chiamato Lombardo-Veneto e oggi Nordest. Dante probabilmente li ha conosciuti tutti e tre: è stato accolto a Treviso; ha vissuto a Verona quando Guido dei Roberti era ospite alla corte degli Scaligeri; ed era ragazzo quando Corrado fu podestà a Firenze.

Ma la loro stagione è finita. Oggi la Chiesa di Roma

«cade nel fango, e sé brutta e la soma»: infanga se stessa e anche il peso che ha voluto portare, il potere politico, e l'Italia stessa. Conclude Dante: ora capisco perché alla tribù di Levi, cui la legge di Mosè riservava il sacerdozio, era vietato possedere o ereditare alcuna parte della terra di Israele; perché le cose spirituali e quelle terrene devono restare separate. Anche per questo il poeta ha messo quattro Papi del suo tempo all'Inferno; e altri due stiamo per incontrarli qui in Purgatorio.

Il congedo di Marco Lombardo è dignitoso e brusco, com'è nel carattere del personaggio, e del suo autore. «Dio sia con voi, ché più non vegno vosco», più non vi accompagno; «me convien partirmi». Già attraverso il fumo si vede «biancheggiare» la luce del sole: siamo giunti alla fine del girone, e l'anima deve restare qui, non può avvicinarsi all'angelo guardiano. Conclude Dante: «Così tornò, e più non volle udirmi».

Tredici
«Né creator né creatura mai fu sanza amore»

Dove Dante chiede a Virgilio la verità sull'amore e scopre che tutti i poeti, da Saffo a Cavalcanti a Guinizzelli, si erano sbagliati

Nelle sue peregrinazioni durante l'esilio, Dante si trovò più volte a passare l'Appennino, vera frontiera interna tra il Nord e il Sud, tra l'Italia padana e quella mediterranea. È accaduto un po' a tutti noi – in auto o in treno, scendendo da Bologna verso Firenze – di vedere la nebbia o le nuvole diradarsi, e lasciar filtrare i raggi di un sole prima timido poi sempre più luminoso, che annuncia la terra della palma e dell'ulivo.

Per darci l'idea della coltre di fumo in cui sono avvolti gli iracondi, Dante la paragona proprio alla nebbia che a volte ci coglie in montagna, attraverso la quale non possiamo scorgere nulla, come la talpa non riesce a vedere attraverso la pelle che le ricopre gli occhi. Ma, seguendo Virgilio, Dante sta per uscire fuori dalla nube, che lascia intravedere gli ultimi raggi del sole. I due poeti sono entrati nel fumo del Purgatorio quando già declinava il pomeriggio; e ora il giorno sta morendo.

Si ripete il fenomeno delle visioni. Dante è di nuovo in estasi; e non lo potrebbero distrarre «mille tube», mille trombe. La sua capacità di concentrazione, del resto, era leggendaria; racconta Boccaccio che un giorno a Siena il poeta era immerso nella lettura di un libro, mentre per le vie della città si celebrava una grande festa, con balli, canti e musiche, senza che lui si accorgesse di nulla. Ora nella sua «fantasia» piovono tre immagini: tre esempi di ira punita.

    La prima è Progne, figlia del re di Atene e moglie del re di Tracia, Tereo, da cui aveva avuto un figlio, Iti. Progne aveva nostalgia di sua sorella, Filomela, e il marito accettò di andare a prenderla ad Atene e di portarla in Tracia. Ma durante il viaggio Tereo fu attratto dalla cognata, per quella misteriosa legge che a volte rende agli occhi degli uomini particolarmente attraenti le sorelle – simili eppure diverse – delle loro donne. Il re si comportò in modo orribile: violentò Filomela; le mozzò la lingua per impedirle di parlare; e, tornato alla reggia, raccontò a Progne che Filomela era morta. Lei però riuscì a far arrivare alla sorella un ricamo, in cui raccontava la storia delle due violenze subite, lo stupro e la mutilazione. Progne e Filomela prepararono una vendetta ancora più orribile: uccisero il piccolo e innocente Iti, prepararono un banchetto e indussero Tereo a mangiare le carni del figlio. Inorriditi, gli dei trasformarono il re in un'upupa, Filomela in una rondine e Progne in un usignolo, che piange con voce melodiosa la propria sventura; e in tale veste appare a Dante.

    La seconda immagine è un uomo crocefisso, dall'aspetto «dispettoso e fero», sprezzante e feroce, che tale resta anche in morte. Non è ovviamente Gesù, bensì Aman, un personaggio biblico. Aman era il primo ministro del re di Persia Assuero (che sarebbe Serse), e quindi l'uomo più potente dell'impero; al punto da stabilire che tutti dovessero inchinarsi davanti a lui. Ma un altro cortigiano, l'ebreo Mardocheo, rifiuta di venerarlo. Indispettito, Aman fa innalzare una forca per impiccarlo – che Dante trasforma in una croce –, e convince Assuero a emanare l'ordine di sterminare tutti gli Ebrei. Così Mardocheo chiede aiuto a sua cugina Ester, la favorita del re. Ester all'inizio esita: non può presentarsi davanti ad Assuero senza permesso. Ma il suo fascino e le sue giuste ragioni prevalgono. Assuero promette che le concederà qualsiasi cosa, sino a metà del regno; lei si accontenta di fermare il genocidio e di denunciare Aman. Il primo ministro sarà impiccato alla forca che aveva eretto per Mardocheo; anzi, nella visione di Dante, inchiodato alla stessa croce. Per celebrare la salvezza, gli Ebrei istituiscono la festa del Purim. Dopo Giuditta che taglia la testa a Oloferne, ecco un'altra donna, Ester, che salva il popolo; proprio come Beatrice ha fatto e farà con Dante.

L'immagine del crocefisso si dissolve, simile a una bolla d'aria che scoppia salendo alla superficie dell'acqua; e nella mente del poeta sorge un'altra visione: una fanciulla che piange sul corpo della madre, morta suicida. È una storia raccontata nell'Eneide. La giovane è Lavinia, figlia del re Latino e della regina Amata. Promessa sposa di Turno, Lavinia viene data dal padre a Enea, per suggellare l'alleanza con i Troiani; ma la regina, affezionata a Turno, si ribella, e si uccide in un accesso d'ira. Lavinia si dispera e quasi la rimprovera: ti sei uccisa per non perdermi, e «or m'hai perduta!». In effetti, noi siamo abituati a pensare che la morte ci porti via le persone amate; l'intuizione di

Dante è capovolgere la prospettiva: chi muore perde tutto, anche i figli; è come se tutto il suo mondo morisse con lui.

Come il sonno s'interrompe quando una luce improvvisa ci ferisce gli occhi, lasciandoci nel dormiveglia, con le ultime immagini del sogno che svaniscono, così Dante è ridestato dallo splendore dell'angelo; il quale lo invita a salire la scala che conduce al girone successivo. I due poeti si affrettano, per varcare la soglia prima che venga buio, mentre si accendono le prime stelle: è l'ora del crepuscolo, che segue il tramonto e precede la notte; quella che fa da sfondo ai quadri di Magritte intitolati «L'impero delle luci».

Dante sente un colpo d'ala cancellargli un'altra P dalla fronte, e ascolta voci cantare, in latino, un altro passo delle beatitudini: «Beati pacifici», beati i portatori di pace, che non conoscono l'«ira mala», l'ira cattiva, poiché saranno chiamati figli di Dio. Esiste infatti anche un'ira buona: l'indignazione dei giusti di fronte al male.

Dante sente le forze venirgli meno. Sospeso in una terra di confine – tra un girone e l'altro, e tra una giornata e quella successiva –, avverte che il momento è propizio non solo per riposare un attimo, ma anche per far parlare Virgilio, e cercare di capire sia ciò che li attende, sia il criterio che ordina il Purgatorio. Per prima cosa, Dante chiede quale peccato sia punito nella cornice in cui stanno entrando.

Il peccato è l'accidia. Virgilio la chiama «l'amor del bene, scemo del suo dover»; l'amore insufficiente per il bene. San Tommaso la definisce «una certa quale tristezza, per cui l'uomo diviene lento nell'attività spirituale a causa del peso della carne».

Ma per capire la causa dell'accidia, come di ogni altra attitudine umana, la parola chiave è amore. Virgilio comincia qui il suo celebre monologo sull'amore, come fonte di tutte le cose, motore del mondo, origine di ogni virtù e di ogni peccato.

> «Né creator né creatura mai»
> cominciò el, «figliuol, fu sanza amore,
> o naturale o d'animo; e tu 'l sai.
> Lo naturale è sempre sanza errore,
> ma l'altro puote errar per malo obietto
> o per troppo o per poco di vigore.»

Né il creatore, Dio, né alcuna delle sue creature sono mai stati senza amore. Dio è amore. L'amore «move il sole e l'altre stelle», come Dante scriverà alla fine della sua opera. L'amore è ciò che ci tiene vivi, ci fa sbagliare, ci esalta. «E tu 'l sai» dice Virgilio a Dante. Un accenno alla sua conoscenza di Aristotele e della filosofia scolastica, è stato scritto; oppure alla meditazione sull'amore che ha animato tutta la sua opera, è stato aggiunto; ma a noi piace pensare che Virgilio si riferisca anche all'amore per Beatrice. Senza l'amore, senza quell'amore che conosce bene, Dante non avrebbe mai scritto la Divina Commedia.

Virgilio distingue tra l'amore «naturale», istintivo, come quello degli animali, e l'amore «d'animo», di libera scelta, che è proprio dell'uomo. L'amore naturale è sempre senza errore: non può sbagliare, perché è dato da Dio. L'amore d'elezione, invece, può essere rivolto al male, oppure può essere rivolto al bene, ma in modo insufficiente o in modo esagerato.

Chi ama Dio e ama con misura i beni materiali non commette peccato. Dante non è moralista: sa che l'uomo non è un angelo; l'uomo è carne e sangue, prova bisogni e desideri; soddisfarli non è di per sé sbagliato, il piacere non è necessariamente cattivo. Ma quando l'amore si dirige verso il male, o va verso il sommo bene con «cura» inferiore al dovuto oppure verso quelli terreni con passione eccessiva, allora l'uomo opera contro Dio.

L'amore per il male può sorgere in tre modi, da cui derivano tre peccati. C'è chi spera di eccellere per l'abbassamento altrui: questa è la superbia. C'è poi chi teme di perdere potere, favore, onore e fama dall'emergere di altri, e quindi desidera la loro rovina: questa è l'invidia. C'è infine chi si adonta per un'offesa ricevuta, al punto da farsi «ghiotto» di vendetta, e da preparare il male del prossimo: questa è l'ira. Superbi, invidiosi e iracondi sono puniti nei tre gironi che Dante ha già visitato. Ora vedrà le cornici dove sono puniti coloro che desiderarono il bene in modo sbagliato, cioè con poco o con troppo vigore.

Ogni uomo concepisce «confusamente» l'idea di un bene supremo, in cui il suo animo possa appagarsi, e subito lo desidera. È un concetto che Dante ha trovato in Platone: l'uomo cerca qualcosa che non ha, ma che deve pur già conoscere in qualche modo; altrimenti non potrebbe cercarla. Il bene supremo è Dio: ogni creatura vorrebbe tornare al creatore. Se l'amore che ci spinge verso Dio è «lento», tardo, allora si commette il peccato di accidia; che è punito nel quarto girone del Purgatorio, dove Dante sta per inoltrarsi.

Vi è poi un altro bene, legato alla materia, «che non fa l'uom felice/; non è felicità, non è la buona/ essenza...». Il poeta si riferisce ai beni terreni, che non danno la felicità. L'amore eccessivo per questi beni imperfetti – il denaro, il cibo, la passione erotica – è punito negli ultimi tre gironi del Purgatorio, dove Dante troverà le anime degli avari, dei golosi, dei lussuriosi.

È notte. Il silenzio del Purgatorio è assoluto. Il maestro ha finito di parlare, e guarda l'allievo per capire se è soddisfatto. Ma Dante ha ancora molto da chiedere: «Però ti prego, dolce padre caro/ che mi dimostri amore, a cui reduci/ ogne buono operare e 'l suo contraro»; mostrami ora razionalmente che cosa sia l'amore, a cui riconduci ogni azione buona o cattiva.

Dante insomma chiede a Virgilio «la verità, vi prego, sull'amore», come nel titolo delle poesie di Auden (diventato in Italia anche il titolo di un film). Quindi l'argomento ci chiama in causa tutti.

Per secoli, i poeti hanno rappresentato l'amore come una forza irresistibile. Eros ti colpisce con le sue frecce, spesso a caso, visto che è bendato; e non puoi farci nulla, l'amore diventa il tuo padrone. «Eros invincibile in guerra» l'ha definito Sofocle. «Omnia vincit amor», l'amore vince tutte le cose, ha aggiunto lo stesso Virgilio. Ma prima ancora l'aveva scritto Saffo, tradotta da Salvatore Quasimodo:

Tramontata è la luna
e le Pleiadi a mezzo della notte;
anche giovinezza già dilegua,
e ora nel mio letto resto sola.
Scuote l'anima mia Eros,

come vento sul monte
che irrompe entro le querce;
e scioglie le membra e le agita,
dolce amara indomabile belva.
Ma a me non ape, non miele;
e soffro e desidero.

«Scuote l'anima mia Eros» è anche il titolo di un bellissimo libro di Eugenio Scalfari, che racconta come, a un certo punto della sua vita, per lui l'amore fosse diviso in due, tra due donne, Simonetta e Serena, e non potesse fare a meno né dell'una, né dell'altra.

L'amore era stato il tema fondamentale di tutta la poesia del Duecento, il secolo che idealmente si chiude proprio con il viaggio ultraterreno di Dante, e quindi con la stesura della Divina Commedia. Tutti i grandi poeti del tempo – il siciliano Jacopo da Lentini, il bolognese Guido Guinizzelli, il fiorentino Guido Cavalcanti – hanno sostenuto più o meno la stessa cosa: l'amore è innato nell'uomo, riposa all'interno del suo animo; e la persona amata lo risveglia. Come ha scritto Cavalcanti alla donna amata: «Voi che per li occhi mi passaste 'l core/ e destaste la mente che dormia...». Tutta la letteratura cortese e stilnovista sostiene che l'amore è irresistibile e irrazionale, e non può essere tenuto a freno dalla ragione.

Ma Virgilio – almeno il Virgilio che parla qui nel Purgatorio – non è d'accordo. I poeti che Dante ha tanto amato sono «ciechi che si fanno duci», ciechi che pretendono di fare da guida; noi diremmo cattivi maestri. E ora Virgilio spiega come stanno davvero le cose; o, meglio, Dante racconta la verità cui è arrivato, al prezzo di contraddire tutto quanto ha scritto finora nella sua vita.

L'animo umano, che è creato per amare, si dirige verso ogni cosa che gli piace. L'amore sgorga alla vista della persona o della cosa amata; e fin qui ci siamo, Dante la pensa come i suoi illustri predecessori. Come il fuoco si dirige verso l'alto, poiché è creato con la tendenza a salire, allo stesso modo l'animo innamorato desidera unirsi a ciò che ama, e non trova pace fino a quando non soddisfa il proprio desiderio.

Ma non è vero, a differenza di quanto cantavano i trovatori o scrivevano gli autori dei romanzi cavallereschi, che ogni amore è per se stesso «laudabil cosa», cosa lodevole. È buona l'inclinazione, ma non è detto che sia buona ogni forma in cui si realizza; alla maniera in cui, se la cera è buona, non per questo è buono qualsiasi sigillo vi si imprima. Esistono sigilli falsi, che fanno sembrare vere lettere o carte che in realtà non lo sono. Allo stesso modo, potremmo aggiungere noi, esistono amori sbagliati, violenti, malsani: troppe donne in particolare perdono tempo con uomini che non le meritano e non le valgono. Ed esistono passioni distruttive, come quelle per la droga, o passioni che possono distruggere quando diventano smodate: quelle per l'alcol, per il gioco d'azzardo, per il cibo, per i videogame, per le scommesse; e anche il narcisismo da social può farci molto male, sino a trascinarci fuori da noi stessi.

Qui Dante però avanza un altro dubbio. Se l'amore è provocato in noi da cose che sono al di fuori di noi, e se l'amore è irresistibile e invincibile, quale colpa o quale merito ha la nostra anima se si muove in modo giusto o sbagliato? In altre parole: se l'amore è fatale e ineluttabile, come può esserci qualcosa di male ad amare? Come può l'amore essere peccato? Per quale motivo Paolo e Francesca sono all'Inferno, se non hanno fatto altro che assecondare la loro inclinazione, realizzare il loro desiderio? E come mai tanti soffrono per il malamore, per amori sbagliati?

Dante è eterno, i sentimenti che racconta e le questioni che pone ci riguardano; e quindi non dobbiamo avere timore di trasportare le sue domande nel nostro tempo. Quello che vale per Paolo e Francesca vale anche per le storie d'amore e morte che leggevano le nostre mamme sui rotocalchi: perché Anna Magnani si innamora perdutamente di Roberto Rossellini, che la sostituisce nella vita e nell'arte con Ingrid Bergman, al punto da far diventare bionda e nordica – da bruna e mediterranea – la protagonista del suo nuovo film? Perché Maria Callas, la voce di Dio, si abbandona ad Aristotele Onassis che la distrugge? E perché ogni giorno, da sempre e per sempre, milioni di donne e di uomini inseguono, con tutta la propria passione, cause e persone sbagliate?

Qui Virgilio mette subito le mani avanti: lui può dire quel che sa la ragione; di quanto è materia di fede, parlerà Beatrice in Paradiso. Virgilio è la filosofia; Beatrice è la teologia. Non sono in contrasto; la seconda completa e supera la prima. Ascoltiamo quindi la spiegazione filosofica con cui Virgilio confuta l'idea stilnovista (ma anche classica) dell'amore. Dante ci chiede uno sforzo intellettuale; che ci renderà più consapevoli di noi stessi, di chi siamo davvero.

Ognuno di noi viene al mondo con un'anima razionale, con la capacità di intendere e volere, di cui ci accorgiamo solo quando si manifesta: come le foglie verdi testimoniano che una pianta è viva. Per natura, la nostra anima tende al bene e al bello, perché viene da Dio; proprio come l'ape, che fa il miele senza necessità che qualcuno glielo insegni. Per farsi capire meglio, Dante ha paragonato la nostra natura prima al fuoco, poi agli alberi, e ora agli animali.

L'amore, come ci siamo detti, muove ogni essere vivente. Ma l'uomo ha anche la ragione, per distinguere il bene dal male; e la libertà, per scegliere tra l'uno e l'altro. Ognuno di noi possiede il libero arbitrio; e il libero arbitrio è il custode del nostro cuore, decide chi può entrarvi e chi no.

Ci sono «buoni e rei amori», amori giusti e amori sbagliati. I filosofi antichi, «che ragionando andaro al fondo», che usando la ragione tentarono di penetrare l'essenza delle cose, lasciarono in eredità al mondo la dottrina morale; e qui Dante pensa all'Etica di Aristotele, come gliel'aveva insegnata il suo maestro Brunetto Latini. Ammettiamo che ogni amore, buono o cattivo, sia necessario; l'uomo però ha sempre il potere di trattenerlo dentro di sé, o di respingerlo.

Qui è il superamento dell'«amor ch'a nullo amato amar perdona», che non consente a nessun amato di non riamare a sua volta. Ecco perché Francesca è all'Inferno. Il poeta si sente vicino a lei, al punto da svenire per il dolore e la pietà, dopo aver ascoltato il suo racconto; eppure la condanna. Ed ecco perché Dante, in una sua pagina in prosa, ha scritto che la libertà di scegliere «è il più grande dono fatto da Dio alla natura umana; perché grazie ad esso siamo felici sulla terra come uomini, e in cielo come dei».

Anche se a noi resta un ultimo dubbio. Dante, nel suo immedesimarsi totale nella nostra natura e in ognuno di noi, tende a parlare dell'uomo come se fossimo tutti vincolati alle stesse leggi. Come se esistesse l'Uomo: una natura comune, cui tutti partecipiamo. Quasi l'idea platonica di uomo. Mentre il relativismo che segna il nostro tempo (e contro cui si batteva Papa Ratzinger) ci dice che non esiste l'Uomo, ma gli uomini; che sono uno diverso dall'altro, riconoscono diversi valori, soggiacciono a diverse leggi. In ogni caso, conclude Virgilio, ne riparlerai con Beatrice; e, come sempre quando sente il nome della donna amata, Dante si quieta, e trova pace.

È quasi mezzanotte. La luna si innalza nel cielo, come un paiolo di rame ardente, e fa «parer più rade» le stelle, ne offusca la luce. Ora l'astro è nella costellazione che il sole occupa quando gli abitanti di Roma lo vedono tramontare tra la Sardegna e la Corsica; il che accade a novembre, quindi la costellazione è il Sagittario. In questa indicazione gli astronomi trovano conferma che il viaggio ultraterreno di Dante è iniziato da cinque giorni, in base a calcoli complicatissimi che vi risparmio; un po' perché non li ho capiti, un po' perché siamo tutti provati dalla discussione sull'amore. Dante lo sa, e con un gesto di empatia ci informa che pure lui è stanco, anzi «sonnolento».

> Ma questa sonnolenza mi fu tolta
> subitamente da gente che dopo
> le nostre spalle a noi era già volta.

Dante non riesce a addormentarsi perché all'improvviso, sbucando da dietro le sue spalle, fa irruzione una «furia», una «calca», una «turba». Sono anime condannate a correre, senza mai fermarsi: come cavalli imbizzarriti, come i Tebani che si abbandonavano a notturne scorribande orgiastiche in onore del loro protettore, Dioniso. Una corsa di ombre.

Sono gli accidiosi, spronati dal «buon volere» e dal «giusto amor», dalla buona volontà e dall'amore per il bene; mentre in vita furono lenti e tardi. Dante non si dilunga a parlare di loro, un po' come all'Inferno aveva quasi evitato gli ignavi: «Non ragioniam di lor, ma guarda e passa». Non ama le zone grigie. Per un'anima accesa come la sua, non ci sono personaggi più spiacevoli degli esitanti che non prendono posizione, non si battono, e aspettano di vedere come va a finire.

Le prime due anime della schiera gridano piangendo: «Maria corse con fretta alla montagna»; «Cesare, per soggiogare Ilerda,/ punse Marsilia e poi corse in Ispagna». Sono due esempi di sollecitudine, il contrario dell'accidia. Il primo è tratto dai Vangeli: la Madonna, saputo dall'angelo che la cugina Elisabetta – ormai anziana – aspettava un bambino, si affrettò a recarsi da lei, sui monti di Hebron, per assisterla. Il secondo è preso dalla storia romana: Cesare abbandonò l'assedio di Marsiglia, affidandolo a un luogotenente, per correre in Spagna e prendere di sorpresa le truppe del rivale Pompeo, sconfitte nella battaglia di Ilerda (oggi Lérida). Maria simboleggia la Chiesa, Cesare l'Impero: le due autorità cui spetta il compito di reggere il mondo, nell'ambito spirituale e in quello temporale.

Nella folla degli accidiosi, Dante non riconosce nessuno. Soltanto un personaggio si fa avanti: «Io fui abate in San Zeno a Verona/ sotto lo 'mperio del buon Barbarossa,/ di cui dolente ancor Milan ragiona».

Fa una certa impressione leggere che Dante definisce «buono» Federico Barbarossa; tanto più che subito ricorda la distruzione di Milano (1162), dove ancora si parla con dolore del tedesco che la rase al suolo. Ma Barbarossa era pur sempre l'imperatore. Il poeta era stato a Milano proprio per rendere omaggio a Enrico VII; e nell'Epistola ai fiorentini invita i compatrioti a non opporsi all'imperatore, se non vogliono fare la fine dei milanesi.

Il personaggio che ha preso la parola non dice il proprio nome; si limita a ricordare di essere stato abate a San Zeno, la splendida basilica romanica subito fuori le mura di Verona, in riva all'Adige. La facciata ancora oggi custodisce qualche frammento di un Giudizio Universale: tra i dannati si vedono un vescovo, un re, alcune donne e un giovane che tira la barba al diavolo. E una formella a lato del portale raffigura la leggendaria morte di Teodorico, il re barbaro che – come farà secoli dopo il Barbarossa – invase e tentò di conquistare l'Italia. Saputo che nel bosco era stata avvistata una cerva dalle corna d'oro, Teodorico si inoltrò fra gli alberi per darle la caccia; ma il suo cavallo si lanciò in una corsa pazza, fino al cratere dell'Etna, e vi saltò dentro, trascinando nella lava pure il cavaliere. La storia ispirò Carducci, che le dedicò un poemetto, sostituendo però l'Etna con Vulcano: una delle isole Eolie, montagne coniche che sorgono dal mare, un po' come la montagna del Purgatorio. In realtà, Teodorico fu sepolto nel mausoleo che porta il suo nome, a Ravenna; la città in cui riposa Dante.

Ai tempi di Federico Barbarossa, l'abate di San Zeno era tal Gherardo II. Non è chiaro se sia lui il personaggio in questione: l'unico che si staglia dalla massa informe degli accidiosi, per annunciare una profezia funesta. C'è un uomo che «ha già l'un piè dentro la fossa» – altra espressione dantesca che usiamo ancora oggi –, che sta insomma per morire, e dovrà pentirsi di aver avuto potere sul monastero di San Zeno; perché ha imposto come abate il proprio figlio, Giuseppe, nonostante fosse mal nato, menomato nel corpo, e «de la mente peggio». Qui Dante è quasi feroce. L'uomo che ha già un piede nella fossa è Alberto della Scala, signore di Verona. Ha imposto come abate di San Zeno un bastardo, sciancato, dall'anima peggiore ancora del corpo. I commentatori annotano che il diritto canonico escludeva dalle cariche ecclesiastiche i figli illegittimi, gli storpi e i viziosi.

Resta da capire perché Dante attacchi così gli Scaligeri: Alberto è il padre di Cangrande della Scala, di cui invece si parlerà benissimo in Paradiso, come del fratello Bartolomeo. I soggiorni veronesi di Dante sono due: il primo non dev'essere andato così bene; nel secondo il poeta si trovò decisamente meglio. Il Purgatorio però l'aveva già scritto; e giustamente non ritenne di doverlo cambiare. E poi il senso di questo passo è che i sovrani non dovrebbero immischiarsi nelle cose religiose, proprio come i Papi non dovrebbero usurpare il potere politico.

Mentre parlava, l'anima dell'abate ha continuato a correre; e ora si è già allontanata, tanto che Dante non riesce più a distinguere le sue parole: «Io non so se più disse o s'ei si tacque,/ tant' era già di là da noi trascorso;/ ma questo intesi, e ritener mi piacque».

La corsa delle ombre è chiusa da due anime che raccontano due storie di accidia punita. Gli Ebrei, stanchi per la lunga traversata del deserto, si ribellarono a Mosè, e furono condannati a morire – tranne Giosuè e Caleb – prima di entrare nella Terra Promessa; e la loro negligenza simboleggia quella dell'intero genere umano, che smarrisce la propria patria spirituale, Dio stesso. Una parte dei Troiani si rifiutarono di seguire Enea nelle sue peregrinazioni; preferirono fermarsi in Sicilia, ma in questo modo si condannarono a una vita senza gloria, rinunciando alla grande missione di fondare Roma.

Ora le ombre degli accidiosi si sono allontanate. Nella mente di Dante si fa strada un nuovo pensiero, da cui ne scaturiscono molti; e vagando da uno all'altro, «'l pensamento in sogno trasmutai». Dante è affascinato dal mistero del sonno e del risveglio. E in un solo verso racconta la nostra esperienza di ogni sera, quando al momento di addormentarci affastelliamo i ricordi della giornata trascorsa e i pensieri di quella che ci attende; senza riuscire a metterli a fuoco, perché il vagare della mente è interrotto e pacificato dal sonno.

Quattordici

«Vidi che lì non s'acquetava il core»

Dove Dante resiste alla sirena, trova tra gli avari il Papa che regnò solo un mese e il re che fondò la maledetta casata di Francia, e viene sorpreso dal terremoto

Dante finalmente ha preso sonno. È notte nel Purgatorio. L'atmosfera è sospesa, incantata. È l'ora in cui il calore della Terra non può più mitigare il freddo che viene dalla luna e da Saturno. L'ora in cui i geomanti – splendida parola, che indica gli indovini che traevano le loro profezie dai segni di Ghea, la Terra – vedono nel cielo orientale le stelle che compongono la figura della Maggior Fortuna: sono gli ultimi astri dell'Acquario e i primi dei Pesci. Dante come di consueto trova un modo evocativo per dirci che manca poco all'alba: sono più o meno le quattro del mattino.

Come già era accaduto nella valletta dei principi, e come accadrà prima dell'ingresso nel Paradiso terrestre, Dante sogna. Vede, o crede di vedere, «una femmina balba», una donna balbuziente, «ne li occhi guercia, e sovra i piè distorta,/ con le man monche, e di colore scialba»: guercia, storpia, le mani mozze, sbiadito il viso. Tutte le qualità del corpo femminile sono stravolte; eppure lo sguardo di Dante, come ingannato da un incantesimo, le risana. La lingua della femmina si fa sciolta ed efficace; lo sguardo, i piedi, le mani si raddrizzano; il volto si tinge di un colore che fa innamorare. E lei comincia a cantare, in modo così soave da avvincere il poeta:

> «Io son», cantava, «io son dolce serena,
>   che ' marinari in mezzo mar dismago;
>   tanto son di piacere a sentir piena!
> Io volsi Ulisse del suo cammin vago
>   al canto mio; e qual meco s'aùsa,
>   rado sen parte; sì tutto l'appago!».

È una sirena, che incanta i marinai in mezzo al mare, tanto è piacevole ascoltarla. Con il proprio canto fece deviare Ulisse dal suo cammino errabondo; e chi si abitua a vivere con lei, ben di rado riesce a sottrarsene.

Il mito della sirena, che affascina i naviganti e li porta alla morte, è già nell'Odissea, e arriva sino alla Sirenetta di Andersen (che però è buona) attraverso i portali delle chiese medievali, dove spesso sono ritratte figure metà donna e metà pesce (o uccello). La leggenda del canto ammaliante che conduce alla perdizione si adattava alla morale cristiana contro le tentazioni. Proprio questo la sirena dantesca rappresenta: l'inganno dei beni terreni, che seducono gli uomini e nel contempo li illudono, perché non è lì la vera felicità. E il poeta sta per entrare nei gironi dove sono puniti coloro che inseguirono il denaro e il potere, o il cibo e il vino, o la passione amorosa, confondendo il piacere con la beatitudine. La dolcezza del canto della sirena è irresistibile, ma fatale: come i «dolci sospiri» che hanno condotto Paolo e Francesca all'Inferno.

Ma ecco apparire in sogno a Dante un'altra donna, «santa e presta», che grida: «O Virgilio, Virgilio, chi è questa?». Virgilio afferra la sirena, ne straccia le vesti e ne rivela il ventre; e il «puzzo» che ne esce è tale da svegliare Dante. La sua guida è lì, che lo esorta: ti ho chiamato tre volte, gli dice Virgilio; «surgi e vieni», che ricorda l'«alzati e cammina» con cui Gesù nel Vangelo risana il paralitico e resuscita Lazzaro.

Non è chiaro chi sia la «donna santa» del sogno. Qualcuno ha pensato a Beatrice, o a Lucia; ma se Dante avesse voluto indicare loro, le avrebbe nominate, come ha fatto e farà. È una creatura del Cielo, che viene a riportare il poeta sulla «diritta via».

Resta un problema: non è vero che le sirene abbiano distolto Ulisse dal suo cammino, come scrive Dante. Tutti ricordiamo che, al contrario, Ulisse chiuse con la cera le orecchie dei suoi uomini, per metterli al riparo dalle lusinghe, e si fece legare all'albero della nave, per ascoltare le sirene e appagare così la propria curiosità, ma solo dopo aver ordinato ai compagni di non slegarlo per nessun motivo. Dante però non poteva avere letto l'Odissea. Conosceva l'episodio per averlo trovato nelle pagine di Cicerone; che non racconta come la storia sia andata a finire. Eppure è difficile che Dante non sapesse che Ulisse alla fine resiste alla tentazione. Allora perché fa dire alla sirena di essere riuscita a deviare il suo viaggio?

Qualcuno ipotizza che fosse una sirena pure Circe, la maga che trattenne Ulisse per più di un anno presso di sé, trasformando i suoi marinai in porci. Ma forse potrebbe essere una vanteria della sirena, raccontare – mentendo – di aver stregato persino Ulisse con il suo canto.

Proprio «antica strega» la chiama Virgilio: Dante ha visto in sogno con quanta facilità la seduzione dei beni terreni incanti l'uomo, ma anche come l'uomo possa liberarsene. È tempo di battere i piedi a terra, scuotere la polvere dei propri pensieri, e rivolgere lo sguardo alle sfere celesti.

Così il poeta, che prima camminava curvo come «mezzo arco di ponte», si protende verso l'alto: come un falcone che seguendo il gesto del falconiere si innalza tra le nuvole, a caccia della preda.

Si ripete il rito che scandisce il passaggio di girone. Un angelo invita Dante ad avvicinarsi, parlando in un «modo soave e benigno» che non si sente nella nostra vita mortale. Con ali «di cigno» cancella la quarta P dalla sua fronte, quella che simboleggia il peccato dell'accidia, e proclama una beatitudine evangelica: «Beati coloro che piangono, poiché saranno consolati».

Dante può così salire nel quinto girone, dove sono puniti gli avari e i prodighi. E subito vede gente in lacrime, «giacendo a terra tutta volta in giuso»: distesa bocconi, a raffigurare l'attaccamento fisico alle cose terrene. Non sapendo a chi rivolgersi, Virgilio chiede a voce alta indicazioni sul cammino; e si sente rispondere di girare intorno alla montagna tenendo sempre la destra.

È Dante a interrogare l'anima che ha parlato: qual è il suo nome? E perché è costretta a stare così a faccia in giù? L'anima risponde con un linguaggio prima colloquiale, poi solenne: «Perché i nostri diretri/ rivolga il cielo a sé, saprai; ma prima/ *scias quod ego fui successor Petri*», sappi che io fui successore di Pietro.

«Diretri» è una parola che indica semplicemente la parte posteriore del corpo; però colpisce comunque che Dante faccia rimare «diretri» con «Petri», il genitivo di Pietro. Lo spirito spiegherà a Dante perché è costretto a giacere in quella posizione; ma innanzitutto vuol dire di essere stato un Papa. E lo dice in latino, la lingua ufficiale della Chiesa, come a ribadire la propria antica dignità; contraddetta in morte dalla posizione umiliante in cui lo costringe il suo peccato.

Per prima cosa, l'anima del Pontefice descrive il luogo da cui viene. Tra Sestri e Chiavari, sulla Riviera ligure di Levante, scende «una fiumana bella», il torrente Lavagna, da cui trae origine il titolo nobiliare della sua famiglia.

Il Papa che sta parlando è Ottobuono dei Fieschi, conte di Lavagna, eletto nel 1276 con il nome di Adriano V. Il suo racconto è tra i più straordinari della Divina Commedia; se fosse stato all'Inferno, sarebbe senz'altro più conosciuto. Adriano è invece tra i pochi Pontefici del tempo che il poeta abbia salvato, sia pure relegandolo qui in Purgatorio.

Dante lo colloca tra gli avari per l'attaccamento non tanto al denaro, quanto al potere. Il suo regno durò poco più di un mese, dall'11 luglio al 18 agosto. Ma in quei pochi giorni Adriano provò quanto sia pesante la dignità papale, per chi voglia preservarla dal peccato; al confronto le altre cariche sono leggere come piume. Arrivato alla massima gloria, capì che neppure quella bastava al suo cuore. Si sentì come Alessandro Magno di fronte all'oceano Indiano, nella canzone di Roberto Vecchioni: più in là non si poteva conquistare niente; e quindi tutto era stato inutile, e nessuna cosa poteva appagare la sua ambizione. Papa Adriano comprese allora quanto si fosse ingannato; si rese conto di quanto «bugiarda» sia la vita mortale, e si innamorò di quella ultraterrena; così si convertì, appena in tempo per non finire dannato.

Sono versi splendidi, che molti di noi – me compreso – avevano dimenticato dai tempi della scuola, e che vale la pena rileggere:

«Un mese è poco più prova' io come
　pesa il gran manto a chi dal fango il guarda,
　che piuma sembran tutte l'altre some.
La mia conversone, omè!, fu tarda;
　ma, come fatto fui roman pastore,
　così scopersi la vita bugiarda.
Vidi che lì non s'acquetava il core,
　né più salir potiesi in quella vita;
　per che di questa in me s'accese amore.
Fino a quel punto misera e partita
　da Dio anima fui, del tutto avara;
　or, come vedi, qui ne son punita».

Se altre pene sono più dure, nessuna è più umiliante di questa, dice il Papa: come nel mondo i nostri occhi furono sempre rivolti in basso, così ora sono quasi sprofondati nella terra; e come l'avarizia spense nei nostri cuori l'amore per il bene, impedendoci di compiere azioni buone, così nel Purgatorio siamo legati e avvinti mani e piedi.

Peggiore ancora era la condizione dei Papi simoniaci. Il poeta immagina che Niccolò III – Giovanni Gaetano Orsini, che aveva messo i beni della Chiesa a disposizione degli «orsatti», i suoi parenti – sia all'Inferno, conficcato nella terra come un palo, a faccia in giù, e di lui spuntino solo le gambe; la stessa fine faranno

Bonifacio VIII, il grande nemico di Dante, e Clemente IV, il Papa francese che ha scomunicato Manfredi e ne ha fatto riesumare e disperdere le ossa. All'Inferno c'è anche un quarto Papa: Celestino V, «che fece per viltade il gran rifiuto», che si dimise aprendo la strada proprio a Bonifacio VIII.

Dante è convinto che il Pontefice debba essere un'autorità spirituale non un sovrano assoluto. Però ha grande rispetto per la carica. Infatti qui nel Purgatorio si inginocchia davanti all'ombra di Adriano V. Ma quando il Papa se ne accorge – senza vedere Dante, solo ascoltando la sua voce, che sente più vicina all'orecchio –, quasi gli grida di alzarsi: «Drizza le gambe, lèvati su, frate!». Adesso Adriano V è solo un «conservo», un compagno di servitù, devoto come Dante e come tutti gli uomini «ad una podestate», allo stesso potere: Dio. E per spiegarne la ragione, il Papa cita un passo del Vangelo.

Per mettere in difficoltà Gesù che parlava della resurrezione e della vita eterna, i suoi avversari gli chiedono: se una donna ha avuto sette mariti, morti uno dopo l'altro, di chi sarà la moglie nell'Aldilà? E Gesù risponde che nell'Aldilà non ci saranno né mogli né mariti, ma «tutti saranno come angeli di Dio in cielo». Sono parole che possono suonare crudeli – ognuno di noi spera di rivedere le persone care –, ma in realtà significano un'altra cosa: il matrimonio, come il sacerdozio e financo il Papato, ha una funzione limitata alla vita dell'uomo sulla Terra. Nell'Aldilà il Papa è un'anima uguale alle altre; e non ha più diritto a particolari reverenze.

Per questo Adriano V fa alzare Dante, e gli chiede una cortesia. Tra i vivi gli è rimasta una sola persona:

una nipote, Alagia, figlia di suo fratello e moglie del marchese Moroello Malaspina, signore della Lunigiana. Dante deve averla conosciuta, durante il suo soggiorno alla corte appunto dei Malaspina; per questo ne parla bene, la definisce «buona da sé», di suo, di indole naturale, nonostante sia cresciuta nella casata «malvagia» dei Fieschi. Il Papa chiede a Dante di far pregare Alagia per lui. E ancora una volta le anime del Purgatorio si raccomandano a una donna. Manfredi si è affidato alla figlia Costanza, «la mia buona Costanza»; Nino Visconti alla piccola Giovanna, «Giovanna mia». Come sempre, sono le donne a custodire la famiglia, a vegliare sulla memoria, a salvare il genere umano.

Un Papa che regna poco più di un mese ricorda a noi contemporanei la dolce figura di Albino Luciani, eletto successore di Pietro il 26 agosto 1978, e morto il 28 settembre, dopo trentatré giorni di pontificato.

Quella del 1978 fu l'estate dei tre Papi. Il 6 agosto se n'era andato Paolo VI, prostrato dalla morte del suo amico Aldo Moro. A ottobre sarebbe arrivato un leone come Giovanni Paolo II, il Papa straniero che sconfiggerà il comunismo e aprirà il fronte contro il capitalismo selvaggio. In mezzo, il sorriso breve di Papa Luciani.

Era un prete veneto, e tale era rimasto, anche quando l'avevano nominato patriarca di Venezia. Si affacciò sul mondo con tratto soave. Volle chiamarsi Giovanni Paolo, per onorare entrambi i suoi predecessori, Paolo VI e il Papa bergamasco Giovanni XXIII. Disse che Dio non era solo padre ma anche e soprattutto madre, anzi mamma. Qualcuno rise di lui. Altri lo ritennero pericoloso: intendeva mettere mano allo Ior, la banca del Vaticano, che accoglieva volentieri capitali di qualsiasi provenienza. Anche per questo fiorì una leggenda nera sulla sua morte improvvisa.

Albino Luciani fu trovato cadavere da una suora alle cinque e mezzo del mattino, ma il Vaticano comunicò che la scoperta era stata fatta dal suo segretario: appariva sconveniente il pensiero che una donna entrasse di propria iniziativa nella stanza del Pontefice. Questo falso alimentò le voci. Scrissero che il Papa era stato avvelenato. Chi vide il suo corpo testimonia che i segni dell'infarto erano evidenti; comunque l'autopsia non fu mai eseguita. Si disse che suor Lucia, la veggente di Fátima, gli avesse predetto l'elezione e la morte improvvisa. Il libro in cui David Yallop sostiene la tesi dell'omicidio, «In nome di Dio», è un long seller internazionale.

Ma le cose spesso sono più semplici di come vengono raccontate. Giovanni Paolo I sperimentò quel che aveva detto a Dante Adriano V: nessun manto pesa più di quello papale, se chi lo indossa vuole mantenerlo pulito dal fango. Il giorno dei funerali, il 4 ottobre, piazza San Pietro era piena, i fedeli sinceramente commossi. Albino Luciani riposa nelle grotte vaticane, sotto la basilica. È stato detto che lo Spirito Santo dà a ogni epoca il Papa adatto; e quindi anche i trentatré giorni di Giovanni Paolo I, come quelli di Adriano V, sono stati preziosi e hanno avuto un senso.

Dopo un Papa pentito, Dante sta per incontrare un re indignato con i propri discendenti. I due poteri, quello spirituale e quello temporale, sono fianco a fianco nel girone degli avari, tra «la gente che fonde a goccia a goccia/ per li occhi il mal che tutto 'l mondo occupa».

Dante avanza radente alla roccia, facendo attenzione a non calpestare le ombre, come un soldato che percorre la camminata di ronda, stretto ai merli di un castello.

Lo spettacolo delle anime obbligate a restare con la faccia a terra, senza poter vedere nulla e nessuno, è devastante. Il poeta le sente «pietosamente piangere e lagnarsi». Per questo gli viene spontaneo maledire la lupa simbolo dell'avarizia, la stessa fiera che nel primo canto dell'Inferno gli aveva sbarrato la strada: «Maladetta sie tu, antica lupa,/ che più che tutte l'altre bestie hai preda/ per la tua fame sanza fine cupa!». Più di ogni altro vizio, la cupidigia riesce a impadronirsi dei cuori degli uomini; e ancora non si vede all'orizzonte il «veltro», il cane che caccerà la lupa e la rimanderà nell'Inferno.

Tra i pianti, Dante distingue una voce che, come usavano fare al tempo le donne durante il parto, invoca la Madonna – «dolce Maria!» –, ricordando che fu tanto povera da deporre il figlio in una mangiatoia. La stessa voce loda poi la scelta di Fabrizio, che preferì essere virtuoso e povero piuttosto che vizioso e ricco. Il riferimento è al console romano Caio Fabrizio, che per due volte rifiutò di farsi corrompere dai nemici di Roma: prima dai Sanniti, poi da Pirro. Vittorioso in battaglia, quando morì non possedeva nulla; e la Repubblica dovette provvedere ai suoi funerali.

Questa storia piace molto a Dante, che si sporge per capire da quale anima venga la voce; così la ascolta raccontare un'altra vicenda, quella di san Nicola, il patrono di Bari. Saputo che un gentiluomo era caduto in miseria, al punto da aver deciso di far prostituire le tre figlie pur di sfamarle, Nicola andò di notte per tre volte in quella casa, facendo passare dalla finestra tre sacchi d'oro, con cui il padre poté pagare la dote delle fanciulle e farle sposare.

Ora però Dante vuole sapere chi sia l'anima che racconta queste storie, in cui viene premiata non tanto la povertà, quanto la generosità e il distacco dai beni materiali; e si offre di procurarle preghiere sulla Terra, dove tornerà a «compier lo cammin corto/ di quella vita ch'al termine vola».

Ma l'anima misteriosa subito risponde che non si aspetta nulla dai suoi discendenti: «Io fui radice de la mala pianta/ che la terra cristiana tutta aduggia,/ sì che buon frutto rado se ne schianta».

La «mala pianta» che estende il proprio influsso malvagio sull'intera cristianità è la famiglia del re di Francia; e l'anima che sta parlando è quella del capostipite, Ugo Capeto, da Dante storpiato in Ugo Ciappetta. E perché il suo nome suoni subito chiaro ai lettori, il poeta gli fa dire: «Di me son nati i Filippi e i Luigi», i sovrani che hanno governato la Francia negli ultimi secoli.

«Figliuol fu' io d'un beccaio di Parigi»: Ugo Capeto dichiara di essere figlio di un macellaio. Il poeta presta fede a un'antica leggenda, diffusa dai ghibellini per screditare la monarchia francese, nemica dell'Impero e alleata del Papa. In realtà, Ugo Capeto era figlio del duca di Borgogna, che già governava la Francia per conto degli ultimi re carolingi. Quando la vecchia dinastia si estinse, il duca si ritrovò «d'amici pieno», pieno di sostenitori, come accade agli uomini in ascesa; e ne approfittò per far incoronare il rampollo nella cattedrale di Reims, dove da allora furono consacrati i sovrani di Francia.

Tuttavia, non è disdicevole pensare che il figlio di un macellaio sia salito sul trono. Lo si racconta anche dei Savoia: il primogenito di re Carlo Alberto sarebbe morto in culla, nell'incendio della villa di Poggio Reale vicino a Firenze, e sarebbe stato scambiato nottetempo con il figlio di un macellaio d'Oltrarno; destinato a diventare il primo re d'Italia, con il nome di Vittorio Emanuele II. Una leggenda, cui però credevano in molti, compreso Massimo D'Azeglio. Carlo Alberto era alto due metri, magro, sofferente, tormentato, tanto da punirsi con il cilicio; Vittorio Emanuele II era basso, tozzo, grassoccio, gaudente, amante dei piaceri e delle donne. Di sicuro erano macellai sia i Bentivoglio, divenuti signori di Bologna, sia i Carracci, grandi pittori: lo amava ricordare Giorgio Guazzaloca, che nel 1999 strappò per la prima e l'ultima volta il Comune di Bologna alla sinistra, dopo una vita passata in bottega, prima come garzone, poi come proprietario, infine come sindacalista dei macellai e dei commercianti; e anche se da tempo non tagliava più una fettina di carne, non aveva mai disimparato a farlo.

Fatto sta che Ugo Capeto, «figliuol d'un beccaio», è salvo in Purgatorio: dove parla malissimo dei suoi eredi. Il Regno di Francia è sorto «con forza e con menzogna», assemblando territori altrui, come la Provenza, la Normandia, la Guascogna, le Fiandre (di cui Dante ricorda le città, riportandone i nomi italianizzati: Doagio per Douai, Lilla per Lille, Guanto per Gand, Bruggia per Bruges); ma i fiamminghi si prenderanno una clamorosa vendetta, sconfiggendo i francesi. E qui cominciano le profezie di Ugo Capeto, che parla di eventi accaduti dopo il 1300, dopo il viaggio ultraterreno della Divina Commedia; quindi ignoti al Dante personaggio che visita il Purgatorio, ma ben conosciuti dal Dante autore, che il Purgatorio lo scrive.

Della casata reale fanno parte anche tre principi, tutti e tre di nome Carlo, tutti e tre destinati a scendere in Italia alla ricerca di ricchezze e potere. Il primo, Carlo d'Angiò, è stato chiamato dal Papa per sottrarre agli Svevi, cioè all'Impero, il Mezzogiorno: Dante ricorda il crudele sopruso con cui fece uccidere Corradino, nipote di Federico II e quindi suo legittimo erede. Appena sedicenne, Corradino fu decapitato sulla piazza del Mercato di Napoli; e il delitto commosse tutta l'Italia. A Carlo d'Angiò Dante attribuisce un altro crimine: aver fatto avvelenare san Tommaso d'Aquino, deciso a denunciare davanti al Papa le sue malefatte. Il francese gli avrebbe chiesto: «Fra' Tommaso, cosa direte di me al Papa?». E il santo gli avrebbe risposto: «La verità». Per questo Carlo avrebbe ordinato al medico di corte di sciogliere certe pillole nelle bevande destinate a Tommaso. Ora noi sappiamo che quest'accusa è con ogni probabilità ingiusta. Nacque un po' per screditare ulteriormente gli Angioini, un po' per spiegare il mistero della morte del Dottore di Aquino. Uomo di enorme energia intellettuale, al punto da dettare le proprie opere contemporaneamente a sette scrivani, fu colto da una depressione improvvisa. A un discepolo confidò di aver avuto una rivelazione clamorosa: «Tutto ciò che ho scritto mi sembra paglia in confronto a quanto ho visto». Dopo di che il santo rifiutò il cibo e si lasciò morire.

Ma, poco tempo dopo il viaggio ultraterreno di Dante, ecco un altro Carlo scendere in Italia. Carlo di Valois, fratello del re di Francia Filippo il Bello, nel 1301 arriva a Firenze quasi senza esercito, ufficialmente per fare da paciere tra Bianchi e Neri, su incarico del Papa, il famigerato Bonifacio VIII. In realtà, il francese si schiera con i Neri: fa rientrare in città dall'esilio il loro capo, Corso Donati; e gli consente di prendersi la sua vendetta. «Sanz'arme n'esce e solo con la lancia/ con la qual giostrò Giuda, e quella ponta/ sì, ch'a Fiorenza fa scoppiar la pancia»; e la lancia con cui giostrò Giuda è il tradimento. I Bianchi sono torturati, assassinati, cacciati; i loro beni confiscati; Dante, che è trattenuto a Roma con un pretesto dal Pontefice, non potrà più tornare a Firenze, dove esplodono tutti gli odi intestini («fa scoppiar la pancia...»). Alla fine Carlo non avrà dalle sue imprese le terre che sognava, ma «peccato e onta».

Un terzo principe francese di nome Carlo, Carlo II d'Angiò detto lo Zoppo, si batte per riconquistare la Sicilia, che si era ribellata con la rivolta dei Vespri; ma gli Aragonesi lo sconfiggono in una battaglia navale, e lo fanno prigioniero. «Uscì preso di nave» scrive Dante, aggiungendo che per motivi politici Carlo lo Zoppo arriverà a «vender sua figlia», a obbligare la giovanissima figlia Beatrice a sposare il marchese Azzo VIII d'Este; «come fanno i corsar de l'altre schiave», come fanno i pirati vendendo come schiave le figlie altrui, mentre il principe francese fa commercio «de la propria carne».

Ma il peggio deve ancora venire. Ugo Capeto pronuncia un'ultima profezia, che è in realtà la cronaca dell'oltraggio clamoroso che nel 1303 scuote l'intera cristianità. Bonifacio VIII ha scomunicato il re di Francia, Filippo il Bello, che pretende di comandare in Italia. Filippo reagisce dichiarando Bonifacio deposto, e manda uomini in arme contro di lui. Il Papa si chiude nella rocca di Anagni; ma l'inviato del re, Guglielmo di Nogaret, e il condottiero Giacomo Colonna, detto Sciarra, penetrano nel castello, umiliano il Pontefice, lo fanno prigioniero. Secondo la tradizione, Sciarra Colonna arriva a schiaffeggiare il Papa: lo schiaffo di Anagni. Bonifacio ne morirà, un mese dopo.

Dante lo detesta, ma da cristiano non può tollerare una simile violenza inflitta al vicario di Cristo; e paragona il suo martirio a quello di Gesù, quasi crocefisso per una seconda volta «tra vivi ladroni», che sarebbero l'inviato del re di Francia e Sciarra Colonna. E il «novo Pilato» è proprio re Filippo, che consegna il Papa ai suoi nemici mortali, come Pilato aveva abbandonato Cristo.

Non sazio, il re di Francia commette un ultimo peccato: manda a morte i Templari. Custodi dei segreti del tempio di Gerusalemme e di immense ricchezze, i cavalieri vengono accusati ingiustamente di eresia, costretti a confessare con le torture, bruciati sul rogo, perseguitati. Un delitto orrendo agli occhi di Dante, che per i Templari ha simpatia (qualcuno sostiene che fosse uno di loro). E Ugo Capeto conclude il suo racconto con una maledizione terribile: «O Segnor mio, quando sarò io lieto/ a veder la vendetta che, nascosa,/ fa dolce l'ira tua nel tuo secreto?». La vendetta divina che cadrà sui discendenti renderà felice il capostipite; e l'ira del Signore sarà dolce e giusta, perché rivolta contro i malvagi.

Dante non ama i re di Francia, perché li considera nemici dell'Impero, dell'Italia, di Firenze. Ma non per questo si può ascrivere il nostro più grande poeta alla nutrita schiera degli antifrancesi. Anzi, con ogni probabilità la Francia fu l'unica nazione oltre le Alpi che Dante abbia visitato, frequentando l'università di Parigi; e ancora oggi nel Quartiere Latino c'è una via che porta il suo nome. Quando, alla fine degli anni Novanta, si stabilì quali Paesi dovessero entrare nell'euro, il primo ministro francese Lionel Jospin disse: «L'Italia è Dante, la Spagna è Cervantes; non si può fare l'Europa senza Dante e Cervantes». E così nacque la moneta unica; che non ha avuto solo demeriti.

È vero però che italiani e francesi si combattono, si riappacificano, si alleano, si imparentano e riprendono a combattersi da secoli, dalle guerre dei tempi di Dante al secondo conflitto mondiale, dalla disfida di Barletta – tredici cavalieri contro tredici: vincemmo noi – alla finale del Mondiale 2006: undici contro undici, stesso esito, propiziato anche dalla testata di Zidane a Materazzi che ne offendeva la sorella.

Non esistono, al mondo e nella storia, due popoli più intrecciati degli italiani e dei francesi. Siamo un po' francesi anche noi, e sono un po' italiani anche loro. Un connubio che ha avuto momenti drammatici e altri nobili. Il peggiore fu forse la caccia all'italiano, scatenata nel ferragosto 1893 nelle saline provenzali di Aigues-Mortes dai braccianti francesi contro gli emigrati che «rubavano il lavoro» e facevano abbassare i salari: decine di morti, con i «ritals» o «macaroni», come ci chiamavano, che si buttavano nelle paludi per sfuggire al massacro. Prima c'era stato il tradimento di Napoleone, che nel 1797 aveva consegnato Venezia all'Austria. Poi venne la «pugnalata alle spalle» di Mussolini, che nel 1940 attaccò la Francia mentre i tedeschi entravano a Parigi; ma alcuni reparti alpini si ammutinarono, perché non intendevano combattere contro il Paese dove andavano a lavorare d'inverno.

Noi tendiamo a pensare che i francesi ci disprezzino. Ma non è così. È vero, il francese medio coltiva un sentimento di superiorità; ma non solo verso di noi; semmai verso tutti. La storia dimostra anzi che le élite francesi, dagli Angioini a Mitterrand, sono ossessionate dall'Italia. Da almeno sette secoli tentano di conquistarla, o di sedurla. Per inseguire il sogno italiano, Carlo VIII e Francesco I fecero massacrare i loro eserciti, e non solo in battaglia (da questa parte delle Alpi la sifilide si chiama «mal francese», dall'altra «mal di Napoli»). Sarkozy ha sposato una torinese, Carla Bruni; Macron da ministro non perdeva un weekend al Forum di Cernobbio, per portare la sua amata Brigitte sul lago di Como.

L'Italia ha dato alla Francia due regine – sia Caterina sia Maria de' Medici regnarono al posto dei mariti defunti e dei figli pargoli –, un cardinale quasi re – Mazzarino era nato a Pescina da madre umbra e padre siciliano –, un imperatore – a casa Bonaparte si parlava italiano, e per tutta la vita Napoleone parlò francese con accento italiano –, un capo del governo – Léon Gambetta era figlio di un droghiere genovese –, un grande scrittore come Émile Zola, figlio di un ingegnere veneziano, e un capitano della Nazionale: Michel Platini è di Agrate Conturbia, Novara. Se è per questo, Pierre Cardin si chiamava in realtà Pietro Cardìn ed era di Sant'Andrea di Barbarana, Treviso;

mentre Jean-Paul Belmondo ha un nonno piemontese e una nonna siciliana.

Noi alla Francia dobbiamo qualcosa di più: la nostra indipendenza. Senza l'esercito francese, l'Italia sarebbe rimasta una potenza culturale come ai tempi di Dante, e non sarebbe mai diventata uno Stato. Del tutto assenti i piemontesi a Magenta (4 giugno 1859), accolti dalle grida di scherno degli zuavi che avevano aperto con le armi la via di Milano; e Solferino è una vittoria francese, anche se in quello stesso 24 giugno l'esercito sabaudo e i volontari di tutta Italia versarono molto sangue a San Martino; eppure i piemontesi volevano continuare la guerra, e a Napoleone III di passaggio a Torino dopo l'armistizio di Villafranca fecero trovare ovunque i ritratti di Felice Orsini, il patriota mazziniano che aveva tentato di ammazzarlo.

Ma il vero grande debito che non soltanto noi abbiamo con i francesi è lo spirito di libertà, uguaglianza e fraternità, simboleggiato dalla presa della Bastiglia.

A Parigi si sono formati i più grandi pittori italiani del Novecento: Modigliani, De Chirico, Savinio, De Pisis, Campigli, Severini (vi passò anche Boccioni, che proseguì per Mosca). Parigi accolse i fuoriusciti durante il fascismo (ma i fratelli Rosselli vennero assassinati da sicari francesi). Paolo Conte ha trionfato all'Olympia – dove però evita di cantare la strofa sui «francesi che si incazzano» –, il tempio della musica che aveva rivelato Juliette Gréco, figlia di un corso di origini italiane. Carlo Fruttero e Franco Lucentini da giovani vivevano uno a Montparnasse e l'altro a Montmartre, senza conoscersi, campando di espedienti tipo rivendere le bottiglie di sidro vuote.

Italo Calvino andò a vivere a Parigi. La Francia tuttora venera Umberto Eco, che a sua volta venerava Dante, e preferiva il Purgatorio all'Inferno; anche se amava ancora di più il Paradiso, «un gioco di luci e di colori».

Lo spirito di Ugo Capeto non ha ancora finito di parlare. All'inizio, Dante gli ha chiesto perché la sua voce pronuncia i nomi di Maria, di Fabrizio, di san Nicola. Lui adesso chiarisce che tutte le anime di questo girone recitano durante il giorno esempi di virtù, e durante la notte proclamano esempi contrari, di avarizia punita. E ancora una volta Dante in pochi versi crea un mondo, quasi un catalogo di vicende del mito classico e della Bibbia.

Le ombre degli avari devono ripetere ogni sera la storia di Pigmalione, che «la voglia de l'oro» rese «traditore e ladro e paricida», parola che ai tempi di Dante indicava l'assassino di parenti stretti. Pigmalione, re di Tiro, era il fratello di Didone, la regina vedova amata da Enea che abbiamo incontrato nell'Inferno, tra i lussuriosi. Fu Pigmalione ad assassinare il marito di Didone, Sicheo, per impadronirsi delle sue ricchezze.

Poi viene evocata la leggenda di re Mida, che ottenne da Dioniso di trasformare in oro tutto quello che toccava, compresi però i cibi e i vini; e dovette chiedere di rinunciare al dono, per non morire di fame e di sete.

Gli avari devono ricordarsi del «folle Acàn», l'ebreo che, dopo la presa di Gerico, tenne per sé parte del bottino consacrato al Signore; scoperto, fu lapidato per ordine di Giosuè. Qualcosa del genere accadde anche nella comunità dei primi cristiani, che vendevano i propri beni e consegnavano il ricavato agli apostoli; ma una donna, Saffira, e suo marito Anania tentarono di trattenere una parte del denaro. Pietro lesse l'inganno nei loro cuori, e li rimproverò; i due caddero fulminati ai suoi piedi.

«Lodiamo i calci ch'ebbe Eliodoro», prosegue l'anima di Ugo Capeto. Secondo la Bibbia, Eliodoro era un ministro del re di Siria, mandato a impossessarsi del tesoro del tempio di Gerusalemme; ma all'improvviso apparve un cavallo, montato da un cavaliere con armi d'oro, che lo colpì con gli zoccoli; mentre due giovani, forse angeli, lo fustigavano. Salvato dalle preghiere del sommo sacerdote, Eliodoro imparò a rispettare il tempio, e da quel momento credette al Dio di Israele. Il prodigioso episodio ha ispirato molti pittori, tra cui alcuni grandi: Raffaello lo affrescò nelle Stanze Vaticane; Eugène Delacroix nella prima cappella della navata destra di Saint-Sulpice, la chiesa parigina dove Dan Brown ha ambientato uno dei delitti del Codice da Vinci.

Ugo Capeto evoca poi una storia dell'Eneide: l'assassinio di Polidoro. Dante l'aveva ricordata già nell'Inferno, citando Ecuba – moglie di Priamo e quindi regina di Troia – disperata per la morte del figlio, il principe Polidoro. Prima dell'attacco dei Greci, Priamo aveva mandato il giovane presso il proprio genero, il re di Tracia Polinestore, insieme con una parte del tesoro della città. Ma Polinestore aveva ucciso Polidoro per cupidigia. Ovidio racconta che Ecuba si sia vendicata cavandogli gli occhi.

L'ultima vicenda di avarizia punita appartiene alla

storia romana. Le anime gridano: «Crasso, dilci, che 'l sai: di che sapore è l'oro?». Leggendaria era la ricchezza di Marco Licinio Crasso, triumviro con Cesare e Pompeo, l'uomo che aveva domato Spartaco e la rivolta degli schiavi. I Parti sconfissero Crasso in battaglia e lo decapitarono; e il re Orode gli fece versare nella bocca dell'oro fuso, dicendo: «Aurum sitisti, aurum bibe»; avevi sete di oro, e adesso oro bevi.

Lasciato il re di Francia, Dante riprende il cammino, e viene sorpreso da un terremoto. La montagna del Purgatorio trema tutta, e il poeta si sente gelare il sangue, come un condannato a morte. La tempesta non scuoteva così forte Delo, l'isola che, secondo una versione del mito, Poseidone fece sorgere dalle acque per consentire a Latona di partorire Apollo e Artemide, che Dante definisce magnificamente «li due occhi del cielo», il sole e la luna. Latona era perseguitata da Era, gelosa di lei, che aspettava due figli da Zeus; l'isola di Delo le diede asilo, ma non essendo ancorata a terra rimaneva in balìa delle onde, fino a quando Apollo non la saldò al fondo del mare.

Mentre il terremoto fa sussultare la montagna, Dante sente un grido giungere da ogni parte. È un coro che dice: «Gloria in excelsis Deo», gloria a Dio nell'alto dei Cieli. Sono le stesse parole intonate dagli angeli attorno alla stalla di Betlemme, quando nacque Gesù; e Dante e Virgilio restano «immobili e sospesi» proprio come i pastori, impietriti e spaventati da quel canto celeste.

Poi il sisma si placa, il canto si spegne, e i due poeti

riprendono il cammino, tra le ombre che dopo essersi levate a cantare l'inno sacro sono tornate a distendersi per terra e a piangere. Dante resta turbato: ha intuito che è accaduto qualcosa di importante, ma non sa cosa. Nella fretta di salire, non osa fare domande a Virgilio; e avanza «timido e pensoso». C'è un mistero da risolvere. Presto anche noi lettori scopriremo la soluzione; e conosceremo il segreto del Purgatorio.

Quindici

«Per te poeta fui, per te cristiano»

Dove Dante ispira l'Antologia di Spoon River,
Virgilio cammina con la lampada dietro la schiena
e Stazio si converte alla vera fede

Dante è combattuto fra tre urgenze: la fretta di tenere il passo di Virgilio; il sentimento di pietà per le ombre distese a terra, che deve stare attento a non calpestare; e la curiosità di capire quel che è accaduto. Il terremoto, il coro angelico, l'aura soprannaturale del luogo... Tutto lascia credere che la sete di conoscenza sarà saziata solo dall'acqua che Gesù ha promesso alla samaritana, cioè dalla grazia divina. È un episodio del Vangelo: Cristo si siede presso il pozzo di Giacobbe, si ferma a parlare con una donna, e le racconta dell'«acqua viva»: «Chi berrà l'acqua di questo pozzo, avrà sete di nuovo; ma chi avrà bevuto l'acqua che io gli darò, non avrà più sete in eterno».

D'un tratto, alle spalle di Virgilio e Dante, appare un'ombra, che comincia a seguirli; proprio come Cristo uscito dal sepolcro apparve all'improvviso dietro i due discepoli di Emmaus. L'ombra senza nome dice: «O frati miei, Dio vi dea pace»; lo stesso saluto – «la pace sia con voi» – che Gesù risorto rivolge ai seguaci. Virgilio contraccambia e le augura: che ti conceda la pace in Paradiso quel tribunale celeste che condanna me all'eterno esilio.

Il mistero non è ancora risolto, anzi si infittisce. Chi è l'anima che ha rivolto la parola ai due poeti? Che cos'è accaduto poco fa? Anche Virgilio, dopo aver spiegato la sua missione – condurre Dante sino alla soglia del Paradiso –, vuole sapere: perché la montagna ha tremato dalla vetta al mare, e perché è parsa gridare con una sola, altissima voce?

L'ombra risponde, e spiega «la religione de la montagna», la regola che governa il Purgatorio. Ogni fenomeno fisico qui è dovuto a una causa celeste, a una legge spirituale. Il luogo è al sicuro da qualsiasi perturbazione. Non cadono pioggia, grandine, neve, rugiada, brina. Non appaiono nuvole, né lampi, né arcobaleni (Dante identifica l'arcobaleno con Iride, figlia di Taumante, messaggera degli dei). Il terremoto qui non è dovuto al vapore che si sprigiona dalla terra, come credevano Aristotele e anche i pensatori medievali.

La montagna del Purgatorio trema quando un'anima si sente purificata, tanto da levarsi in piedi e lasciare il proprio girone, per salire in Paradiso; e il canto del Gloria asseconda e accompagna il terremoto. Nessuno avvisa l'anima che la pena è finita; è lei stessa a sentirsi libera, a volersi muovere verso Dio. All'ombra misteriosa è appena accaduto questo: dopo cinquecento anni, la sua colpa è espiata, e lei ha avvertito la «libera volontà di miglior soglia»; si è meritata la salvezza. Il terremoto e il coro di lode al Signore hanno salutato questo momento solenne.

Ecco quindi come funziona il posto degli uomini. Quando saremo davvero liberi, lo capiremo da noi, senza che nessuno ci avverta.

Resta da comprendere chi sia l'ombra che ha concluso la secolare espiazione. Virgilio vuol conoscere il suo nome, e la ragione della sua lunga attesa. E lo spirito si presenta, più o meno con queste parole.

Sono vissuto al tempo in cui Tito e le legioni romane vendicarono la crocefissione di Gesù, il «sangue venduto» da Giuda, distruggendo Gerusalemme (siamo quindi nel 70 dopo Cristo). Portai il nome «che più dura e più onora» sulla Terra: quello di poeta. Tanto dolce fu il mio canto, il mio «vocale spirto», che dalla mia città, Tolosa, venni a Roma, dove fui coronato di mirto (e non di alloro; il mirto era riservato alla poesia d'amore). Fui chiamato Stazio; «cantai di Tebe, e poi del grande Achille»; ma morii prima di completare la seconda opera. Il mio ardore poetico fu acceso dalle «faville de la divina fiamma» che ha illuminato più di mille scrittori: l'Eneide. L'Eneide mi fu «mamma» e «nutrice»; senza l'Eneide non avrei scritto nulla. E per essere vissuto al tempo di Virgilio, passerei volentieri un anno in più qui nel Purgatorio.

Il poeta che sta parlando, l'ombra che ha appena finito di espiare le proprie colpe, è Publio Papinio Stazio. Per molti di noi è un nome da manuale di letteratura latina; ma per Dante era uno dei più grandi scrittori mai esistiti. Tutta la Divina Commedia è piena di personaggi tratti dalla sua Tebaide, la storia della guerra tra Eteocle e Polinice per il trono di Tebe, città maledetta. Tutto l'ultimo girone dell'Inferno, quello del conte Ugolino, richiama l'opera di Stazio. E dire che Dante non poteva aver letto le sue poesie d'occasione, le Silvae, riscoperte dall'umanista Poggio Bracciolini solo nel 1417. Conosceva però la «Vita di Stazio», un classico della letteratura medievale (da dove ha tratto una notizia sbagliata: a Tolosa era nato un altro Stazio, il retore; lo Stazio poeta in realtà era nato a Napoli). Nel Purgatorio Dante richiama sia la Tebaide sia l'inizio dell'Achilleide, interrotta dalla morte del poeta a metà del secondo libro, là dove Achille nascosto sull'isola di Sciro viene ritrovato da Ulisse.

Stazio è insomma un autore importante per Dante. È tipico delle anime sensibili (una volta si sarebbe detto romantiche) immaginare di avere intimità e complicità con i personaggi amati e ammirati: è il meccanismo su cui si basano pure i social, che ci danno l'illusione di poter interagire direttamente con Federer o Lady Gaga (in realtà con i loro media manager). Dante va oltre, e lascia che a dialogare tra loro siano due poeti che venera come maestri. Non a caso, in questo canto lui non parla quasi mai: la sua voce è affidata a Stazio, che diventa così uno dei personaggi in cui si specchia.

Stazio ha espresso ammirazione e amore per Virgilio; senza sapere che proprio Virgilio è l'anima che ha di fronte. La circostanza genera una scena quasi teatrale, uno scambio di sguardi, silenzi e sorrisi, un gioco degli equivoci che è tra i più divertenti e commoventi dell'intera opera.

Virgilio guarda Dante «con viso che, tacendo, disse "Taci"»; ma Dante non riesce a trattene un breve sorriso. Del resto, la virtù non può tutto quel che vuole; il riso e il pianto sorgono istintivi dalla gioia e dal dolore, soprattutto negli uomini «più veraci», più sinceri e franchi; e Dante è certo tra questi.

Ma Stazio un po' si secca, ha il timore di essere preso in giro, e sia pure cortesemente chiede: che cos'è questo tuo «lampeggiar di riso»? Dante sospira, combattuto tra la richiesta di Virgilio – di tacere – e quella di Stazio, di parlare. Per fortuna Virgilio interviene, e gli consente di dire la verità. Così Dante è felice di rivelare che la sua guida è proprio l'autore dell'Eneide, il grande poeta che con i suoi versi ha dato forza anche all'opera di Stazio: «Questi che guida in alto li occhi miei,/ è quel Virgilio dal qual tu togliesti/ forte a cantar de li uomini e d'i dèi».

Stazio, come già Sordello, si china ad abbracciare i piedi di Virgilio, che però stavolta si sottrae: «Tu se' ombra e ombra vedi», sei un'ombra che abbraccia un'altra ombra; nell'Aldilà non ci sono gerarchie; tanto più che Virgilio dovrà tornare nel Limbo, mentre Stazio è atteso in Paradiso.

Ma perché è rimasto così a lungo tra gli avari? E, soprattutto, come mai è salvo, lui che pure ha vissuto ai tempi di Roma antica, tra i pagani?

La forza di questi interrogativi è tale, che Dante quasi trascura di raccontare che sta cambiando girone. Il rito – l'angelo che cancella un'altra P, il canto delle beatitudini, il corpo che sale più leggero – è appena accennato.

È Virgilio a fare a Stazio le domande che pure Dante, e con lui noi lettori, vorrebbe porgli. Per non sembrare troppo diretto, quasi scortese, Virgilio inizia con una premessa. «Amore,/ acceso di virtù, sempre altro accese»: l'amore viene sempre ricambiato; ma, a differenza dell'amore «ch'a nullo amato amar perdona» di cui parla Francesca nell'Inferno, nel Purgatorio si precisa che soltanto l'amore nato dalla virtù è necessariamente ricambiato. Virgilio spiega che qualcuno ha fatto da tramite fra lui e Stazio, ha acceso la loro corrispondenza di amorosi sensi: un altro grande poeta latino, Giovenale, l'autore delle Satire.

Dice in sostanza Virgilio: da quando Giovenale è sceso nel Limbo e mi ha detto dell'affetto che tu, Stazio, avevi per me, la mia benevolenza nei tuoi confronti è tale che nessuno ne ha avuta di più per una persona mai incontrata. Virgilio contraccambia l'amore di Stazio, anche se finora non l'ha mai visto, proprio per la legge universale secondo cui l'amore virtuoso deve sempre essere corrisposto. Ora Virgilio può finalmente porre le questioni: «Ma dimmi, e come amico mi perdona...»; da amico, perdonami se ti parlo così direttamente, e rispondimi in piena libertà, proprio come fa un amico: com'è possibile che un peccato meschino come l'avarizia abbia trovato spazio nell'animo di un poeta come te, tanto saggio «per tua cura», per tua premura? Virgilio si schermisce: lui non ha alcun merito per la saggezza di Stazio, il merito è tutto suo; perché allora è rimasto più di cinquecento anni tra gli avari?

Stazio sorride: l'avarizia fu, al contrario, troppo lontana da lui. Il suo peccato era l'opposto: la prodigalità. Per questo ha dovuto passare migliaia di mesi in questo girone, dove con gli avari sono puniti anche i prodighi, gli scialacquatori, che sia pure in modo diverso fecero anche loro cattivo uso delle ricchezze.

È proprio Giovenale, nella Satira VII in cui lamenta la misera condizione dei poeti, a scrivere che Stazio si era ridotto in miseria, costretto a vendere una sua opera, intitolata «Agave», a un mimo, tale Paride:

Si accorre alla piacevole voce e ai versi della cara
   Tebaide,
quando Stazio allieta la città
e fissa il giorno della messa in scena: con tanta dolcezza
soggioga e seduce gli animi, e per il così grande
   piacere del popolo
la si riascolta. Ma quando con il suo verso
   ha spezzato le panche,
gli resta la fame, se non vende la sua Agave,
   inedita, a Paride.

Stazio però ha compreso il proprio errore leggendo l'Eneide, in particolare il passo in cui Virgilio, commentando l'atroce uccisione del giovane principe troiano Polidoro, chiede: «Perché non reggi tu, o sacra fame/ de l'oro, l'appetito de' mortali?»; perché, o santa fame dell'oro, non guidi, non mantieni nel giusto mezzo l'appetito degli uomini?

E qui si apre una questione su cui i dantisti discutono da secoli. Perché Virgilio non dice esattamente quello che riferisce Dante. La traduzione corretta del brano dell'Eneide sarebbe: «A cosa mai non spingi gli animi umani, o esecranda fame dell'oro?». Quindi, Dante ha scelto di dire un'altra cosa, o comunque di esprimere una sfumatura diversa dello stesso concetto. Resta però una terza possibilità: che Dante abbia sbagliato a tradurre. Gli studiosi ovviamente scartano l'ipotesi come sacrilega; e chi siamo noi per contraddirli? Eppure, in un angolo della nostra mente che non è il più nobile, l'idea certo remota che pure Dante potesse commettere uno dei tanti errori che abbiamo fatto noi al liceo ce lo rende ancora più vicino.

In ogni caso, leggendo l'Eneide, Stazio si rese conto

che ci poteva essere un eccesso, quindi una colpa, pure nella generosità; corresse il proprio errore; e ha evitato così di finire «coi crini scemi», con i capelli rasati, a far rotolare pietre nell'Inferno, nel cerchio dei prodighi.

Ora però Virgilio lo incalza. Quando scrive la Tebaide e racconta la sventura di Giocasta, che si impicca, e dei suoi figli Eteocle e Polinice, che si uccidono l'un l'altro, Stazio non sembra essere diventato cristiano. Il bello è che la Tebaide fu pubblicata decenni dopo la morte di Virgilio; che però – sembra suggerire Dante – può averla letta nell'Aldilà, o forse se l'è fatta raccontare da Giovenale... Ogni passo di questo dialogo a distanza tra poeti pone un enigma, ogni passo aggiunge un dettaglio commovente. Ma il meglio deve ancora venire.

Virgilio chiede a Stazio: quale sole o quali candele, quale luce celeste o terrena, quale grazia divina o quale parola umana ti convertì alla fede cristiana? Stazio, cioè Dante, risponde con versi tra i più alti mai scritti:

> Ed elli a lui: «Tu prima m'inviasti
>   verso Parnaso a ber ne le sue grotte,
>   e prima appresso Dio m'alluminasti.
> Facesti come quei che va di notte,
>   che porta il lume dietro e sé non giova,
>   ma dopo sé fa le persone dotte,
> quando dicesti: "Secol si rinova;
>   torna giustizia e primo tempo umano,
>   e progenie scende da ciel nova".
> Per te poeta fui, per te cristiano...».

Non solo Virgilio ha indirizzato Stazio alla poesia (nelle grotte del Parnaso, il monte delle Muse, sgorga la fonte Castalia, cui bevono i poeti); è stato lui a illuminarlo, a condurlo al vero Dio. Virgilio ha fatto come il servitore, il «lampadoforo», che di notte porta la lanterna dietro la schiena, e avanza nelle tenebre quasi a tentoni, illuminando coloro che lo seguono.

Stazio cita stavolta non l'Eneide, ma un altro capolavoro, la quarta Egloga: «Una grande serie di secoli ricomincia/ già torna la Vergine, torna il regno di Saturno/; dall'alto del cielo scende una nuova generazione».

La coincidenza con il messaggio cristiano è impressionante: Virgilio parla di un «puer», un fanciullo che viene a cambiare la storia, a rinnovare il genere umano. Certo, Virgilio scrive per i suoi contemporanei: probabilmente si riferisce a un bambino della casa imperiale; di sicuro è influenzato dal clima millenaristico dell'età di Augusto: l'attesa di una nuova era felice, il ritorno dell'età dell'oro. Ma i grandi scrittori della cristianità hanno visto in quei versi una premonizione. E a Dante piace pensare che, leggendoli, Stazio sia diventato cristiano.

In ogni caso, il mondo era già «tutto quanto pregno de la vera credenza», gravido di fede, come un terreno ben seminato dagli apostoli di Gesù; e i versi di Virgilio suonavano allo stesso modo della nuova predicazione, suggerivano l'idea che davvero un bambino era nato per salvare l'umanità. Per questo Stazio si è avvicinato alla fede.

I primi cristiani gli parvero «santi»; e i loro pianti per le persecuzioni di Domiziano furono accompagnati dalle sue lacrime. Stazio fu vicino ai seguaci della nuova religione, li aiutò, ne apprezzò i «dritti costumi», grazie a loro disdegnò «tutte altre sette», ogni altra credenza. Ricevette il battesimo; ma per paura rimase un «chiuso cristian», un cristiano nascosto, fingendo in pubblico di essere ancora pagano. A causa di questa «tepidezza», questa mancanza di coraggio e di ardore per il bene, ha dovuto percorrere di corsa per quattro secoli il girone degli accidiosi, prima di salire a quello degli avari e dei prodighi.

A questo punto, però, è Stazio a interrogare Virgilio. Vuole notizie dei grandi poeti della letteratura latina. Chiede dove siano Plauto e Terenzio, i due commediografi: quello secondo cui l'uomo era un lupo per l'altro uomo, e quello secondo cui nulla che sia umano ci è estraneo. Si informa sulla sorte di un poeta comico, Cecilio, la cui opera è purtroppo perduta, e di Vario, l'amico di Virgilio, che pubblicò l'Eneide (rivelandosi editore geniale, sia pure senza poter godere i frutti della sua iniziativa: milioni di copie vendute in ogni tempo e in ogni luogo). Sono passati più di mille anni, ma Stazio ancora ricorda gli uomini che con lui divisero la passione per la letteratura nella Roma antica; e vuol sapere se siano dannati, e in quale girone dell'Inferno siano finiti.

Virgilio risponde che tutti costoro sono con lui nel Limbo, accanto al greco che le Muse allattarono più di qualsiasi altro: Omero, il loro capostipite; e sempre conversano di poesia.

Tornano in mente i versi di Edgar Lee Masters, che nell'Antologia di Spoon River dà voce a «Blind Jack», Jack il cieco: un suonatore che si era esibito tutto il giorno alla fiera del paese, e al ritorno era stato costretto da due compagni ubriachi a suonare ancora; la carrozza finì in un fosso, Jack il cieco tentò di saltare giù, ma rimase stritolato fra le ruote. Un artista minore e sfortunato; eppure anche lui nell'Aldilà è accolto nella sfera dei poeti.

> C'è qui un cieco dalla fronte
> grande e bianca come una nuvola.
> E tutti noi suonatori, dal più grande al più umile,
> scrittori di musica e narratori di storie,
> ci sediamo ai suoi piedi,
> per sentirlo cantare la caduta di Troia.

Virgilio enumera poi altri scrittori della classicità, che sono nel Limbo attorno a Omero: Persio, anche lui autore di satire; e poi i greci. Euripide, il grande tragediografo, è accanto ad Antifonte, fatto uccidere da Dioniso, il tiranno di Siracusa: di lui non è rimasto che qualche frammento. Virgilio cita anche Simonide, oggi ricordato soprattutto per gli epicedi in onore dei morti delle Termopili, che ispirarono l'ode «All'Italia» di Leopardi. Forse è di Simonide anche l'iscrizione che ricorda il sacrificio dei trecento di Leonida: «Straniero, annuncia agli Spartani che noi qui giacciamo, per aver obbedito alle loro leggi»; i guerrieri spartani dovevano tornare con lo scudo, vincitori, o sopra lo scudo, morti. Accanto a lui, Virgilio ricorda Agatone, celebre perché nella sua casa è ospitato il Simposio, il dialogo di Platone sull'Amore: Agatone considera Eros il più giovane degli dei, e compone anche versi in suo onore, definendolo «pace fra gli uomini, tranquillità senza vento sul mare/ luogo di quiete e di sonno nell'affanno dei soffi impetuosi...».

Ma Virgilio non si limita a ricordare i poeti. Nel Limbo ci sono anche i loro personaggi, compresi quelli delle opere di Stazio: Antigone, che sfida il tiranno di Tebe per dare sepoltura al fratello Polinice, applicando le leggi non scritte della pietà; e Isifile, già citata nell'Inferno. È la principessa che Giasone abbandonò «gravida, soletta»: per questo l'eroe del vello d'oro giace nella malabolgia dei seduttori e dei ruffiani. Isifile è invece nel Limbo dei personaggi letterari, con altre due donne cantate da Stazio nell'Achilleide: Teti, la madre dell'eroe; e Deidamia, la donna amata e abbandonata da Achille per andare alla guerra di Troia. E tale è la sensibilità di Dante per le donne, che della vita del più grande guerriero nella storia della letteratura ricorda solo due nomi: la mamma e la moglie, condannate alla sofferenza dalla scelta di Achille di morire per la gloria.

Sedici
«Di qua dal dolce stil novo»

Dove Dante critica i cacciatori, ispira i film horror
e Abatantuono, rimprovera le donne che girano con le «poppe»
di fuori, ma si riconcilia con una vedova che aveva offeso

La conversazione tra Virgilio e Stazio è finita, o meglio prosegue senza che Dante ce la riferisca. Al timone del carro del sole è la quinta ora del giorno: sono circa le dieci e mezza del mattino. E stiamo entrando nel girone dei golosi, che si annuncia con uno strano albero posto in mezzo alla via.

La pianta è ricca di frutti «soavi e buoni», almeno a giudicare dal profumo. Impossibile però arrampicarsi per coglierli: al contrario degli abeti, che si restringono verso l'alto, quest'albero ha i rami più sottili in basso, in modo che nessuno possa salirci. Le fronde sono sempre fresche, perché una cascata d'acqua scende dal cielo e si spande sulle foglie.

«Di questo cibo avrete caro», avrete carenza, grida una voce. I golosi non possono mangiare i frutti, né bere l'acqua: il supplizio che, secondo il mito greco, toccava a Tantalo. La stessa voce proclama esempi di temperanza. Alle nozze di Cana, la Madonna chiese a Gesù di trasformare l'acqua in vino solo per salvare il banchetto, e non per soddisfare la propria bocca, che ora in Paradiso prega per la salvezza degli uomini. Le antiche matrone romane, informa la voce con piglio un po' moralista, bevevano solo acqua. Alla reggia di Nabucodonosor, Daniele rifiutò di partecipare alle libagioni dei Babilonesi, e fu ricompensato dal Signore con il dono di interpretare i sogni. Gli uomini dell'età dell'oro trovavano gustose le ghiande, e bevevano l'acqua di qualsiasi ruscello come fosse nettare. E Giovanni Battista, che annunciò la venuta di Gesù, nel deserto mangiava solo miele e locuste...

Dante ficca gli occhi nella «fronda verde» dell'albero per capire da dove venga la voce, come «chi dietro a li uccellin sua vita perde», come il cacciatore che spreca la vita a prendere di mira gli uccellini: un verso in cui il poeta prende chiaramente posizione contro la caccia. Ma Virgilio, che Dante definisce «più che padre», lo rimprovera affettuosamente: «Vienne oramai», vieni via da lì, che la strada è ancora lunga.

Nel nuovo girone si sentono le anime piangere e cantare insieme. Le loro lacrime e il loro canto suscitano «diletto e doglia», piacere e dolore. Un ossimoro che fa tornare alla mente antichi racconti di guerra. Nelle osterie del monte Grappa raccontano che, fino a non molto tempo fa, i reduci tornavano ogni anno a ritrovarsi; ma della guerra non parlavano mai. Alla fine del pranzo univano i tavoli, disponevano le panche a quadrato, si prendevano sottobraccio e intonavano i canti di trincea: Il testamento del capitano, Tapùm, e ovviamente La canzone del Piave. Cantavano e piangevano. Ai nipoti incuriositi dal rito rispondevano che parlare della guerra era inutile. Chi sa, non ama ricordare. Chi non sa, non può capire. «Facciamo le sole cose che potevamo fare allora: piangere e cantare.»

Le ombre che piangono e cantano qui nel Purgatorio

sono quelle dei golosi. Hanno il volto pallido, gli occhi incavati e oscuri, la pelle che prende la forma delle ossa. Così magro non doveva essere nemmeno Erisittone, il personaggio delle Metamorfosi di Ovidio che, per aver tagliato una quercia sacra, fu condannato a soffrire una fame inestinguibile, sino a cibarsi delle sue stesse carni. Dante evoca anche un personaggio della storia ebraica: Maria di Eleazaro, che nella Gerusalemme assediata e affamata dalle legioni romane arrivò a divorare il proprio figlio.

Gli occhi dei golosi sono tanto infossati nelle orbite, che non se ne scorge la luce: sembrano anelli senza gemme. E chi pensa che nel volto umano si possa leggere la parola «omo», avrebbe facilmente riconosciuto la lettera «emme». Dante si riferisce a una credenza diffusa nel suo tempo: gli occhi sono le due O, la linea degli zigomi, delle sopracciglia e del naso compone una M (che nella faccia dei magri è particolarmente affilata); quindi ognuno di noi porta scritta sul viso la parola che lo definisce, appunto «omo».

Mentre il poeta si chiede come possano dimagrire spiriti che non avrebbero bisogno di mangiare e bere, uno di loro l'ha riconosciuto, e grida forte: «Qual grazia m'è questa?». E Dante annota:

Mai non l'avrei riconosciuto al viso;
   ma ne la voce sua mi fu palese
   ciò che l'aspetto in sé avea conquiso.

> Questa favilla tutta mi raccese
> mia conoscenza a la cangiata labbia,
> e ravvisai la faccia di Forese.

Comincia così l'incontro con un nemico divenuto amico: Forese Donati. Uno dei passi più belli della Divina Commedia, per il modo in cui Dante riesce a comporre con parole colloquiali, che potrebbero essere state scritte ieri, una grande pagina di poesia.

Soltanto dalla voce, e non dal viso, Dante riconosce lo spirito che l'ha interpellato. La sua «labbia», la sua faccia, è troppo cambiata.

Forese era fratello di Corso Donati, il capo dei Neri, divenuto l'uomo più potente di Firenze dopo la cacciata dei Bianchi. Gemma Donati, la moglie di Dante, era una sua lontana cugina. Forese era poco più anziano di Dante; morì quindi giovane, nel 1296.

Il suo nome è legato a una tenzone poetica, a un duello di rime, dove lui e Dante si insultarono in modo feroce; tanto che a qualche critico è parso impossibile che l'Alighieri sublime della Divina Commedia potesse aver scritto versi tanto duri e volgari. Lo stesso Dante, del resto, se ne dice rammaricato e pentito.

Fu lui ad aprire le ostilità, a scrivere il primo sonetto:

> Chi udisse tossir la mal fatata
> moglie di Bicci vocato Forese
> potrebbe dir ch'ell'ha forse vernata
> ove si fa 'l cristallo 'n quel paese.
> Di mezzo agosto la truovi infreddata;
> or sappi che de' far d'ogn'altro mese!

Dante se la prende poco elegantemente con la moglie di Forese (detto Bicci, lo stesso soprannome del nonno). Sembra che la poverina abbia svernato nei Paesi dei grandi ghiacci, ed è raffreddata pure a ferragosto: perché dorme sempre da sola, in un letto freddo, dalla coperta troppo corta, mentre il marito è in giro alla ricerca di piaceri (oppure non riesce a «coprire» la moglie in quanto impotente).

Indispettito, Forese tenta di replicare; e si infila ovviamente in un guaio, non potendo reggere il confronto poetico. Racconta così di essere uscito un giorno all'alba, e di aver trovato nelle fosse comuni il fantasma del padre di Dante, Alighiero, che l'ha pregato di essere sciolto dal «nodo di Salomone»: forse il debito contratto con qualche usuraio, o al contrario gli interessi di un prestito; nelle fosse comuni finivano i poveri, ma talora anche gli strozzini.

Dante risponde prendendo spunto dall'attacco del rivale, come prevedono le regole della tenzone:

Ben ti faranno il nodo Salamone,
Bicci novello, e petti delle starne,
ma peggio fia la lonza del castrone,
ché 'l cuoio farà vendetta della carne;
tal che starai più presso a San Simone,
se tu non ti procacci de l'andarne…

Il nodo di Salomone te lo faranno in gola i petti delle starne. E la lombata ti farà peggio del castrato, poiché la pelle degli animali divorati diventerà carta per le obbligazioni: a furia di ingozzarti, finirai pieno di debiti; se non fuggi, rischi di essere rinchiuso a San Simone, dov'era il carcere di Firenze. E siccome lo spirito icastico di Dante si è trasmesso ai suoi discendenti e concittadini, pare quasi di sentire l'eco di questi versi nello striscione con cui i tifosi della Fiorentina accolsero nel loro stadio la Juventus guidata da Antonio Conte. Squalificato per omessa denuncia di una combine (per giunta quando era al Siena; ma la giustizia civile l'avrebbe poi prosciolto), l'allenatore non poteva stare in panchina, e doveva trovarsi ogni volta un posto da dove seguire la partita. La curva viola espose lo striscione: «Conte, la postazione a te adeguata/ è a Sollicciano dietro un'inferriata». Sollicciano è il carcere di Firenze.

Forese Donati risponde insistendo sulla povertà di Dante. Lo pensa mentre chiede l'elemosina alla sua porta, e si fa poi ricoverare in ospedale pur di avere qualcosa da mangiare.

Ma Dante incrudelisce, arrivando a insinuare che «Bicci» non sia figlio di suo padre, come Gesù non lo era di Giuseppe: per conoscere il nome del vero papà bisognerebbe chiederlo alla madre di Forese, monna Tessa. E, goloso com'è, ha ingurgitato tanta di quella roba che per forza deve rubare ad altri. Non a caso la gente lo teme: chi possiede una borsa e lo vede avvicinarsi si spaventa, riconoscendo subito in lui un ladro, dalla faccia sfregiata.

> Bicci novel, figliuol di non so cui
> (s'i' non ne domandasse monna Tessa),
> giù per la gola tanta rob' hai messa
> ch'a forza ti convien tòrre l'altrui.
> E già la gente si guarda da lui,
> chi ha borsa a lato, là dov'e' s'appressa,
> dicendo: «Questi c'ha la faccia fessa,
> è piuvico ladron negli atti sui».

Forese replica che Dante invece è proprio figlio di suo padre, perché da lui ha ereditato la vigliaccheria:

Alighiero ha subito un torto, ma non ha saputo vendicarsi e Dante si è ben guardato dal farlo; anzi, vile com'è, chiama «fratello» e «amico» chi lo «carica ben di bastone».

Forese allude a qualche bega della vita fiorentina che non conosciamo, forse proprio a un'operazione finanziaria. Che Dante non fosse temerario lo dice lui stesso, in una lettera oggi perduta (ce ne resta la testimonianza di chi la lesse), dove confida la paura provata in guerra, a Campaldino; anche se non è vero che Dante sia fuggito dal campo di battaglia, come si racconta. Il suo coraggio intellettuale e anche fisico è testimoniato da molti passi della Divina Commedia, dove non esita a criticare i potenti del suo tempo; lui che era un esule condannato a morte, in balia di chiunque avesse voluto ucciderlo.

La tenzone con Forese non va presa troppo sul serio. Lui e Dante erano amici. Si sono abbandonati a qualche parola di troppo, come accade talora nei litigi e anche nelle polemiche letterarie (oggi soprattutto via social); e ovviamente si trattava di un duello impari, che Dante vinse con facilità. Le sue invettive suonano non soltanto più efficaci, ma per certi versi più cattive, o comunque pungenti.

Ora, nel Purgatorio, non c'è più traccia di acrimonia. Forese dice a Dante: non fare caso al mio pallore e alla mia magrezza, ma raccontami di te, e rivelami chi sono «quelle due anime che là ti fanno scorta», che ti accompagnano.

Il poeta gli risponde con parole stupende: «"La faccia tua, ch'io lagrimai già morta,/ mi dà di pianger mo non minor doglia",/ rispuos'io lui, "veggendola sì torta"». Dante ha pianto la morte di Forese, anzi ha pianto il suo volto morto; e ora il dolore si rinnova, nel ritrovarlo così irriconoscibile. Per questo, prima di rispondere alle sue domande, vuol sapere che cosa lo consuma, facendogli cadere la pelle a squame, come foglie di un albero. E Forese spiega: il profumo che viene dalle mele e dallo spruzzo d'acqua provoca nei golosi la brama di mangiare e bere, destinata a restare insoddisfatta e quindi a consumare le loro carni. Però la pena è anche sollievo, perché la loro fame si accompagna a un anelito alla purificazione: lo stesso che condusse Cristo a morire sulla croce, con il pensiero gioioso di liberare gli uomini dalla schiavitù del peccato. Fu così che Gesù pronunciò le sue ultime parole: «Heli, heli, lama sabachthani?»; Dio mio, Dio mio, perché mi hai abbandonato?; per poi concludere: «Tutto è compiuto, nelle tue mani rimetto il mio spirito».

Quanto è più alta la conversazione ultraterrena fra Dante e Forese, rispetto alle contumelie che si erano scambiati in vita. Dante ricorda che sono passati quasi cinque anni da quando l'amico è morto (in realtà, se davvero siamo nei giorni di Pasqua del 1300, sarebbero meno di quattro: Forese era spirato nel luglio del 1296; questo è un passo a favore di coloro che collocano il viaggio della Divina Commedia nel 1301). Se ti sei pentito solo all'ultimo momento della tua vita – chiede Dante a Forese –, come mai sei già arrivato quassù? Non dovresti essere ancora ai piedi della montagna, dove si deve attendere tanto tempo quanto se ne era trascorso prima di pentirsi?

Forese risponde: sono qui grazie al «pianger dirotto» di Nella, «la vedovella mia». Grazie alle sue preghiere e ai suoi sospiri, l'anima di Forese è stata subito ammessa «a ber lo dolce assenzio d'i martìri», a gustare la dolce amarezza della pena, il dolore buono che riconcilia con Dio.

Nella è la moglie di Forese. È proprio la donna che Dante aveva dileggiato. Ora invece è indicata come modello di virtù, rispetto alle «sfacciate donne fiorentine», che girano discinte per le vie della città: al confronto sono più pudiche le femmine della Barbagia. Al tempo di Dante, la Barbagia – dal latino *Barbaria* – era considerata una terra semiselvaggia, dai costumi primitivi. E il bello, o il brutto, è che questo pregiudizio è arrivato sino ai giorni nostri: la Barbagia è tuttora sinonimo di un altrove. Indro Montanelli la adorava: la pensava come il Far West italiano, spazi sconfinati, mandrie in libertà, cavalli e banditi. A noi torna in mente, per usare anche il registro comico, la scena di un film – «Viuuulentemente mia» – che non è passato alla storia del cinema d'autore ma che abbiamo visto un po' tutti. Il commissario minaccia l'agente Achille Cotone, cioè Diego Abatantuono: «Ti sbatto in Barbagia!» (e lui: «Babbagia no! Almeno Potto Cervo... Potto Rotondo... Babbagia no!»).

Qui torna fuori il Dante moralista. Tra poco – lamenta Forese – sarà necessario vietare dal pulpito alle donne fiorentine di «andar mostrando con le poppe il petto». Neppure le barbare o le saracene (considerate inclini alla lussuria) hanno mai avuto bisogno di pene o sanzioni, per essere indotte a uscire «coperte», vestite con decenza. Ma se «le svergognate» sapessero quale destino incombe su di loro, già avrebbero spalancato la bocca per urlare. Qui Forese profetizza una punizione imminente per Firenze, legata alla discesa in Italia dell'imperatore Enrico VII; ma la città resisterà all'assedio, e Dante non avrà la soddisfazione di vedere piegati e puniti i compatrioti che l'avevano condannato all'esilio.

Ora Forese vuole sapere dall'amico perché se ne va vivo nell'oltretomba. E qui il tono della poesia torna a salire. «Se tu riduci a mente/ qual fosti meco, e qual io teco fui,/ ancor fia grave il memorar presente» risponde Dante; se richiami alla mente quali noi siamo stati l'uno per l'altro, sarà ancora penoso il ricordo di quella vita.

Dante si vergogna del tempo in cui scrisse la tenzone. Sono stati anni di dissipazione di sé. Dopo la morte di Beatrice, il poeta ha conosciuto un periodo di traviamento: è allora che si è smarrito nella selva oscura. Ma Virgilio – la ragione, la poesia –, su indicazione di Beatrice – la donna che fa da tramite con Dio –, l'ha tratto in salvo; e ora l'ha condotto attraverso l'Inferno, «la profonda notte ... d'i veri morti». E «La notte dei veri morti» pare davvero il titolo di un film dell'orrore. Poi Virgilio ha accompagnato Dante nel Purgatorio, «salendo e rigirando la montagna/ che drizza voi che 'l mondo fece torti». Infine lo consegnerà a Beatrice. Dante ne pronuncia il nome davanti a Forese come se gli fosse familiare; e in effetti è forse l'unico personaggio della Divina Commedia ad aver conosciuto Beatrice in Terra.

Mentre conversano, Dante e Forese continuano a camminare velocemente; e il parlare non rallenta l'andare, così come l'andare non rallenta il parlare. Davanti a loro vanno Virgilio e Stazio; e ovunque avanzano le ombre dei golosi, che sembrano «rimorte» da quanto sono scheletriche.

Il ritmo del colloquio è serrato, come tra due amici che non si vedono da tempo, e non sanno quando si rivedranno. Dante chiede a Forese notizie di Piccarda Donati, e lui orgoglioso risponde che «la mia sorella, che tra bella e buona/ non so qual fosse più,» è già in Paradiso. Si intuisce che Dante aveva con Piccarda un rapporto di confidenza e rispetto; come si vedrà quando si incontreranno, nel primo cielo dell'Empireo. E Piccarda è la terza donna, dopo Nella e Beatrice, citata in questo itinerario di grazia e di consolazione.

Poi Forese indica altre anime, che a causa del loro aspetto stravolto dalla «dieta» (il poeta scrive proprio la parola che tormenta le nostre vite: dieta) sono felici di essere nominate e diventare riconoscibili. C'è qui un Papa, Simon de Brie, che regnò tra il 1281 e il 1285 come Martino IV, «e purga per digiuno/ l'anguille di Bolsena e la vernaccia». Si racconta che il Pontefice ghiottone facesse pescare le anguille dal lago, le facesse morire nel vino e poi le arrostisse. Per questo sul suo sepolcro fu scritto un epitaffio burlesco: «Gaudent anguillae quia mortuus hic iacet ille/ qui quasi morte reas excoriabat eas»; si rallegrano le anguille, poiché qui giace morto colui che, come fossero ree di morte, le scorticava.

Ognuno dei personaggi citati da Dante tra i golosi ha ispirato novelle e leggende popolari. Ubaldino della Pila, padre dell'arcivescovo Ruggieri, chiedeva ogni giorno al suo castaldo (il capo della servitù) cosa avrebbe fatto cucinare; e anche quando lui elencava un ricco menù, Ubaldino aggiungeva tre o quattro vivande. Bonifazio Fieschi era invece arcivescovo di Ravenna, e Dante annota che «pasturò molte genti», fu insomma un pastore prodigo di cibi con sé e con gli altri. Marchese degli Argugliosi, nobile famiglia di Forlì, domandò un giorno a un servitore cosa si dicesse di lui, e quello rispose: «Messere, si dice che non fate altro che bere». «E perché non dicono che ho sempre sete?» rispose Marchese, di cui Dante annota che mai «si sentì sazio».

Dalla folla un po' grottesca dei ghiottoni emerge un personaggio: Bonagiunta da Lucca, poeta. Dante lo sente mormorare un nome – «Gentucca» – e gli chiede spiegazioni. È una donna «che ti farà piacere la mia città», risponde. Dante non ama i lucchesi, molti li ha mandati all'Inferno nella malabolgia dei barattieri, dei corrotti; ma dovrà ricredersi, perché la gentildonna Gentucca Morla lo accoglierà amabilmente a Lucca.

Bonagiunta riconosce in Dante «colui che fore trasse le nove rime», l'autore di poesie del tutto nuove, e in segno di omaggio ne cita una: «Donne ch'avete intellecto d'amore». È un'opera che Dante scrisse a vent'anni, di getto, quasi che la sua lingua fosse «per se stessa mossa», rivelando fin da subito il proprio talento prodigioso. Il tema è la sublimazione dell'amore. Il fine dell'innamorato non è più cercare la compagnia dell'amata, nella speranza di essere corrisposto; è il puro piacere di testimoniare le sue virtù, anche nell'assenza. Dante non parla con Beatrice, ma parla di lei con le donne che conoscono l'amore; e l'amore si manifesta nel suo animo con tanta dolcezza che, se non perdesse coraggio, Dante parlando farebbe innamorare tutti e ciascuno.

> Donne ch'avete intellecto d'amore,
> i' vo' con voi della mia donna dire,
> non perch'io creda sua laude finire,
> ma ragionar per isfogar la mente.
> Io dico che pensando 'l suo valore,
> Amor sì dolce mi si fa sentire,
> che s'io allora non perdessi ardire,
> farei parlando innamorar la gente.

Comincia una nuova era nella poesia, che supera quella della generazione precedente, cui appartenevano Bonagiunta e gli altri due poeti che lui cita: Jacopo da Lentini, capofila della scuola siciliana, e Guittone d'Arezzo, che in Toscana fu il massimo esponente della lirica d'ispirazione provenzale. Dante spiega in cosa consiste la novità della sua opera: «I' mi son un che, quando/ Amor mi spira, noto»; io annoto quel che Amore mi ispira. Il poeta scrive sotto dettatura dell'Amore, della propria voce interiore. È Bonagiunta a parlare di «dolce stil novo», a riconoscere che la letteratura del suo tempo – poesia di maniera e di imitazione, ancora condizionata dai trovatori provenzali – è ormai superata: «Io veggio ben come le vostre penne/ di retro al dittator sen vanno strette,/ che de le nostre certo non avvenne». Dante, sulle orme di Guinizzelli e Cavalcanti, rifonda la letteratura italiana, e le loro penne sono fedeli all'ispirazione e alle parole dell'Amore; che è il dettatore della loro poesia, e il dittatore della loro anima.

Come le gru volano in fila nel cielo, così le anime dei golosi passano veloci e leggere, sia per la magrezza sia per il desiderio di purificarsi. Bonagiunta ora tace. Forese Donati rallenta il passo, come fa l'uomo stanco di «trottare», per dare riposo all'ansimare del petto. È il momento del commiato. «Quando fia ch'io ti riveggia?», quando accadrà che io ti riveda?, chiede Forese a Dante. I due amici sperano di ritrovarsi, ma non sono affatto certi di poterlo fare. Dante risponde: «Non so quant'io mi viva», non so quanto mi resta da vivere; ma anche se tornassi presto qui in Purgatorio, mi sembrerà sempre tardi. Parole piene di amarezza: Dante sembra quasi augurarsi la morte, perché la sua città, Firenze, ogni giorno si spoglia di virtù, ed è ormai predisposta alla rovina.

Forese non lo contraddice. Aggiunge al suo presagio di sventura una terribile profezia. Il maggior responsabile della decadenza di Firenze, «quei che più n'ha colpa», sarà trascinato da una bestia al galoppo sino all'Inferno. La visione è diabolica: la bestia va a ogni passo più veloce, mentre l'uomo legato alla coda muore, e il suo corpo viene miseramente disfatto.

Forese allude alla morte del proprio fratello, Corso Donati. Dopo la cacciata di Dante e dei Bianchi, Corso restò padrone di Firenze; ma a furia di ruberie e delitti divenne odioso anche ai suoi. Nel 1308 fu condannato come traditore. Raggiunto dai mercenari del Comune mentre fuggiva, venne ucciso presso un convento, subito fuori le mura della città. Si racconta che un piede rimase impigliato nella staffa, e il corpo fu trascinato a lungo dal cavallo.

Corso Donati andrà quindi all'Inferno, sua sorella Piccarda – che lui aveva sottratto al convento per costringerla a un matrimonio combinato per motivi politici – è in Paradiso, Forese è qui in Purgatorio. La famiglia più potente della Firenze di inizio Trecento è stata divisa dal giudizio divino.

Pronunciata la profezia, Forese se ne va, di corsa, veloce come il cavaliere che all'inizio della battaglia esce dalla schiera per infliggere al nemico il primo colpo. Dante allude a un'usanza medievale, con cui i soldati mostravano il proprio valore. E quest'uscita di scena di Forese somiglia al commiato di Brunetto Latini, che all'Inferno scappa via da Dante rapido come i concorrenti di una corsa campestre, il Drappo verde di Verona; «e parve di costoro/ quelli che vince, non colui che perde». Dante ha voluto bene a entrambi: al suo maestro, e al suo rivale di tenzoni poetiche ormai perdute nel tempo.

Diciassette
«Fu miglior fabbro del parlar materno»
Dove Dante spiega com'è fatta l'anima, anticipa
la stampante 3D, assicura che nell'Aldilà saremo migliori,
e incontra i poeti dell'amore che purificano la passione nel fuoco

Dante è arrivato davanti a un altro albero, dai rami carichi di frutti rinfrescati dall'acqua che cade dall'alto. I golosi che si accalcano sotto le fronde sembrano i bambini quando tendono le mani verso un adulto che sottrae loro l'oggetto del desiderio tenendolo alto, senza nasconderlo alla vista, per acuire la loro bramosia.

Una voce avverte Dante di passare oltre senza avvicinarsi troppo: questa pianta è insidiosa, perché è nata dall'albero della conoscenza del bene e del male, di cui Eva morse il frutto, disobbedendo a Dio. La mela mangiata per metà è da allora simbolo di tentazione; non a caso Steve Jobs l'ha scelta come logo di Apple.

La stessa voce ricorda esempi di sregolatezza: i centauri, che si ubriacarono al banchetto di nozze di Piritoo e insidiarono le invitate, prima di essere messi in fuga dal migliore amico dello sposo, Teseo; e i soldati ebrei che si gettarono verso l'acqua per bere a sazietà, e furono per questo scartati da Gedeone. È un episodio della Bibbia: Gedeone deve scegliere un manipolo di valorosi da condurre in battaglia contro i Madianiti. Con sé ha 32 mila uomini, ma il Signore gli impone una prova di fiducia: per sconfiggere i nemici ne basteranno trecento, affinché il popolo ebraico sia consapevole che la vittoria non è merito suo, ma del Dio degli eserciti. Il condottiero porta le truppe alla fonte di Carod. Quasi tutti si inginocchiano per bere, senza misura, alla maniera degli animali; solo trecento, mantenendo calma e dignità, bevono prendendo l'acqua nel cavo della mano. E il Signore dice a Gedeone: «Porta con te questi uomini, e io metterò i Madianiti nelle tue mani».

Il girone dei golosi è finito. Già Dante, Virgilio e Stazio sono di fronte all'angelo che custodisce il passaggio all'ultima cornice: è la creatura più luminosa che si sia vista, più dei vetri o dei metalli «lucenti e rossi» per il calore della fusione. Dante ne è abbagliato, ma avanza seguendo i suoi compagni di viaggio. Il colpo d'ala che gli cancella la sesta P è come l'aria di maggio, «impregnata da l'erba e da' fiori», che sa di primavera. E l'angelo proclama beati coloro che non hanno fame di cibi, ma di giustizia.

Dante è roso da un dubbio, eppure non osa esprimerlo, come il cicognino che alza l'ala per il desiderio di volare, ma ha paura di abbandonare il nido (le similitudini con le creature del cielo sono sempre particolarmente delicate; poco fa le gru, ora le cicogne; e ricordiamoci del verso contro i cacciatori).

Virgilio lo incoraggia a parlare. E Dante chiede: com'è

possibile che dimagriscano corpi che non hanno bisogno di cibo? La domanda ovviamente ne sottende un'altra: come fanno le anime dei morti a patire le pene dell'Inferno e del Purgatorio, e a godere della beatitudine del Paradiso? Come spiegare razionalmente la sopravvivenza e la vita ultraterrena dell'anima? Ecco un'altra questione che ci riguarda tutti da vicino; anche se per Dante era una questione di fede, e per noi soprattutto di speranza.

Virgilio non ha una risposta. Si limita a evocare il mito di Meleagro: sette giorni dopo la sua nascita, le Parche – da cui dipende la vita di ogni uomo – fecero visita alla madre e le predissero che il bambino sarebbe vissuto solo fino a quando non si fosse consumato il tizzone che ardeva nel camino. La donna prese il tizzone, lo spense e lo chiuse in una cassa. Ma quando Meleagro uccise i suoi due zii, i fratelli della madre, per una lite – loro pretendevano la testa e la pelle del gigantesco cinghiale che devastava la regione, mentre Meleagro voleva dare il trofeo di caccia alla donna che amava, Atalanta –, la mamma prese il tizzone e lo gettò nel fuoco; così Meleagro morì. Virgilio cita la storia per dimostrare che la vita e la morte di Meleagro non dipendevano dal cibo, ma da una causa esterna; non da un fatto materiale, ma da un fatto spirituale, sia pure inquietante come una maledizione. Per rafforzare l'idea, Virgilio fa un altro esempio: la nostra immagine che guizza dentro uno specchio, replicando ogni nostro movimento, è un po' come il corpo fittizio dei morti, che riflette quanto accade nella loro anima. Ma ora Virgilio preferisce cedere la parola a Stazio, che è il più adeguato a spiegare il mistero; perché sta per lasciare il regno corporeo, fatto di tempo, di sole e di notti, di sollievo e di lacrime.

Il ragionamento è squisitamente dantesco: profondo, non difficile. Ecco l'idea dell'anima, secondo Dante.

Stazio parte dal concepimento, come all'epoca veniva pensato: il sangue «scende ov'è più bello tacer che dire», diventa sperma, incontra il sangue e gli umori della donna nel «natural vasello» dell'utero. L'embrione ha l'anima vegetativa della pianta, e quella sensitiva dell'animale inferiore (Dante parla di «spungo marino», un incrocio tra spugna e fungo). Quando è formato l'ultimo organo, il cervello, allora Dio «si volge lieto sovra tant'arte di natura», si piega compiaciuto sulla sua creatura, «e spira spirito novo»: gli insuffla l'anima razionale, definita nuova perché creata di volta in volta per ogni nuovo nato. Dio trasforma così l'essere animale in essere umano. È il momento misterioso che Michelangelo rappresenta, dopo aver letto Dante, con il dito del Signore che sfiora quello di Adamo.

L'anima intellettiva si fonde con le altre, come il calore del sole che trasforma l'uva in vino. L'anima quindi è una sola, «che vive e sente e sé in sé rigira»: verso di mostruosa bravura e di mirabile sintesi, in cui Dante racchiude le tre essenze dell'uomo, la funzione vitale, la capacità di sentire attraverso i sensi, e la capacità di riflettere su di sé: l'autocoscienza.

Quando l'uomo muore, l'anima sale in Cielo e porta con sé tutte le sue facoltà, «e l'umano e 'l divino». Tutto l'uomo segue la propria anima immortale. Memoria, intelligenza e volontà saranno molto più acute:

nell'Aldilà saremo migliori. L'Aldilà è la vera realtà; la vita autentica sarà quella ultraterrena; la vita sulla Terra ne è solo una figura, un presagio di cose future.

L'anima sa già dove andare, a quale sponda è destinata: l'Acheronte per i dannati; la foce del Tevere per i salvati.

Come l'aria, impregnata di pioggia, riflette i raggi del sole e si adorna dei colori dell'arcobaleno, così l'anima assume un corpo aereo, attraverso cui può sentire le pene dell'Inferno o del Purgatorio. E come la fiamma segue il fuoco, allo stesso modo la nuova forma corporea segue l'anima. È chiamata ombra, perché ha la forma del corpo terreno, ma non la sua consistenza. In attesa della resurrezione della carne, che verrà dopo l'ultimo giorno e il Giudizio universale, l'anima irraggia intorno a sé un altro corpo: come farebbe oggi una stampante 3D.

Conclude Stazio: «Quindi parliamo e quindi ridiam noi;/ quindi facciam le lagrime e ' sospiri/ che per lo monte aver sentiti puoi».

Così, attraverso la loro ombra, le anime parlano e ridono, piangono e sospirano, provano desiderio e affetto. Per questo nessuno, per fortuna o purtroppo, muore del tutto. E neppure nell'Aldilà l'uomo è puro spirito. Almeno, così pensa Dante. E la prospettiva di andare a verificare se la sua intuizione era giusta può renderci meno spaventosa questa idea – la morte, l'Aldilà – che tentiamo sempre di rimuovere, anche quando si presenta più vicina a noi, come nei mesi terribili della pandemia.

Siamo arrivati all'«ultima tortura», la cornice più alta del Purgatorio. È un luogo spaventoso, dove la parete della montagna sprigiona una fiamma, una vampa di fuoco, e dal margine sale un vento che la sospinge indietro. I tre poeti quindi possono passare solo lungo il ciglio; e Virgilio ammonisce Dante a fare attenzione ai propri occhi e tenerli a freno; e non soltanto per evitare di bruciarsi o cadere di sotto. Attraverso gli occhi si trasmette l'amore; e le anime che avanzano nel fuoco sono quelle dei lussuriosi. Intonano l'inno del Mattutino del sabato, «Summae Deus clementiae», in cui si invoca il fuoco purificatore sui lombi e sul fegato, gli organi ritenuti sede della concupiscenza. E alternano il canto alla proclamazione di esempi di castità.

«Virum non cognosco», non conosco uomo, obiettò Maria all'angelo che le annunciava la prossima maternità. E Diana, la dea vergine del mito greco, visse ritirata nel bosco, da cui cacciò la ninfa Elice perché aveva provato il veleno di Venere: Elice era stata sedotta da Giove e fu trasformata prima in un'orsa, poi in una costellazione.

Come già all'Inferno con Paolo e Francesca, Dante è particolarmente simpatetico con le anime che si abbandonarono all'amore; perché anche lui ha conosciuto la passione, sia erotica sia letteraria; infatti sta per incontrare altri poeti. I due aspetti sono legati: non a caso Francesca ha raccontato che lei e Paolo scoprirono i propri sentimenti leggendo un libro, il romanzo cavalleresco di Lancillotto e Ginevra. E il meraviglioso verso di Francesca – «Amor, ch'al cor gentil ratto s'apprende» – è quasi una parafrasi dell'incipit della più celebre poesia di Guido Guinizzelli: «Al cor gentil rempaira sempre amore».

Il sole già declina, i suoi raggi sono all'altezza della spalla destra di Dante, e il cielo da «cilestro», azzurro, si muta in bianco. L'ombra del poeta si proietta sulla fiamma, facendola apparire più rossa e vivida, per lo stupore delle anime, che mormorano tra loro additando lo strano visitatore. Poi una gli rivolge la parola, con un linguaggio ricercato e solenne: «Rispondi a me che 'n sete e 'n foco ardo». È quasi un calco di un altro verso di Guinizzelli: «Ché 'n pene io ardo».

Tutti noi – dice l'anima misteriosa – vogliamo conoscere il segreto di Dante, capire come mai è qui nonostante non sia ancora entrato nella «rete» della morte; e ne abbiamo desiderio come gli Indiani e gli Etiopi hanno sete di acqua fredda (l'India e l'Etiopia erano i Paesi più caldi allora conosciuti).

Ma Dante non fa in tempo a rispondere, perché irrompe una seconda schiera di anime, che va in direzione opposta, verso sinistra: cosa inusuale in Purgatorio, dove si procede sempre verso destra; e questo dettaglio fa pensare a un peccato commesso contro natura. Le varie ombre si avvicinano e si scambiano una a una un bacio, che non ha nulla di lussurioso ma è un segno di affetto e di carità; un po' come una formica «s'ammusa» con l'altra, si tocca il muso per scambiarsi informazioni su quale strada percorrere e dove trovare il cibo. Dante immagina che gli animali, in particolare quelli piccoli, comunichino tra loro; e nel Purgatorio sono frequenti i paragoni tra le bestiole e le anime, rese miti e mansuete dal pentimento.

Le due schiere di lussuriosi si allontanano rapidamente. Quelli che procedono verso sinistra gridano «Soddoma e Gomorra», i nomi delle due città bibliche distrutte dall'ira divina: sono coloro che nell'Inferno vengono chiamati sodomiti. Qui però sono destinati alla salvezza, perché andranno in Paradiso. La schiera che procede verso destra grida invece il nome di Pasifae, la viziosa regina di Creta che si nascose dentro una mucca di legno costruita da Dedalo per farsi possedere da un toro; nacque così il Minotauro, che nella Divina Commedia custodisce il cerchio infernale dei violenti.

Dante riprende a parlare con l'anima dal linguaggio tanto ricercato. Racconta il proprio percorso: «Donna è di sopra che m'acquista grazia», Beatrice veglia dall'alto e lo attende in Cielo; per questo lui può salire la montagna del Purgatorio con il corpo mortale. Ma, per poterne scrivere quando tornerà sulla Terra – e questa è una delle poche volte in cui allude alla sua opera –, il poeta vuol sapere chi sia lo spirito che ha parlato, e gli altri che sono con lui.

Il racconto di Dante lascia sbalorditi i lussuriosi. Tutti lo guardano turbati, come il montanaro «quando rozzo e salvatico s'inurba», quando scende in città: «inurbarsi» è una parola inventata da Dante, che forse pensa alla meraviglia con cui i contadini dell'Appennino ammiravano, con la bocca spalancata, le torri e i campanili di Firenze. (Non c'è razzismo in questo; nel Paradiso il poeta stesso, ammesso nell'Empireo, si paragonerà a un barbaro che entra nella grande Roma.) Poi l'anima riprende la parola: «Beato te, che de le nostre marche», nelle nostre terre, «per morir meglio, esperienza imbarche!». «Imbarcare» è un preziosismo che usa Guinizzelli in un sonetto rivolto a Guittone d'Arezzo: «O caro padre meo, de vostra laude / non bisogna ch'alcun omo se 'mbarchi, / ché 'n vostra mente intrar vizio non aude, / che for de sé vostro saver non l'archi»; o caro padre, nell'impresa del vostro elogio è meglio che nessun uomo si imbarchi; poiché nessun vizio osa entrare nella vostra mente, senza che la vostra saggezza non lo allontani subito, come l'arco scaglia la freccia.

L'anima prosegue la sua spiegazione: l'altra schiera, quella che procedeva verso sinistra e si è allontanata gridando «Soddoma», offese Dio con il peccato per il quale Giulio Cesare, mentre percorreva Roma in trionfo, veniva chiamato «regina». In effetti i legionari usavano canzonare i loro comandanti al momento di celebrare le vittorie; e di Cesare mettevano in dubbio la virilità. «Ave rex et regina» gli gridavano, e anche: «Aperite portas regi calvo et reginae Bitiniae!», spalancate le porte al re pelato e alla regina di Bitinia! I suoi soldati giocavano così sia sulla calvizie di Cesare – che pare ci soffrisse moltissimo –, sia sulla sua relazione con il re di Bitinia Nicomede.

Insomma, la schiera era composta da omosessuali. E non c'è nulla di più fuorviante che guardare ai criteri di giudizio di settecento anni fa con gli occhi di oggi. Per Dante e il suo mondo, l'omosessualità era un peccato. Per la Chiesa lo è ancora adesso (la pratica, non la condizione). Fino a poco fa, era pure un reato; in alcuni Paesi lo è tuttora. Non possiamo pretendere che Dante non sia un uomo della sua epoca. Semmai, è importante far notare che questi spiriti sono in Purgatorio; quindi sono salvi.

L'anima ancora senza nome precisa che «nostro peccato fu ermafrodito», cioè eterosessuale; ma poiché seguimmo «come bestie l'appetito», per questo ripetiamo il nome di Pasifae, la regina «che s'imbestiò ne le 'mbestiate schegge», si fece bestia nei pezzi di legno forgiati in forma di bestia, appunto di mucca. Anche questo insistere sull'aspetto animalesco della lussuria può disturbare; ma la condanna di Dante è netta, e oggi probabilmente colpirebbe pure la pornografia, le pratiche estreme, e più ancora l'educazione sentimentale affidata a YouPorn, a una visione semplicistica e disanimata dell'Eros, priva di rispetto per l'essere umano e in particolare per la donna.

Poi l'ombra lussuriosa riprende a parlare nella sua lingua sublime: «Or sai nostri atti e di che fummo rei», ora conosci i nostri peccati; «se forse a nome vuo' saper chi semo, / tempo non è di dire, e non saprei». Delle storie d'amore non si parla, nomi non se ne fanno; e qui lo spirito si mostra davvero cortese. Di nome dice solo il proprio: è davvero lui, Guido Guinizzelli. Ecco perché Dante l'ha fatto parlare con i suoi stessi versi: le parole gli appartengono.

Guinizzelli è un padre per i poeti che Dante cavallerescamente definisce migliori di sé: Cavalcanti, Cino da Pistoia, Lapo Gianni. Mai nessuno ha composto rime d'amore altrettanto «dolci e leggiadre». Dante vorrebbe gettarsi nel fuoco, verso di lui; ma si trattiene, e rimane «pensoso» a fissarlo attraverso la fiamma, prima di offrirsi «pronto al suo servigio», di mettersi a disposizione per esaudire qualsiasi suo desiderio.

Guinizzelli non chiederà nulla; solo un Padre Nostro. Ma vuole conoscere il motivo per cui Dante lo guarda e gli parla in modo tanto affettuoso. La risposta è tra quelle da ricordare:

E io a lui: «Li dolci detti vostri,
che, quanto durerà l'uso moderno,
faranno cari ancora i loro incostri».

Ciò che rende tanto caro Guinizzelli a Dante sono i dolci versi, che renderanno preziosi gli inchiostri e le carte fino a quando durerà la nostra letteratura. Da notare che Dante dà del tu a Papi e a re, ma dà del voi a Guinizzelli, come aveva fatto solo con Brunetto Latini, il suo maestro. «L'uso moderno» sarebbe la lingua volgare, che Guinizzelli definisce splendidamente «parlar materno», la lingua madre, che si impara fin da piccoli, contrapposta al latino, che si studia a scuola. E se Dante avesse composto la Divina Commedia in latino, l'idioma dei colti del tempo, non saremmo qui a scriverne e a leggerne.

Guinizzelli però si schermisce; indica con il dito un poeta che considera «miglior fabbro», più bravo ancora di lui. «Versi d'amore e prose di romanzi/ soverchiò tutti»; superò ogni scrittore sia in poesia sia in prosa, compreso Giraut de Bornelh, il limosino, trovatore provenzale che Dante considera sopravvalutato; proprio come da noi Guittone d'Arezzo. Di lui Guinizzelli ci lascia un giudizio quasi sprezzante: gli è stato dato pregio «di grido in grido», con il passaparola, «fin che l'ha vinto il ver», fino a quando non ha prevalso la verità. Poi Guido scompare attraverso il fuoco, «come per l'acqua il pesce andando al fondo».

Forse questo passo non è il più nobile della Divina Commedia: Dante se ne avvale per regolare i conti con un poeta che non ama, Guittone, che dopo aver passato mezza vita a scrivere poesie d'amore aveva rinnegato la propria opera – e pure la moglie e i tre figli – per farsi frate. Ma subito entra in scena un altro poeta, quello che Guinizzelli ha definito il «miglior fabbro», l'artefice più delicato di versi in lingua volgare: nel suo caso, il provenzale. È il trovatore Arnaut Daniel, e Dante lo stima tanto che per lui fa un'eccezione, la sola di tutto il poema: lo fa parlare non in italiano, ma nella propria lingua. Sono versi difficili da comprendere, un collage di citazioni trovadoriche che Dante compone con la maestria che ben conosciamo, rispettando la consueta metrica e le rime:

> «Tan m'abellis vostre cortes deman,
>   qu'ieu no me puesc ni voill a vos cobrire.
> Ieu sui Arnaut, que plor e vau cantan;
>   consiros vei la passada folor,
>   e vei jausen lo joi qu'esper, denan.
> Ara vos prec, per aquella valor
>   que vos guida al som de l'escalina,
>   sovenha vos a temps de ma dolor!».

Proviamo a leggere questi versi ad alta voce: non si capisce nulla; ma suonano come musica. Arnaut Daniel dice, più o meno: tanto mi è gradita (mi abbella) la vostra cortese domanda, che io non posso e non voglio nascondermi a voi. Io sono Arnaldo, che piango e vo cantando; guardo pensoso la passata follia, e guardo davanti a me la gioia che spero. Ora vi prego, per quella virtù che vi guida al sommo della scala, in cima alla montagna del Purgatorio: vi sovvenga a tempo debito, davanti a Dio, del mio dolore.

Un'apparizione rapida ma di grande intensità, come quella di Pia de' Tolomei. Arnaut esprime il dolore per il traviamento che ha conosciuto, l'attesa della beatitudine che verrà, la richiesta che sia ricordata la sua sofferenza. «Poi s'ascose nel foco che li affina»; infine Arnaut si nasconde nel fuoco che purifica i lussuriosi.

Né di lui, né di Guinizzelli abbiamo notizie che giustifichino il loro castigo infernale. La lussuria che li ha condotti in Purgatorio non è carnale; è letteraria. Ormai le seduzioni del mondo sono alle spalle. Dante è quasi arrivato in cima alla montagna. Ciò che resta delle passioni terrene sta per svanire. E questo tratto finale della sua ascesa sarà il più malinconico e affascinante. Il paesaggio è magico anche perché sta per sparire: si illuminano le ultime stelle, sorge l'ultimo sole. Virgilio sta per accomiatarsi. Viene il tempo di Beatrice, del vero amore. Prima però anche Dante dovrà passare attraverso il fuoco.

Diciotto

«Bella donna, che a' raggi d'amore ti scaldi»

Dove Dante si getta nel fuoco per Beatrice, sta per perdere
Virgilio, sogna una donna che raccoglie fiori
e guarda il corteo dell'Apocalisse

A Gerusalemme è l'alba; a Cadice, nel paese dove scorre l'Ebro, è mezzanotte; le onde del Gange, in India, sono riarse dal mezzogiorno; nel Purgatorio è l'ora del tramonto. Dante torna a mostrarci in due terzine il mondo intero, nei suoi diversi fusi orari; ma la situazione è opposta rispetto all'inizio della sua ascesa. Quando Dante era ai piedi della montagna, sorgeva l'aurora sui lidi del Purgatorio, mentre a Gerusalemme scendeva la sera. Ora il ciclo sta per chiudersi, la purificazione è quasi compiuta.

Un angelo canta «Beati i puri di cuore», con voce sublime – «assai più che la nostra viva» –, che non si può sentire sulla Terra. Ma lo stesso angelo ammonisce: per andare oltre, Dante, Virgilio e Stazio dovranno passare attraverso il muro di fuoco che protegge l'Eden, il giardino del Paradiso terrestre.

In preda al terrore, Dante diventa pallido come un cadavere, o come il condannato messo nella fossa per essere sepolto vivo. Si sporge verso il fuoco, e gli pare di vedere corpi umani bruciati, come forse gli era accaduto nella Firenze della sua giovinezza, dove venivano arsi sul rogo eretici e falsari. Per due volte in pochi versi, il poeta evoca i supplizi del suo tempo; ed è preso dalla paura della sofferenza e della morte, quasi un attacco di panico, di quelli che talora toccano anche a noi.

Virgilio sa che il suo discepolo ha avuto una crisi simile nell'Inferno, al momento di volare nell'abisso in groppa al drago Gerione, e gliela ricorda: se uscì salvo da quella prova terribile, quando si scendeva verso Lucifero, perché dovrebbe avere paura adesso, che si sale verso Dio? Ma neppure Virgilio riesce a tranquillizzarlo. Invano gli spiega che «qui può esser tormento, ma non morte»; il fuoco brucia, non consuma. Se pure ci restasse dentro per mille anni, Dante non perderebbe un solo capello; volendo, può fare la prova accostando alla fiamma un lembo delle sue vesti.

Ma Dante resta «fermo e duro», immobile e ostinato. Al che Virgilio usa l'arma finale: il nome della donna amata. «Or vedi, figlio:/ tra Beatrice e te è questo muro». Solo l'amore può vincere la resistenza dell'uomo di fronte al pericolo della morte. Per Beatrice, Dante si getterebbe letteralmente nel fuoco.

La dolcezza del nome dell'amata, e il timore di non riuscire a raggiungerla e quindi di perderla, fanno venire in mente al poeta una storia d'amore impossibile. Se fosse vissuto dopo Shakespeare, forse parlerebbe di Giulietta e Romeo. Invece racconta una vicenda in qualche modo simile, narrata da Ovidio: quella di due giovani babilonesi, Piramo e Tisbe. Cresciuti in due case vicine, si innamorano, e si parlano attraverso una crepa nel muro che li separa; ma le rispettive famiglie, che si odiano, ostacolano il loro amore. Così Piramo e Tisbe decidono di fuggire nella notte, e di darsi appuntamento presso un albero di gelso, accanto al sepolcro del re Nino. Per prima arriva Tisbe, protetta da un velo bianco; ma una leonessa, che ha appena fatto strage di buoi, viene a dissetarsi alla fonte lì accanto, con il muso intriso di sangue. Tisbe si rifugia in una grotta, lasciando cadere il velo; la leonessa lo trova e lo lacera tra le fauci. Quando sopraggiunge Piramo, vede il velo insanguinato e pensa che Tisbe sia stata sbranata da una fiera. Affranto, si trafigge con la spada. Tisbe lo trova morente, e grida disperata: «Tua te carissima Thisbe nominat!», è la tua carissima Tisbe che ti chiama! Così, con il dolce suono del proprio nome, riesce a risvegliarlo per un attimo; Piramo apre gli occhi, riconosce l'amata, e spira. Anche Tisbe si toglie la vita: proprio come Giulietta sul corpo di Romeo. Fu «allor che 'l gelso diventò vermiglio»: intrisi di tanto sangue, i frutti da quel momento diventeranno rossi.

Ecco, nel sentir citare Beatrice, Dante si sente come Piramo quando ascolta il nome di Tisbe; perché il nome di Beatrice «ne la mente sempre mi rampolla», sempre fiorisce nella sua mente. E anche per noi non c'è nome più caro e irresistibile di quello della persona amata.

Virgilio sorride e gli parla come a un fanciullo: «Volenci star di qua?», vogliamo proprio restarcene da questa parte? Così il maestro avanza per primo nel muro di fuoco, Dante per secondo, Stazio per terzo; come in una cordata in montagna, aperta dalla guida, chiusa da un altro forte alpinista, con il meno esperto in mezzo.

La prova è durissima. Dante si getterebbe nel vetro liquefatto per rinfrescarsi: il liquido più incandescente che esista sulla Terra è refrigerio in confronto all'ardore del fuoco del Purgatorio. Per confortarlo, Virgilio continua a parlare di Beatrice: «Li occhi suoi già veder parmi», già gli sembra di vedere i suoi occhi. E Dante supera la prova, con la forza di cui anche noi siamo capaci quando facciamo violenza a noi stessi e alle nostre paure.

È un altro angelo a dargli il benvenuto, oltre il muro di fuoco: «Venite, benedetti del padre mio...». Sono le parole che pronuncerà Gesù nel giorno del Giudizio universale, accogliendo gli eletti cui è destinato il regno preparato per loro fin dall'inizio del mondo. E aggiungerà: «Allontanate da me i dannati dentro il fuoco eterno, che è stato preparato per il diavolo e i suoi angeli».

Dante, Virgilio e Stazio fanno in tempo a salire qualche gradino dell'ultima scala, prima che scenda il sole. E siccome nel Purgatorio nessuno può muoversi dopo il tramonto, prima che l'orizzonte diventi cupo «'n tutte le sue parti immense», i tre poeti si stendono ognuno su un gradino, per riposare.

Dante paragona se stesso a una capra, che dopo il pasto rumina all'ombra, e le sue guide ai pastori, che passano la notte accanto al gregge, attenti a che i lupi non lo disperdano. In quel poco di cielo che Dante intravede, nota le stelle splendere più grandi e luminose, come accade in alta montagna, dove l'aria è rarefatta; e mentre rimira le stelle lo coglie il sonno.

Per la terza e ultima volta, Dante sogna. Gli appare una donna «giovane e bella», che coglie fiori e canta:

«Sappia qualunque il mio nome dimanda
   ch'i' mi son Lia, e vo movendo intorno
   le belle mani a farmi una ghirlanda.

> Per piacermi a lo specchio, qui m'addorno;
> ma mia suora Rachel mai non si smaga
> dal suo miraglio, e siede tutto giorno.
> Ell'è d'i suoi belli occhi veder vaga
> com'io de l'addornarmi con le mani;
> lei lo vedere, e me l'ovrare appaga».

La donna è Lia, la prima sposa di Giacobbe, e i fiori che raccoglie le servono a farsi bella, per guardarsi nello specchio: simbolo dell'anima, luogo dove possiamo intuire la presenza divina. Davanti allo specchio sua sorella Rachele trascorre tutto il giorno, desiderosa di rimirare i propri occhi, come Lia lo è di adornarsi con le mani; una è appagata dal vedere, l'altra dall'agire.

Lia e Rachele sono i simboli della vita attiva e della vita contemplativa, che per Dante sono le due strade – una «buona», l'altra «ottima» – per raggiungere la felicità sulla Terra. Giacobbe le aveva sposate entrambe. Lia non era bella ma ebbe molti figli, Rachele era bellissima ma sembrava sterile; fino a quando non diede alla luce Giuseppe, che era il prediletto di Giacobbe proprio perché figlio della donna che amava.

Dante è particolarmente ispirato: la quiete della notte, la magia del sogno creano un'atmosfera incantata. E questo passo del Purgatorio, in cui luccicano specchi e stelle, non è estraneo a uno dei più bei versi della Gerusalemme Liberata di Torquato Tasso:

> «Non può specchio ritrar sì dolce imago
> né in picciol vetro è un paradiso accolto;
> specchio t'è degno il cielo, e ne le stelle
> puoi riguardar le tue sembianze belle».

Il sogno di Dante è interrotto dal primo chiarore del giorno, anzi dagli «splendori antelucani». Questa è la prima volta che qualcuno scrive in italiano la meravigliosa parola «antelucano»: qualcosa che precede la luce e in qualche modo la annuncia, mettendo in fuga le tenebre. È l'ora più cara al pellegrino sulla via di casa: e anche questo dettaglio chiude il viaggio e il ciclo del Purgatorio, che si era aperto nell'«ora che volge il disio» e «intenerisce il core». Come il tramonto immalinconisce chi si allontana dalla patria, così l'aurora rallegra l'esule che ritorna. Ma sta per consumarsi un addio, che getterà un velo di tristezza sull'anima di Dante e su quella di noi lettori.

Siamo ormai quasi in cima alla montagna, sulla soglia del Paradiso terrestre. Virgilio parla per l'ultima volta: «Quel dolce pome che per tanti rami/ cercando va la cura de' mortali,/ oggi porrà in pace le tue fami»; il frutto che gli uomini vanno cercando per vie e in modi diversi, cioè la felicità, oggi lo potrai cogliere. Dante si sente leggero, come se gli fossero spuntate le ali per volare, e in un attimo percorre la scala che lo conduce al giardino dell'Eden. Però è arrivato il momento di separarsi dalla sua guida. «Il temporal foco e l'etterno/ veduto hai, figlio; e se' venuto in parte/ dov'io per me più oltre non discerno.» Virgilio ha mostrato a Dante il Purgatorio e l'Inferno; ma da ora in poi non potrà più essere la sua guida. Fino all'Eden l'uomo può giungere con le proprie forze morali e intellettuali; ma per andare oltre occorre la grazia divina, che a Virgilio è stata negata.

Sta per arrivare Beatrice; Dante potrà attenderla in quel luogo meraviglioso, tra «erbette», fiori e «arbuscelli». Ormai come guida avrà il libero arbitrio, «dritto e sano»: libero di dirigersi al bene, al vero amore. «Per ch'io te sovra te corono e mitrio» conclude Virgilio: io ti incorono re di te stesso.

Dante non si muove più con affanno, ma «lento lento». Vuole esplorare «la divina foresta spessa e viva», fitta di vegetazione e piena di vitalità.

L'Eden è davvero un luogo stupendo. Ogni cosa profuma. Un vento dolce e soave spira sempre nella stessa direzione, da oriente a occidente, e fa tremolare le fronde; senza però piegarle tanto da disturbare gli uccellini, che cantano mentre lo stormire delle foglie tiene «bordone», accompagna le loro rime. Per dare un'idea della pace e della serenità del posto, Dante lo paragona alla pineta di Classe, presso Ravenna, dove gli uccelli cantano di ramo in ramo sulla riva del mare, quando Eolo scioglie lo scirocco dalla prigione dei venti; e pare quasi di vederlo, Dante, mentre passeggia nella pineta dopo una notte di oscuri pensieri, a cercare pace dalle vicissitudini dell'esilio e dalle angosce di una vita inquieta.

Inoltrandosi nella «selva antica» in cima alla montagna del Purgatorio, il poeta incontra un fiumicello, tanto limpido e trasparente che – pur scorrendo sotto l'ombra perenne degli alberi – lascia vedere il fondo; al confronto, tutte le acque più pure della Terra sembrerebbero torbide.

Dante resta con i piedi sulla riva, ma valica il rio con gli occhi, per guardare la gran varietà dei rami fioriti (definiti i «freschi mai», i freschi maggi). E dall'altra parte del ruscello appare, come una meraviglia che allontana dalla mente ogni altro pensiero, una donna che avanza cantando e cogliendo fiori: la stessa immagine del sogno, divenuta reale.

Qui Dante torna poeta stilnovista, e le si rivolge con versi soavi: «Deh, bella donna, che a' raggi d'amore/ ti scaldi, s'i' vo' credere a' sembianti/ che soglion esser testimon del core,/ vegnati in voglia di trarreti avanti...».

«Bella donna» è un'espressione italiana che conoscono anche gli stranieri, come «mamma mia», sino a diventare uno stereotipo (c'è una canzoncina-tormentone con cui i tedeschi ci prendono in giro da anni, dal ritornello che comincia appunto così: «Bella donna, mamma mia, bravo...»; seguono rime tipo mortadella-nutella e Berlusconi-Luca Toni). Ma all'origine è un'espressione di Dante, che qui parla, anzi scrive, come nelle sue rime cortesi.

La «bella donna» si scalda ai raggi dell'amore. Procede a passo di danza, mettendo i piedi appena uno davanti all'altro – un'immagine che evoca leggiadre danze medievali –, sui fiorellini vermigli e gialli. La sua figura ricorda a Dante quella di Proserpina, che raccoglieva fiori quando fu rapita da Ade e trascinata nell'oltretomba; ma quando la «bella donna» solleva lo sguardo, i suoi occhi splendono più ancora degli occhi di Venere.

Il fiumicello si potrebbe varcare in tre passi; eppure Dante non può farlo. Per lui quella piccola barriera d'acqua diventa come l'Ellesponto, lo stretto dei Dardanelli che separa l'Europa dall'Asia: un braccio di mare corto, ma difficile da superare. Dante evoca in una sola terzina una tragedia e un amore. La tragedia del re di Persia Serse, che fece gettare un ponte di navi per invadere la Grecia; ma l'esercito persiano fu sconfitto, il ponte distrutto, e Serse si salvò a stento su una barchetta di pescatori. E l'amore di Leandro, che ogni sera passava lo stretto a nuoto per raggiungere la sua Ero («all'andata mi sento un nuotatore, al ritorno un naufrago»), e odiava le mareggiate che talora lo costringevano a passare la notte senza la sua amata; e in una di quelle tempeste perderà la vita.

La «bella donna» spiega a Dante il segreto del luogo dove è giunto: questo è il «nido» che il creatore aveva preparato per la sua creatura. Dio fece l'uomo buono e disposto al bene, e lo pose nel giardino dell'Eden per dargli «etterna pace», una beatitudine senza fine. Ma l'uomo cedette alla tentazione del serpente; per sua colpa rimase qui poco tempo; per sua colpa «onesto riso e dolce gioco» si mutarono «in pianto e in affanno»: una vita serena e gioiosa (per quanto noiosetta) divenne la nostra vita, sempre esposta al dolore e alle angosce.

Dante però ha altre domande. Stazio gli ha spiegato che nel Purgatorio non ci sono pioggia, vento e altre perturbazioni terrestri. Come mai allora qui soffia una brezza leggera? La «bella donna» conferma che in effetti Dio volle innalzare la montagna talmente in alto, affinché Adamo, Eva e i loro discendenti potessero vivere al riparo dalle intemperie. Il vento, lieve e costante, che Dante sente è provocato dalla massa d'aria che gira intorno alla Terra, e incontrando la resistenza della foresta produce il dolce suono udito dal poeta; come se la volta celeste urtasse contro la cima della montagna.

Fermiamoci un attimo. Da millenni l'uomo tenta di immaginare il Paradiso terrestre, il mondo selvaggio e incontaminato in cui vissero i nostri progenitori. Ogni cultura, compresa quella greco-romana, ha concepito un'età dell'oro, quando donne e uomini vivevano liberi e felici. Ma nessuno ha mai pensato e costruito l'Eden come sta facendo ora Dante, arrivando a concepire leggi fisiche valide solo per questo luogo incantato. Dopo aver inventato il Purgatorio, il poeta crea un mondo nel mondo, il Paradiso terrestre.

Le piante della foresta, investite dal vento divino, lo impregnano con i loro semi, che poi l'aria fa cadere sulla Terra; così tutte le piante e i fiori che noi vediamo hanno origine, secondo Dante, dal giardino dell'Eden. Questa «campagna santa» contiene quindi ogni specie vegetale che si trova nel nostro mondo, più altre che nessuno di noi ha mai visto.

L'acqua non viene dalle piogge, ma da una «fontana salda e certa», da una sorgente scaturita per volere di Dio, che forma due fiumi. Il primo è il Lete; e chi ne beve l'acqua dimentica i peccati che ha commesso. L'altro è l'Eunoè, che ravviva il ricordo delle giuste azioni compiute; e questo è il sapore più delizioso di qualsiasi altro. Le anime purganti che arrivano nell'Eden hanno quindi come dono l'oblio del male e la memoria del bene. Lete in greco significa appunto oblio, e non è un'invenzione di Dante: è uno dei fiumi che secondo il mito scorrono nell'Ade. Eunoè invece è un nome coniato dal poeta, da *eu*, bene, e *nous*: mente, memoria.

La «bella donna» aggiunge ancora un dettaglio: i poeti antichi che descrissero l'età dell'oro forse sognarono sul Parnaso proprio questo luogo; ebbero cioè un'intuizione del mondo cristiano. «Qui fu innocente l'umana radice;/ qui primavera sempre e ogne frutto;/ nettare è questo di che ciascun dice.» I primi uomini vissero qui da innocenti, prima del peccato originale, come in una perenne primavera, tra ogni frutto; l'acqua di questi fiumi è il nettare di cui parlarono i poeti. Al che Dante si volge verso Virgilio e Stazio, e li vede sorridere.

Ma chi è la «bella donna» che canta, raccoglie fiori e custodisce il mistero dell'Eden? Come si chiama? È una figura reale o simbolica? È un personaggio storico o un'allegoria?

Dante ci tiene ancora in sospeso. Ne farà il nome – Matelda – solo alla fine della cantica, senza rivelarne davvero l'identità. Qualcuno ha pensato a Matilde di Canossa, la nobildonna che teneva testa ai signorotti medievali. Altri a Matilde di Matelica, aristocratica che si fece suora, e che Dante potrebbe avere incontrato durante le sue peregrinazioni nelle Marche. Altri ancora a due mistiche e veggenti tedesche, Matilde di Magdeburgo e Matilde di Hackeborn, che ebbero visioni dell'Aldilà vicine all'invenzione dantesca. Ma forse la «bella donna» è solo un'incarnazione della felicità quasi perfetta, della giovinezza del mondo. È una donna che rende felici; ma non è ancora l'amore assoluto.

Matelda si muove lungo il Lete con la grazia di una ninfa, che se ne va sola «per le salvatiche ombre», nel folto del bosco. Fatti cinquanta passi, il fiumicello piega verso nord, in direzione dell'emisfero abitato; forse per riversare nell'abisso dell'Inferno tutte le memorie del male compiuto dagli uomini. D'un tratto, Matelda si rivolge a Dante e gli dice: «Frate mio, guarda e ascolta».

Un balenare di luce percorre la foresta, tanto da far pensare a un fulmine; ma il fulmine dura un attimo, invece questo splendore cresce di intensità; mentre una dolce melodia percorre l'aria luminosa. Il poeta in cuor suo rimprovera Eva, che cedendo alla tentazione del serpente ha privato di questo luogo soave il genere umano, che altrimenti sarebbe vissuto per sempre in un giardino di «ineffabili delizie». Tutto sembra predisposto per un'apparizione decisiva; tanto che Dante si affida alle Muse, le ispiratrici delle arti – per le quali ha sofferto fame, freddo e sonno –, affinché lo assistano nel descrivere le cose che ha visto.

In lontananza compaiono sette alberi d'oro, che avvicinandosi si rivelano candelabri: sono i sette candelabri dell'Apocalisse, simbolo delle prime comunità cristiane (che forse qui indicano lo spirito settemplice di Dio, fonte dei sette doni dello Spirito Santo; perdonate la complicazione, prometto che è l'ultima). Il poeta si volge ammirato verso Virgilio, che contraccambia uno sguardo carico di stupore, ma «la donna mi sgridò»: Matelda richiama Dante a guardare il resto della scena. Ecco avanzare «ventiquattro seniori», vegliardi vestiti di bianco e coronati di «fiordaliso»: rappresentano i ventiquattro libri dell'Antico Testamento. È un'immagine che Dante sembra trarre dalle processioni raffigurate a Ravenna nella basilica di Sant'Apollinare Nuovo, dove i maestri mosaicisti bizantini lasciarono il loro capolavoro. Seguono i quattro animali simbolo degli Evangelisti: il leone per Marco, il bue per Luca, l'aquila per Giovanni (anche se a dire il vero il simbolo di Matteo non è un animale, ma un angelo). In mezzo a loro avanza un carro trionfale, che rappresenta la Chiesa, trainato da un grifone, simbolo di Gesù.

Il carro è più splendido di quelli su cui sfilarono Scipione l'Africano dopo aver sconfitto Annibale, e Augusto fondatore dell'Impero romano; e non era più bello il carro del Sole, che Fetonte ottenne di condurre trascinandolo per inesperienza ora troppo lontano dalla Terra, ora troppo vicino; fino a quando Giove non lo fulminò. E qui Dante intende dire che la Chiesa può talora essere guidata da Papi che sbagliano, e finiscono per essere puniti da Dio.

Dal mito si entra nella storia. L'Eden, luogo senza tempo, diventa lo scenario di una sacra rappresentazione che sintetizza la vicenda spirituale dell'uomo: la tradizione ebraica, l'avvento del cristianesimo, la diffusione del Vangelo; prima la lunga attesa del Salvatore, poi la venuta di Gesù, a purificare il peccato originale commesso proprio qui, nel Paradiso terrestre. Dio si è rivelato nella storia, e ha salvato l'uomo. Ma la visione non è finita. Presto svelerà il proprio legame con il racconto di Dante, e con la sua stessa vita.

A destra del carro compaiono tre donne che danzano. Una è rossa come il fuoco; l'altra ha le ossa e le carni di colore smeraldo, cioè verde intenso; la terza pare di neve immacolata. Sono le tre virtù teologali: Carità, Speranza e Fede. Dalla parte sinistra del carro, quella meno nobile, fanno festa vestite di porpora altre quattro donne, che simboleggiano le virtù cardinali. La prima, che guida le altre, ha tre occhi: è la Prudenza, che richiede – come scrive lo stesso Dante nel Convivio – buona memoria delle cose viste, buona conoscenza di quelle presenti, buona preveggenza di quelle future. Le altre sono Giustizia, Fortezza e Temperanza.

Seguono due vecchi, uguali nel contegno «onesto» e grave, ma vestiti in modo diverso. Il primo, che ha l'abito da medico, è san Luca; e in effetti l'autore degli Atti degli Apostoli era un medico. Il secondo porta «una spada lucida e aguta»: è san Paolo, che scrisse ai primi cristiani le Lettere che ancora oggi leggiamo in chiesa ogni domenica. Mentre altre quattro figure di aspetto umile, modesto, simboleggiano le Lettere minori, di Pietro, Giovanni, Giacomo e Giuda.

Il corteo è chiuso da un vecchio solitario, che dorme, ma con la «faccia arguta»: è l'apostolo Giovanni, che morì in età avanzata a Patmos. Dante lo ritrae come un visionario in estasi – poiché scrisse l'Apocalisse quasi in sogno – ma dallo sguardo penetrante, capace di intravedere il futuro, sino all'ultimo giorno dell'umanità.

Quando il carro arriva di fronte a Dante, si ode un tuono. È il segno inviato dal Cielo a fermare la processione. Il grande corteo – i candelabri, i seniori, gli animali allegorici, i vegliardi… – si arresta proprio davanti al poeta. La scena è solenne. Sta per accadere qualcosa di definitivo, destinato a suggellare la cantica, a completare tutto quello che abbiamo letto finora, a dare un senso alla grande costruzione poetica e intellettuale del Purgatorio. E dev'essere qualcosa che ha a che fare con l'amore, con Dante, con ognuno di noi.

Diciannove

«Conosco i segni de l'antica fiamma»

Dove Dante davanti a Beatrice trema come Catullo, piange come Tancredi e ispira Jane Eyre

Il Cantico dei Cantici è il libro dell'amore. Non solo l'amore come estasi dei sensi, ma anche come segno della presenza divina nella vita dell'uomo.

Tra i ventiquattro seniori, che rappresentano ognuno un libro della Bibbia, è proprio quello che simboleggia il Cantico dei Cantici a gridare, per tre volte: «Veni, sponsa, de Libano», vieni sposa dal Libano. È invocata una donna che è la manifestazione della bellezza di Dio, un simbolo di amore e di sapienza.

È un momento solenne, rivelatore. Una moltitudine di angeli sorge in piedi sul carro, come i beati che – al suono delle trombe del Giudizio universale – si leveranno dai sepolcri, festeggiando con l'Alleluia la voce ritrovata. Tutti gli angeli cantano «Benedetto colui che viene nel nome del Signore», e spargono fiori, formando una nuvola coloratissima.

Io – scrive Dante – ho visto già all'inizio del giorno l'oriente colorarsi di rosa, e il resto del cielo adornato di un colore sereno; e ho visto la faccia del sole velata d'ombra, così che l'occhio poteva fissarla. Allo stesso modo, dentro la nuvola di fiori appare una donna, con un vestito rosso vivo sotto un manto verde e un velo candido.

Il suo volto ancora non si vede. Ma per la sua sola presenza, per l'occulto potere che da lei proviene, lo spirito di Dante ritrova la sensazione di un tempo, avverte «la gran potenza» di un «antico amor». Aveva tremato così quando aveva avvertito per la prima volta la presenza di Beatrice. Lui stesso lo racconta nella Vita Nuova: «Lo spirito della vita, lo quale dimora nella secretissima camera del cuore, cominciò a tremare sì fortemente...». E, nell'occasione di un altro incontro, la reazione è la stessa: «Mi parve sentire uno mirabile tremore incominciare nel mio petto da la sinistra parte e distendersi di subito per tutte le parti del mio corpo...». Per non cadere, il giovane Dante si appoggiò a un muro affrescato, e pieno di vergogna alzò lo sguardo, per vedere se qualcuno si fosse accorto del suo tremore: allora, «mirando le donne, vidi tra loro la gentilissima Beatrice».

È una reminiscenza dolce e dolorosa. D'un tratto Dante ricorda quel lontano incontro, e come un bambino che corre verso la mamma si volge verso Virgilio: «Men che dramma/ di sangue m'è rimasto che non tremi:/ conosco i segni de l'antica fiamma»; non mi è rimasta una sola goccia di sangue che non tremi.

La prima, nella storia della letteratura, a tremare per amore è stata Saffo. Tutti gli scrittori che sono tornati sul tema – un vero e proprio genere – hanno ripreso e talora tradotto i versi della poetessa di Lesbo. Scrive Catullo: «Non appena ti scorgo,/ o Lesbia, non mi rimane nulla,/ ma la lingua si paralizza, tenue sotto le membra/ scorre una fiamma, le orecchie ronzano/ di un suono interno, entrambi gli occhi/ si coprono di tenebre».

Anche Foscolo si cimenta: «E tutta molle d'un sudor di gelo/ e smorta in viso come erba che langue,/ tremo e fremo di brividi, ed anelo/ tacita, esangue». Ma l'ultimo a tradurre degnamente Saffo è, ancora una volta, Salvatore Quasimodo:

> A me pare uguale agli dei
> chi a te vicino così dolce
> suono ascolta mentre tu parli
> e ridi amorosamente. Subito a me
> il cuore si agita nel petto
> solo che appena ti veda, e la voce
> si perde sulla lingua inerte.
> Un fuoco sottile affiora rapido alla pelle,
> e ho buio negli occhi e il rombo
> del sangue alle orecchie.
> E tutta in sudore e tremante
> come erba patita scoloro:
> e morte non pare lontana
> a me rapita di mente.

Anche lo stupendo verso di Dante – «conosco i segni de l'antica fiamma» – è quasi una traduzione, ma dall'Eneide di Virgilio: «Adgnosco veteris vestigia flammae» dice Didone alla sorella Anna, per avvertirla di essersi innamorata, di aver sentito risvegliarsi nel cuore, alla vista di Enea, il sentimento che provava per il marito Sicheo.

Ma quando Dante cerca Virgilio, si accorge che non c'è più. Il «dolcissimo patre» è svanito, si è dissolto. Già aveva detto di non poter proseguire oltre. Ma Dante non è preparato a perderlo, e scoppia in lacrime, offuscando le guance che proprio Virgilio gli aveva lavato con la rugiada, ai piedi della montagna del Purgatorio. Ora non c'è più nessuno a consolarlo; anzi, sta per arrivare un aspro rimprovero.

«Dante, perché Virgilio se ne vada,/ non pianger anco, non piangere ancora;/ ché pianger ti conven per altra spada.» Per la prima e ultima volta, nella Divina Commedia risuona il nome dell'autore. E a pronunciarlo è lei, Beatrice. Che però non ha il tono di chi consola, ma di chi rimbrotta: non piangere perché Virgilio se n'è andato – ammonisce –, perché presto piangerai per qualcosa che ti infliggerà una ferita ancora più profonda.

La donna amata appare come un ammiraglio, che dall'alto della nave incita i marinai alla battaglia. Anche se il velo ancora le nasconde il viso, ha un atteggiamento regale e altero, tanto da usare il plurale maiestatis: «Guardaci ben! Ben sem, ben sem Beatrice».

È davvero Beatrice. E si rivolge a Dante con asprezza: «Come degnasti d'accedere al monte?», come ti sei permesso di entrare nell'Eden, dove l'uomo ha la perfetta felicità? Il poeta abbassa gli occhi nell'acqua del fiumicello; ma notando la propria immagine riflessa, per la vergogna sposta lo sguardo verso l'erba della riva.

Se Dante parla a ognuno di noi, anche la scena dell'incontro con Beatrice ci riguarda. Proviamo a chiederci cos'abbiamo sentito, nel rivedere a distanza di anni la persona amata. Non abbiamo forse anche noi pensato che non si smette mai del tutto di amare? Non ci dà ancora i brividi incontrare dopo tanto tempo una persona che è stata importante, che abbiamo continuato a vedere nei sogni, che abbiamo pensato almeno una volta al giorno tutti i giorni, che abbiamo ritrovato in un angolo inatteso della mente quando meno ce l'aspettavamo?

Esiste la complicità dell'amore preso e dato: un uomo e una donna che sono stati legati da un sentimento e da una consuetudine non saranno mai due estranei. Ed esiste l'amore che non è mai diventato passione erotica, ma rappresenta un ponte, un confine, un passaggio verso una dimensione superiore.

L'apparizione di Beatrice è uno dei punti più alti della Divina Commedia, e ne segna la svolta. Il posto degli uomini è alle spalle. Ora si entra nel mondo celeste. Beatrice è stata fin dalla giovinezza per Dante il volto visibile della bellezza divina, dell'amore perfetto. E la bellezza è la via che conduce dalla materia allo spirito. È la sola forma dello spirito che possiamo percepire con i sensi. È il pensiero che diventa sentimento, ed è il sentimento che diventa pensiero.

(Ovviamente, il fatto che Beatrice sia vestita di bianco, rosso e verde è una coincidenza che con la nostra bandiera non c'entra nulla: sono, come sappiamo, i colori simbolo di fede, speranza e carità. Intanto, però, Beatrice è vestita di bianco, rosso e verde.)

All'inizio la donna amata si comporta con durezza. Non è ancora la dolce guida che sarà in Paradiso. E apostrofa Dante per nome, come nessuno aveva fatto prima e nessuno farà poi.

Il poeta spiega perché qui è costretto a introdurre questa eccezione. Nel Convivio aveva scritto: «Parlare alcuno di se medesimo pare non licito ... sanza necessaria cagione». E una delle cause necessarie per parlare di sé è quando può essere utile agli altri. Il nome di Dante risuona non a sua gloria, ma a sua umiliazione. Infatti lui si sente come un bambino sgridato dalla madre. Anche il rimprovero è una forma di affetto; ma l'affetto che si manifesta con il rimprovero ha un sapore amaro.

Perché Beatrice è così severa? Se lo chiedono pure gli angeli, che intonano «In te, Domine, speravi», il salmo 30, che comincia così: «In te ho sperato, o Signore». È un canto di speranza e di fiducia nella misericordia di Dio. Pare quasi che gli angeli rispondano alla domanda di Beatrice: «Come degnasti d'accedere al monte?». L'uomo è peccatore; ma, quando si pente, viene perdonato. Eppure la donna amata non ha ancora concesso all'innamorato il perdono per non esserle stato idealmente fedele.

Gli angeli insomma compatiscono Dante, come se dicessero a Beatrice: perché lo maltratti, perché lo distruggi così? E quando li sente prendere le sue difese, il poeta si scioglie in lacrime e sospiri; come la neve sugli alberi dell'Appennino – «lo dosso d'Italia», la spina dorsale del Bel Paese – prima viene ghiacciata dai venti di nordest, poi sciolta dai tepori che salgono dall'Africa. E in effetti ci accade talora di commuoverci, quando vediamo che gli altri hanno pietà di noi; e piangiamo i nostri stessi mali.

Beatrice spiega agli angeli la ragione del suo comportamento. E lo fa con parole meravigliose (quando deve far parlare la donna amata, Dante si impegna particolarmente).

Gli angeli vegliano per un giorno eterno; la notte e il sonno non impediscono loro – a differenza che agli uomini – di vedere ogni passo fatto dal tempo, tutti gli eventi della storia: gli angeli conoscono ogni cosa, al di fuori delle dimensioni del tempo e dello spazio. Quindi, non è tanto per loro, quanto per Dante che Beatrice parla, affinché il suo dolore sia commisurato alla colpa.

Nella giovinezza, Dante ebbe così tanti doni – sia per l'inclinazione naturale degli astri, sia per grazia divina – che «virtualmente», in potenza, avrebbe potuto fare cose straordinarie. Ma quanto più il terreno è ricco di vigore, tanto più produce piante maligne e selvagge, se non lo si coltiva o vi si pianta un seme cattivo. Per un certo tempo, racconta Beatrice, «il sostenni col mio volto»: i miei giovani occhi indirizzarono Dante sulla dritta via; ma quando arrivai sulla soglia della «seconda etade», la giovinezza, e «mutai vita», cioè morii, «questi si tolse a me, e diessi altrui»: Dante mi dimenticò, per dedicarsi a un'altra donna.

È la «donna gentile» che, come racconta il poeta nella Vita Nuova, sostituì brevemente Beatrice nel suo cuore. Non si sa se sia una donna reale, o il simbolo di un'attrattiva ingannevole. Forse sono vere entrambe le cose. Gli interpreti identificano Beatrice con la teologia e l'«altra» con la filosofia, come più tardi lo stesso poeta avrebbe suggerito nel Convivio. Ma probabilmente Dante conobbe anche la passione fisica. Così Beatrice si lamenta:

«Quando di carne a spirto era salita,
  e bellezza e virtù cresciuta m'era,
  fu' io a lui men cara e men gradita;

> e volse i passi suoi per via non vera,
>   imagini di ben seguendo false,
>   che nulla promession rendono intera».

Quando Beatrice divenne puro spirito, crescendo in virtù e bellezza, fu meno cara a Dante; ed egli imboccò la via del vizio, seguendo false immagini di bene, che non mantengono mai le promesse di sapienza e di felicità. Invano Beatrice ha pregato Dio per Dante, invano l'ha visitato in sogno per richiamarlo all'antico amore, invano gli è apparsa in visioni celesti, nella gloria del Cielo. Dante «tanto giù cadde», che nessuno ormai avrebbe potuto salvarlo.

Per questo gli sono state mostrate «le perdute genti»: solo la vista delle terribili pene che toccano ai dannati poteva risvegliare la sua coscienza. Così Beatrice è scesa dal Paradiso nel Limbo, oltre «l'uscio d'i morti», per pregare Virgilio di prendere in custodia Dante e di condurlo fin quassù. Ma ora, per legge divina, Dante non può andare oltre senza «alcuno scotto»; non può bere l'acqua del Lete, che fa dimenticare i peccati, senza pagare il prezzo delle lacrime e del pentimento.

Il poeta non riesce neppure a parlare, la sua voce si spegne prima ancora di uscire dalla gola. Beatrice insiste: «Rispondi a me»; confessa i tuoi peccati, unico modo per sanare un'accusa tanto grave.

La confusione e la paura cavano fuori dalla bocca di Dante un «sì» così flebile, che per intenderlo sono necessari gli occhi; occorre cioè leggere il labiale, come facciamo ora per carpire dalla tv i discorsi dei politici o dei calciatori.

Anche a noi accade di non riuscire ad articolare un discorso nei momenti di maggior coinvolgimento emotivo, di massima tensione. Come un arco troppo teso si rompe, e scaglia la freccia con minor forza, così si spezza il petto di Dante, lasciando uscire più lacrime e sospiri che non parole. Ma Beatrice lo incalza, e gli chiede: quali ostacoli hai incontrato sulla via dei buoni desideri, da me ispirati, che conducono verso Dio? E quali vantaggi e scorciatoie hai trovato sulla strada che porta ai beni vani o inutili?

Piangendo, Dante riconosce di aver inseguito le cose terrene e il loro falso piacere dopo la morte di Beatrice, «tosto che 'l vostro viso si nascose». Da notare che il poeta dà del voi alla donna amata, e lei gli dà del tu. Si mostra offesa, come un'innamorata tradita. Se anche Dante tacesse o negasse quel che sta confessando, sarebbe inutile: il giudice, Dio, sa già tutto. Ma mentre nei tribunali degli uomini alla confessione segue la condanna, dal tribunale divino viene invece il perdono.

Spiega Beatrice che la sua «carne sepolta», il fatto che il suo corpo così bello fosse finito sottoterra, avrebbe dovuto condurre il poeta nella direzione contraria a quella da lui intrapresa, facendogli capire la precarietà di tutto ciò che è umano. La natura e l'arte non mostrarono mai a Dante una bellezza pari a quella delle membra di Beatrice, che ora sono sparse nella terra; e se quella bellezza venne meno, quale altra cosa mortale poteva ancora attrarlo? Non avrebbe dovuto abbandonare le «cose fallaci» per innalzarsi verso quelle spirituali?

Anziché volare, Dante ha abbassato le ali, ad aspettare la «pargoletta o altra novità con sì breve uso». La parola «pargoletta» non è usata a caso; perché Dante nelle sue rime chiama così la donna in cui trovò consolazione per la morte di Beatrice. Anche su questo passo si discute da secoli: è una donna simbolica, un'altra metafora della filosofia, in cui Dante cerca invano le verità che si trovano solo nella fede? O è una donna reale, il che giustificherebbe la gelosia di Beatrice? Come ci siamo detti, una cosa non esclude l'altra.

Dante non ha ancora alzato gli occhi, muto e vergognoso come un bambino. E Beatrice lo invita a guardarla, dicendogli: se ti addolori tanto solo ad ascoltarmi, soffrirai ancora di più nel vedermi, e nel ritrovare la bellezza che tu hai tradito («alza la barba» è il comando; significa «leva il viso»; ma va ricordato che di recente è stato riscoperto un ritratto di Dante barbuto).

Il poeta obbedisce. Per consentirgli di vedere Beatrice, gli angeli smettono di gettare fiori. E lei finalmente appare, ancora più bella di come lui la ricordava: tanto da vincere in bellezza la Beatrice di un tempo, proprio come, quando era viva, vinceva in bellezza le altre donne. Dante sente di odiare tutto quello che aveva amato, e l'aveva allontanato da lei; così cade vinto, e perde i sensi. Gli era accaduto di svenire alla fine del racconto di Francesca, per la pietà verso un amore causa di rovina eterna; gli accade ora di fronte a Beatrice, per il rimorso di aver tradito l'amore che solo poteva dargli la salvezza e la bellezza suprema.

Da allora sino a oggi e per sempre, Dante e Beatrice sono stati, sono e saranno uniti. Come Petrarca e Laura, Boccaccio e Fiammetta. Come i personaggi della letteratura di ogni tempo, Tristano e Isotta, Giulietta e Romeo. Resta insuperabile il modo in cui il poeta descrive l'amore ritrovato, l'esperienza di rivedere il volto dell'amata; per quanto altri scrittori si siano cimentati nel genere (sino a Mogol: «Mi ritorni in mente, bella più che mai...». Pure lui e Battisti sono stati in qualche modo ispirati da Dante).

Goethe ha scritto pagine meravigliose sul modo in cui il giovane Werther guarda Lotte e trova sul suo viso i segni di un amore assoluto, destinato a sopravvivere alla morte. Nella Certosa di Parma di Stendhal, il protagonista Fabrizio Del Dongo viene rinchiuso in una torre; ma adora quell'orrenda prigione, perché ogni giorno dalla finestra può rimirare la donna che ama, Clelia, mentre nutre i suoi uccellini.

Poi ci sono agnizioni dolorose, riconoscimenti terribili. Nella Gerusalemme Liberata, Tancredi affronta in duello un cavaliere musulmano, senza sapere che sotto l'armatura si nasconde l'amata Clorinda. Il loro combattimento è carico di erotismo: «Tre volte il cavalier la donna stringe/ con le robuste braccia, ed altrettante/ da que' nodi tenaci ella si scinge,/ nodi di fer nemico e non d'amante». Tancredi ferisce Clorinda a morte, e – come Dante davanti a Beatrice – comincia a tremare prima ancora di vedere il suo volto. Le toglie l'elmo, per battezzarla e salvarle l'anima, e solo allora si accorge di aver ucciso la donna amata: «La vide, la conobbe, e restò senza/ e voce e moto. Ahi vista! Ahi conoscenza!».

Ne Il Piacere di D'Annunzio, Andrea Sperelli rivede con grande emozione la sua Elena, che però nel frattempo si è sposata; e lui fugge per evitare il marito. Anche Jane Eyre scappa da mister Rochester, quando scopre che ha una moglie pazza rinchiusa nella soffitta; ma quando le pare di sentire la voce dell'amato che la chiama, Jane torna e lo ritrova, cieco. Mister Rochester ha perso la vista nell'incendio che la moglie ha appiccato alla loro tenuta; ma siccome lei è morta, Jane ora può sposarlo: «Ero letteralmente, come mi chiamava spesso, la pupilla dei suoi occhi. Vedeva la natura, leggeva i libri attraverso di me; e non mi stancai mai di vedere per lui». Alla fine mister Rochester ritroverà la vista guardando Jane; e «quando gli fu messo tra le braccia il suo primogenito, poté vedere che il bambino aveva ereditato i suoi occhi, come erano un tempo: grandi, brillanti e neri. In quell'occasione, ancora una volta, riconobbe dal profondo del cuore che Dio aveva mitigato la giustizia con la misericordia». Un concetto squisitamente dantesco; e in effetti Charlotte Brontë, l'autrice di Jane Eyre, conosceva e amava Dante; e talora fa parlare i suoi personaggi con le parole di Francesca da Rimini.

Pur di rivedere ancora una volta il viso di Margherita, Armando – il personaggio della Signora delle Camelie di Dumas – fa riesumare il suo corpo. All'inizio quasi impazzisce per il dolore, sino a cadere malato; però con il tempo «sembrava compiacersi di parlarne, e non più come una volta con lacrime negli occhi, ma con un dolce sorriso».

Ovviamente, i grandi amori della letteratura sono quasi sempre infelici. Ma non dobbiamo pensare che lo sia anche l'amore di Dante per Beatrice, solo perché non è mai diventato passione dei sensi. Anzi, per il poeta quell'antico legame ritrovato è fonte di salvezza.

Quando rinviene, Dante scopre di essere tra le onde del fiume, il Lete. Matelda, la «bella donna» che coglieva fiori, lo tiene immerso sino alla gola; poi gli abbraccia la testa e lo costringe a bere l'acqua che fa dimenticare i peccati e gli errori. Infine lo trae fuori e lo fa entrare, ancora bagnato, nel cerchio della danza intrecciata dalle quattro virtù cardinali, prudenza giustizia fortezza temperanza. «Noi siam qui ninfe e nel ciel siamo stelle» dicono: nell'Eden le virtù sono creature del bosco e delle acque, mentre ai piedi del Purgatorio si manifestavano come stelle; in ogni caso sono «ancelle» di Beatrice. Le virtù proprie dell'uomo sono al servizio della sapienza divina, ma da sole non bastano: possono condurre Dante sino al punto in cui è in grado di intendere la verità; ma ora dovranno affidarlo alle tre virtù teologali, fede speranza carità. Il limite tra il posto degli uomini e il mondo divino è varcato.

Dante guarda Beatrice con «mille disiri più che fiamma caldi», con il desiderio accumulato nei dieci anni trascorsi dalla sua morte; ma Beatrice non guarda lui, bensì il grifone, simbolo di Gesù. Come Gesù ha natura sia umana sia divina, così il grifone è un animale per metà aquila, e per metà leone; ma negli occhi di Beatrice si specchia ora come aquila, ora come leone. Questo perché l'intelletto umano non riesce a concepire la fusione di due nature in una persona sola, e tende a pensarle divise, una per volta.

Ora la donna amata può mostrare la sua «seconda bellezza»: dopo gli occhi, anche la bocca. E lo splendore del suo volto, finalmente svelato, è tale che nessun poeta potrebbe descriverlo: è il riflesso del volto di Dio. Il cielo dell'Eden, armonizzando con Beatrice, specchiandosi in lei, adombra un pallido riflesso di tanta meraviglia. La natura del Paradiso terrestre si adegua a Beatrice, scrive Dante: un po' come quando, nel nostro piccolo, diciamo a una persona cara che abbiamo visto qualcosa di bello, e per associazione di idee ci è venuta in mente lei.

Venti

«Puro e disposto a salire a le stelle»

Dove Dante vede l'aquila, la volpe, il drago attaccare la Chiesa
e una prostituta baciare un gigante, profetizza il riscatto
dell'umanità, supera la sindrome di Fantozzi
e si prepara a volare con Beatrice

Dante non riesce a distogliere lo sguardo da Beatrice. I suoi occhi sono rivolti alla donna amata, per saziare «la decenne sete»: sono dieci anni, da quando è morta, che il poeta non la vede, ne sente la mancanza, ne soffre l'assenza. Il sorriso di Beatrice lo attrae a sé «con l'antica rete». Per questo non può guardare altrove, né di qua né di là, come un cavallo con il paraocchi.

Ma le virtù teologali lo rimproverano: «Troppo fiso!». Lo sguardo di Dante è troppo fisso su Beatrice, è ancora acceso da troppo amore terreno; e qui siamo pur sempre nell'Eden, quasi sulla soglia del Paradiso. Inoltre, sta per svolgersi una scena cruciale, ed è bene che Dante la veda.

La processione, con il carro simbolo della Chiesa, si è rimessa in moto. Percorso lo spazio di tre tiri di freccia, il sacro corteo circonda un albero enorme, privo di foglie e di fronde, tanto alto che farebbe sbalordire anche gli Indiani se si trovasse nei loro boschi, dove pure crescono piante smisurate. È l'albero della conoscenza del bene e del male, ed è spoglio da quando il serpente qui indusse in tentazione i nostri progenitori. Ma, a differenza di Adamo ed Eva, il grifone – cioè Gesù – non coglie i frutti, dolci al gusto ma velenosi al ventre. Cristo è obbediente al Padre, a Dio; e lega il timone del carro della Chiesa all'albero. Miracolosamente, la pianta si riempie di fiori, di colore porpora, meno intenso di quello delle rose e più intenso di quello delle viole. Il riferimento non potrebbe essere più chiaro: Gesù non ha esitato a spargere il proprio sangue per rimediare al peccato originale e salvare l'uomo. La pace tra il creatore e le sue creature è ristabilita.

Rasserenato, Dante si addormenta, e cade in un sonno profondo. Al risveglio, il grifone e i personaggi che rappresentavano i libri delle Scritture non ci sono più. Il poeta si sente come «Pietro e Giovanni e Iacopo», gli apostoli che dopo aver assistito alla trasfigurazione di Gesù – apparso sfolgorante di luce tra Elia e Mosè – si addormentano e al risveglio non vedono più i profeti, ma soltanto il loro maestro. E leggendo questo passo torna in mente che Dante chiamò i propri tre figli maschi proprio Pietro, Giovanni e Iacopo; mentre la figlia Antonia si fece suora con il nome di Beatrice.

Beatrice, quella vera, è seduta all'ombra dell'albero. E per la prima volta spiega a Dante quale sarà il suo destino, e il suo compito:

«Qui sarai tu poco tempo silvano;
 e sarai meco sanza fine cive
 di quella Roma onde Cristo è romano.
Però, in pro del mondo che mal vive,
 al carro tieni or li occhi, e quel che vedi,
 ritornato di là, fa che tu scrive».

Dante passerà ancora poco tempo con Beatrice nell'Eden; e sarà con lei per sempre, in quella Roma di cui

Cristo è cittadino, cioè in Paradiso (questo non esclude ovviamente un soggiorno in Purgatorio, magari tra i superbi, come il poeta stesso ha ipotizzato). Ma prima dovrà tornare sulla Terra, e raccontare ciò che sta per vedere, a beneficio degli uomini che vivono nel peccato.

Dante è investito di una missione profetica. È stato purificato dalle proprie colpe; ora dovrà scrivere per gli altri, per l'umanità, affinché capisca i propri errori e imbocchi la via della spiritualità, del giusto amore, della vera felicità. Dante deve annotare la visione che gli è stata preparata. Sotto i suoi occhi sta per svolgersi la storia della Chiesa, lasciata sola da Gesù dopo l'Ascensione, in balia dei nemici.

Un'aquila, più veloce di un fulmine, piomba sull'albero, spezzandone i fiori appena spuntati, e colpisce con «tutta sua forza» il carro; il quale sbanda come una nave nella tempesta, che si inclina ora su un fianco ora su un altro, ma alla fine resiste. L'aquila simboleggia le persecuzioni ordinate contro i primi cristiani dagli imperatori di Roma; che sembrarono vanificare il sacrificio di Gesù – i fiori color porpora recisi –, ferirono nel profondo la Chiesa, ma non riuscirono a ucciderla.

Poi Dante vede una volpe – digiuna «d'ogne pasto buon», di buon cibo – avventarsi nella culla del carro, cioè nel fondo, come se fosse già al suo interno. La volpe rappresenta l'eresia, che nasce in seno alla Chiesa e si nutre di false dottrine. Ma «la donna mia», Beatrice, simbolo della sapienza divina e della buona teologia, la mette in fuga.

Ecco però tornare l'aquila, che ricopre il carro con le sue penne, mentre dal cielo si ode la voce di san Pietro che lamenta: «O navicella mia, com' mal se' carca!», come sei mal caricata! Il cattivo carico è il potere temporale, acquistato dalla Chiesa con la cosiddetta Donazione di Costantino, cui Dante è contrarissimo. L'ha già scritto nell'Inferno: «Ahi, Costantin, di quanto mal fu matre/ non la tua conversion, ma quella dote/ che da te prese il primo ricco patre!». In realtà, la Donazione di Costantino non è mai esistita: è un documento falso, fabbricato nella cancelleria pontificia quattro secoli dopo la morte dell'imperatore, per giustificare il dominio del Papa su Roma e sul suo territorio. Dante non può saperlo; a dimostrarlo sarà l'umanista Lorenzo Valla, oltre un secolo dopo. Ma considera comunque un grave errore la commistione tra i due poteri: il Papa non deve rivendicare il potere politico, che spetta all'imperatore; il quale non deve interferire nelle questioni religiose.

Il quarto attacco alla Chiesa è condotto da un drago, che scaturisce dalla terra, conficca la coda nel carro e ne porta via un pezzo. Il drago, simbolo del demonio, rappresenta uno scisma; forse proprio quello di Maometto, che è all'Inferno in quanto – nel pensiero medievale, ripreso da Dante – fondatore di una setta nata all'interno del cristianesimo. Ma l'interpretazione non è affatto certa.

Di sicuro, quel che resta del carro si copre di piume. Sul timone spuntano tre teste con due corna, e una testa con un solo corno su ognuno dei quattro lati: in tutto, sette teste e dieci corna, forse i sette vizi capitali; tre più gravi – superbia, ira e invidia – e quindi con due corna. La Chiesa si tramuta in un mostro quale «visto ancor non fue», che non si era visto mai; e sul carro siede «una puttana sciolta», una prostituta che occheggia in giro senza vergogna, e bacia un gigante che le sta dritto al fianco. È la curia corrotta che amoreggia con il re di Francia, il quale però all'improvviso «la flagellò dal capo infin le piante», la fustiga da capo a piedi: un'allusione allo schiaffo di Anagni, alla dura punizione inflitta da Filippo il Bello e dai suoi uomini a Bonifacio VIII. Poi il gigante scioglie il carro mostruoso e lo porta nella selva, lontano dall'albero cui Cristo ne aveva legato il timone: il re di Francia costringe il Papa a lasciare Roma e a trasferirsi ad Avignone.

Qui, arrivato alla fine del Purgatorio, Dante sembra quasi voler riscrivere l'Apocalisse. La sua interpretazione del testo profetico di Giovanni è la stessa di Gioacchino da Fiore: la prostituta che bacia il gigante rappresenta la corruzione della curia romana; ma sta per arrivare un tempo di rinascita, in cui la Chiesa ritroverà la propria missione e l'amore per la povertà. L'attesa di una nuova era attraversa gli anni a cavallo tra il Duecento e il Trecento, in particolare nell'ambiente dei francescani, cui Dante era molto vicino. Il poeta crede nell'esistenza di una guida provvidenziale della storia. Sa che il proprio compito è denunciare i potenti e confortare gli umili. E qui, nell'ultimo canto, per bocca di Beatrice sta per pronunciare una profezia, un annuncio di riscatto per l'intera umanità.

La scena delle quattro persecuzioni contro la Chiesa ha turbato sia Beatrice – «sospirosa e pia», addolorata quasi come la Madonna sotto la croce –, sia le virtù, che cantano il salmo 78, quello che piange la distruzione del tempio di Gerusalemme. Ma poi Beatrice si leva in piedi, «colorata come foco», rossa in viso, e ripete le parole con cui Gesù durante l'ultima cena avvertì gli apostoli che sarebbe morto per risorgere quasi subito: «Ancora un poco e non mi vedrete più; e ancora un altro poco, e mi rivedrete». Come a dire che Gesù non abbandona il suo popolo, e che, per quanto la Chiesa possa essere offesa o mal condotta, Dio interverrà a salvarla.

Beatrice, fatti nove passi – numero fatidico: Dante aveva nove anni quando la vide per la prima volta, e altri nove passarono prima che la ritrovasse –, si rivolge al poeta «con tranquillo aspetto», invitandolo ad avvicinarsi. La donna amata non è più gelosa e indispettita; è già la dolce guida che sarà per Dante in Paradiso. Lei lo chiama «frate», fratello; lui la chiama «Madonna». Dante ancora esita a rivolgerle domande, come chi davanti a un superiore è tanto pieno di reverenza da non riuscire a parlare in tono chiaro e distinto; un po' come il ragionier Fantozzi con il direttore naturale o il megadirettore galattico, insomma. Ma Beatrice lo invita a superare paura e vergogna; e gli affida un vaticinio.

Il carro che il drago ha spezzato, la Chiesa, non è più quella che era ai tempi di Pietro; però i colpevoli – i Papi e i re di Francia – sappiano «che vendetta di Dio non teme suppe». L'espressione non è chiara. Cosa vuol dire «suppe»? Qualcuno intende «giubbe», armature che non possono proteggere dalla vendetta divina. Altri leggono «offe», offerte, anch'esse vane. Ma è più probabile che Dante voglia dire davvero «zuppe», e riferirsi a un'antica usanza fiorentina: l'assassino che fosse riuscito a mangiare una zuppa sulla tomba dell'assassinato entro nove giorni dal delitto era considerato immune dalla vendetta dei familiari; una sorta di rozza prescrizione. L'idea è che la vendetta di Dio stia per arrivare.

La sede imperiale – prevede Beatrice – non resterà sempre vacante. Dante considera che il trono sia di fatto vuoto fin dal tempo di Federico II: i suoi tre successori non erano scesi in Italia per essere incoronati, e dell'Italia non si erano mai presi cura. Ma presto un imperatore assolverà ai propri doveri. Verrà un «messo di Dio», un inviato del Signore, che Dante identifica con un numero – «cinquecento diece e cinque» –, a uccidere la prostituta e il gigante «che con lei delinque»: a sconfiggere i Papi avignonesi e il re di Francia.

Nell'Apocalisse il numero della Bestia, dell'Anticristo, è 666. Dante indica il 515: in lettere latine, DXV, vale a dire l'anagramma di DUX. Non è chiaro se il poeta pensi all'imperatore Enrico, destinato come sappiamo alla sconfitta, o al suo vicario Cangrande, signore di Verona, cui dedicherà il Paradiso (e che potrebbe essere il «veltro», il cane da caccia, salvezza d'Italia, evocato nel primo canto della Divina Commedia). Ma in parte la profezia si realizzerà: il 18 gennaio 1377 Papa Gregorio XI lascerà Avignone e riporterà la Santa Sede a Roma; non per influsso di un imperatore, bensì di una donna, santa Caterina da Siena.

273

Beatrice raccomanda a Dante di scrivere che ha visto l'albero della conoscenza del bene e del male, rifiorito grazie al sacrificio di Gesù e profanato due volte, dall'aquila che lo ha spogliato di fiori e foglie, e dal gigante che ha rubato il carro; e qualsiasi offesa all'albero è «bestemmia di fatto», è un'offesa a Dio. Per più di cinquemila anni l'uomo ha atteso la purificazione dal peccato originale: un calcolo che Dante fa sommando i novecentotrenta anni vissuti da Adamo, secondo la Bibbia, e i quattromilatrecentodue che secondo le antiche cronologie passano dalla morte di Adamo alla crocefissione di Gesù, che poi scese nel Limbo a liberarlo. E in questi passi Dante si conferma per quello che è, un uomo del Medioevo, sia pure capace di tratti straordinari di modernità, di prodigiose intuizioni di futuro.

Beatrice ha in serbo un ultimo rimprovero. Il poeta fatica a comprendere le sue parole, tarda ad afferrare i segreti della sapienza divina, perché ha indugiato troppo a inseguire quella umana. I pensieri vani ne hanno incrostato la mente, come fa con qualsiasi oggetto l'acqua calcarea del fiume Elsa, un affluente dell'Arno di cui Boccaccio scrive: «Qualunque cosa in acqua lancerai, infra brieve spazio di giorni circondasi con iscorza di pietra, e così troverai».

Beatrice rinfaccia a Dante in particolare l'interesse per «quella scuola/ c'hai seguitata», riferendosi probabilmente alla dottrina di Averroè, che considerava la ragione umana sufficiente a capire la verità dell'universo: un'idea che circolava tra i fiorentini colti del tempo; ne era convinto ad esempio Guido Cavalcanti. Anche questa credenza fa parte del traviamento di Dante, che ha avuto carattere sia morale sia intellettuale; e Beatrice si è sentita offesa da entrambi. Perché il pensiero razionalista è lontano dalla verità divina tanto quanto la terra è distante dal cielo più alto.

Dante non ricorda di essere caduto in una simile devianza, non ha «coscienza che rimorda». E Beatrice gli rammenta che poco prima ha bevuto l'acqua del Lete, che fa dimenticare i peccati; e proprio l'oblio dimostra che il desiderio rivolto ad altro che a lei era colpevole. Ma ormai le parole di Beatrice «saranno nude»: il poeta le potrà comprendere. Per terminare il viaggio, per chiudere il ciclo prima di lasciare l'Eden e il Purgatorio, manca solo un ultimo rito.

È mezzogiorno; quando il sole allo zenit, a causa della distanza, sembra muoversi più lento. Dante indica l'ora per l'ultima volta. Lui e Beatrice stanno per lasciare la dimensione umana del tempo. Le sette virtù li guidano ai confini della parte più «smorta» della selva, dove c'è l'ombra che si trova nei boschi di montagna, sotto i rami neri e le foglie verdi degli abeti e sopra le acque fredde dei ruscelli. Dalla stessa sorgente sgorgano due fiumi, che si separano pigri, «quasi amici», come amici che si lasciano malvolentieri. A Dante ricordano il Tigri e l'Eufrate, che secondo la Genesi nascono dal Paradiso terrestre.

Il poeta chiede spiegazioni a Beatrice, che gli risponde di rivolgersi a Matelda (il cui nome viene finalmente rivelato). La «bella donna» spiega di aver già detto tutto a Dante, che però l'ha dimenticato per via di una «maggior cura», una preoccupazione più grande: l'allegoria della storia della Chiesa, cui ha assistito, e soprattutto la confessione delle proprie colpe resa a Beatrice.

I due fiumi dell'Eden non sono il Tigri e l'Eufrate, ma il Lete, la cui acqua Dante ha già bevuto, e l'Eunoè, la cui acqua sta per bere, al fine di rafforzare la «tramortita sua virtù»; perché l'Eunoè ravviva i ricordi del bene compiuto.

«Come anima gentil», Matelda prende Dante per mano, e «donnescamente», con tono di comando, dice a Stazio – ce ne siamo quasi dimenticati, ma il grande scrittore latino è ancora qui – di seguirlo. Così Dante si immerge nel fiume ed esce dalla «santissima onda rifatto», rinnovato come piante in primavera: «Puro e disposto a salire a le stelle».

La fine di questa parte del viaggio coincide con la grande scena allegorica della storia umana. La vicenda personale di Dante è, come sempre, intrecciata a quella di tutti noi. La Divina Commedia è storia di una salvezza: personale e universale. E anche la seconda cantica finisce con la parola «stelle».

L'uomo uscito dall'Inferno torna a rivederle; l'uomo arrivato in cima al Purgatorio è pronto a raggiungerle; l'uomo salito in Paradiso farà parte della loro splendida realtà.

Adesso che il Purgatorio è finito, un po' tutti ci restiamo male. Dante lo sa, e si rivolge a noi: «S'io avessi, lettor, più lungo spazio/ da scrivere, i' pur canterei in parte/ lo dolce ber che mai non m'avria sazio». Dante si dilungherebbe ancora a parlare della dolcezza dell'acqua dell'Eunoè; «ma perché piene son tutte le carte/ ordite a questa cantica seconda,/ non mi lascia più ir lo fren de l'arte». Il libro è concluso perché non c'è più spazio. Anche l'invenzione poetica ha un freno. Dante si è dato un limite preciso: tre cantiche, da trentatré canti ciascuna più uno di prologo; 4720 versi per l'Inferno, 4755 per il Purgatorio, 4758 per il Paradiso.

La Divina Commedia non è un'opera sterminata; anzi, ha un suo rigore interno, una sua matematica della poesia. Sterminato è l'universo che crea.

A voltarci indietro, più ancora delle mille storie che Dante evoca, più ancora delle sublimi spiegazioni filosofiche e naturalistiche, ci restano nella memoria i personaggi. Gli artisti: il musico Casella, il miniaturista Oderisi, il poeta Guinizzelli. I condottieri salvati da una «lagrimetta», dal pentimento dell'ultima ora: Manfredi con il ciglio diviso dai colpi nemici, Bonconte del cui corpo il diavolo ha fatto strazio, il superbo Provenzano Salvani che si umiliò a chiedere l'elemosina per un amico in piazza del Campo a Siena. E le donne: gli occhi cuciti dell'invidiosa Sapìa, le lacrime disperate della vedova Nella che salvarono il marito Forese, e la splendida apparizione di Pia de' Tolomei, l'unica a preoccuparsi per la fatica del viaggio di Dante: «Deh, quando tu sarai tornato al mondo/ e riposato de la lunga via...».

La via in effetti è ancora lunga: Beatrice ha preso in consegna Dante per volare con lui attraverso i cieli del Paradiso, sin davanti al volto di Dio. Il Purgatorio – il regno del «quasi», il posto degli uomini – è alle spalle. Ma noi, reduci da due anni di pandemia, già sappiamo cosa il Purgatorio vuole significare. E leggere le sofferenze, ma anche la grande speranza di Dante e dei suoi personaggi, può farci guardare con più serenità a quel che ci resta da vivere; e anche alla prospettiva di un futuro dopo la morte, su cui Dante oltre settecento anni fa ha formulato la più affascinante tra le tante ipotesi concepite dall'uomo. Il nostro poeta più grande ci ha dato una visione rigorosa ma consolatrice della nostra sorte. E ricordiamo sempre che le visioni di Dante sono inventate; non false.